SANIDAD DEL NÚCLEO DEL TRAUMA

MARTI WIBBELS, MS, LMHC

TRADUCIDO POR NORA MONSERRAT, MD

TABLA DE CONTENIDOS

DESCRIPCIÓN GENERAL

Al recorrer estas páginas juntos, exploraremos cómo hacer frente y reducir los efectos persistentes del trauma. Webster define el trauma como "una herida o lesión física; un golpe emocional violento". El trauma incluye no solo el sufrimiento físico y emocional, sino también las repercusiones neurológicas complejas que pueden continuar causando estragos durante toda la vida. *Sanidad del Núcleo* le enseñará cómo puede ir más allá de los desafíos aparentemente incapacitantes del estrés traumático para poder experimentar un alivio duradero.

En cualquier forma que el trauma ocurra, este puede afectar cada área de su ser: puede afectar su vida física, intelectual, espiritual y emocional, así como las relaciones con las personas que mas le importan. Si su trauma llegó a través de alguna forma de desastre natural, abuso o negligencia, un ataque terrorista, traición, factores estresantes relacionados con el trabajo, violencia o de cualquier otra forma, este puede traer consigo una increíble sensación de impotencia, desesperanza o vulnerabilidad que parece no irse de ninguna manera. *Sanidad del Núcleo* le ayudará a comprender lo que sucede dentro de su mente, en sus emociones y en su cuerpo.

Cuando los sobrevivientes de un trauma no saben qué es lo que está mal, por qué se sienten "diferentes" o por qué no parecen "encajar" con los demás, muchos simplemente se obligan a seguir haciendo lo que siempre han hecho. Algunos sienten una vergüenza implacable, otros sienten una ansiedad o tristeza inexplicable. Algunos se sienten abrumados, sin esperanza, amargados, culpables, enojados o furiosos. Muchos no sienten nada en absoluto. ¿Alguna vez se ha sentido "entumecido", como si sus emociones estuvieran congeladas? Los sobrevivientes de trauma a menudo enfrentan las emociones complicadas con actividades, comportamientos, adicciones o con otras cosas, no porque elijan hacerlo, sino porque no saben cómo experimentar claridad, sanidad y esperanza en la vida cotidiana.

Sanidad del Núcleo es una invitación a sanar cinco áreas vitales de su vida: la Seguridad, la Competencia, la Identidad, el Propósito y la Pertenencia, mientras desarrolla habilidades prácticas para el manejo de preocupaciones como el estrés, la ansiedad y la depresión.

Sanidad del Núcleo incluye:
• Ejercicios de conexión a tierra para ayudarle a vivir en el presente en lugar de ser controlado por el trauma.
• Historias reales de personas que sobrevivieron al estrés traumático y salieron victoriosos.
• Ideas prácticas para que usted pueda aprender cómo manejar las secuelas de su trauma.
• Estrategias específicas para ayudarle a avanzar en su vida.
• Herramientas terapéuticas comprobadas para ayudarle a sanar.
• Bienestar espiritual para el sufrimiento y auténtica esperanza bíblica.

Cada uno de los doce capítulos del libro se divide en cinco secciones, que proporcionan de 20 a 30 minutos de tarea diaria para ayudarle a experimentar un crecimiento y un cambio positivo. Existe una sección de Transformación Creativa que ofrece ideas para ayudarle a pasar constantemente del trauma a la transformación. Puede imaginar un futuro diferente, comenzando hoy.

A medida que usted recorra las páginas de Sanidad del Núcleo, sepa que este libro ha sido escrito porque usted es importante y usted puede ser sano en el centro de su ser.

CAPÍTULO UNO

Viviendo después del Trauma

DÍA UNO

Aprendiendo a Manejar el Trauma

Ya sea que el trauma haya golpeado su vida con la asombrosa intensidad de un tsunami o con el silencio letal del cáncer, el amplio impacto del mismo puede generar gran confusión. En cualquiera de sus formas, el trauma puede causar estragos. Desde abusos físicos, emocionales o sexuales, hasta desastres naturales como huracanes, tornados o terremotos, hasta un procedimiento médico, la traición de un amigo, factores estresantes relacionados con el trabajo, un accidente automovilístico, un ataque terrorista o una guerra, cualquier forma de estrés traumático puede generar consecuencias complejas en muchas áreas de nuestra vida.

Intensas e inexplicables complicaciones emocionales, mentales o físicas a menudo se presentan en los momentos consecuentes a los eventos traumáticos. A pesar del trastorno resultante, las personas a menudo minimizan su dolor, especialmente si se trata de un evento positivo de la vida, como lo es la adopción o el nacimiento de un niño muy deseado que, en lugar de apegarse a su familia, se aleja a lo largo de la vida, en la infancia, en la adolescencia o en la edad adulta.

Para un miembro de las fuerzas armadas, un oficial de policía, un médico, una enfermera o un rescatista, el trauma continuo puede venir con el uniforme que lleva puesto. El trauma, para muchos, se convierte en la única manera de vida que conocen, ya sea que se haya originado en abuso, negligencia, abandono, intimidación, pérdida o en otra cosa. Incluso, los niños cuyos padres adoptivos fueron amables podrían decir que su mundo se puso patas para arriba cuando fueron separados de sus padres biológicos abusivos, porque esa vida era lo único "normal" que ellos conocían. Una de las consecuencias mas complicadas del trauma es esta: no hay forma de volver a la vida que uno antes conocía o de poder comprender completamente las pérdidas que se sienten ahora. Pero si pasamos el resto de la vida tratando de darle sentido al trauma, nunca sanaremos. Es como tratar de armar un rompecabezas al que le faltan piezas clave.

Independientemente de cómo llegó el trauma a su vida, usted no pudo haberse preparado para su agresiva intensidad. ¿Por qué? Los seres humanos simplemente no estamos diseñados para experimentar un trauma severo, lo que puede sentirse como si nuestra infraestructura mental o emocional fuera metafóricamente aplastada por un camión de carga. Ya sea que el trauma se haya originado por abandono, abuso, terrorismo, robo o en cualquier otra forma en la que el trauma haya tocado su vida, usted ahora puede aprender a sanar. El proceso puede parecer abrumador, especialmente si no puede recordar lo que sucedió o solo tiene recuerdos "fragmentados" que parecen ir y venir. Para ayudarle a disminuir el poder del trauma, *Sanidad del Núcleo* le ofrece numerosas técnicas para ayudarlo a estabilizar su vida.

AUNQUE EL TRAUMA GOLPEA EN CONTEXTOS MUY DIVERSOS, SIN IMPORTAR CÓMO ESTE APAREZCA, SUS RÉPLICAS PUEDEN REDEFINIR NUESTRA VIDA.

¿Se ha dado cuenta de que usted puede tener un gran día cuando, sin previo aviso, comienza a sentirse tenso? Tal vez no recuerde conscientemente el trauma, pero usted pasa de sentirse bien a mal en un micro segundo. Cualquier cosa (o cualquier persona) puede desencadenar en usted una respuesta de estrés, por lo cual es importante saber qué sucede en su cuerpo cada vez que se produce ese estrés. En *The Stress Myth* [El Mito del Stress], el Dr. Richard E. Ecker describe al estrés como "una respuesta física que el cuerpo humano invoca para hacer frente a una amenaza percibida para poder mantener su estabilidad. El estrés no es una fuerza del mundo externo, es una respuesta que toma lugar en el cuerpo ".

En el libro *The Stress of Life* [El Stress de la Vida], el doctor Hans Selye, MD, definió al estrés como "la suma de todo el desgaste causado por cualquier tipo de reacción vital en nuestro cuerpo, en cualquier momento dado". El estrés multiplicado por el trauma puede aumentar la reactividad fisiológica hasta el punto de que la calidad de vida disminuye.

Esta es una simple idea de lo que sucede durante una respuesta al estrés de su cuerpo: en el Sistema Nervioso Autónomo (SNA), el sistema límbico libera hormonas para prepararse para el peligro. En medio del peligro real, estas hormonas son esenciales. Pero, después de que el peligro o el evento traumático haya terminado, la liberación innecesaria de las hormonas del estrés puede generar consecuencias físicas y emocionales.

Luego de un incidente traumático o de numerosos factores estresantes que ocurren a largo plazo, el SNA continúa estimulando a su sistema límbico para prepararlo para enfrentar el peligro percibido. Las amígdalas, dos conjuntos de neuronas en forma de almendra en el SNA, funcionan continuamente como el sistema de alarma del cerebro, enviando mensajes urgentes al hipotálamo. Mucho después de que termine toda amenaza de peligro, solo toma una fracción de segundo para que su Sistema Nervioso Simpático (SNS) se reactive por la liberación compleja de hormonas, lo que se conoce como un "secuestro de la amígdala".

A menudo, sin que seamos conscientes, el dominio del SNS puede "secuestrar" repetidamente nuestro pensamiento racional, lo que desencadena sentimientos complejos como la ira, la ansiedad, la tristeza, el miedo, o incluso síntomas físicos como el hambre o los dolores de cabeza, al mismo tiempo que se activan una o más de las siguientes "Cinco Reacciones": Reacciones de Lucha, Huida, Congelación, Fornicación o Alimentación. [Para una explicación adicional de las Cinco Reacciones, vea los ejercicios de conexión a tierra en el segundo día.]

¿Cómo puede identificar si se encuentra dominado por un SNS demasiado activo, también conocido como el sistema "CALIENTE" del cerebro? Para ayudarle a aprender a observar su cuerpo, marque con un círculo cualquiera de los siguientes puntos que se aplican a usted en el presente:
- Duerme sin sentirse descansado y / o tiene insomnio persistente.
- Come en exceso o menos de lo normal, come compulsivamente o realiza practicas para purgarse.
- Sufre de tensión muscular.
- Se siente ansioso constantemente.
- Presenta emociones "entumecidas" o "congeladas" (es incapaz de sentir).
- Presenta comportamientos adictivos.

- Siente ira, amargura o rabia continuamente.
- Se irrita fácilmente consigo mismo o con los demás.
- Tiene miedo de las actividades que solía disfrutar.
- Esta en un estado continuo de reactividad.

¿Cuántos indicadores "calientes" marco con un círculo? Describa otras reacciones que experimenta cuando su SNS dirige su vida:

____

____

____

____

____

Cada vez que note que el estrés lo lleva a un estado de dominio del Sistema Nervioso Simpático (SNS), usted puede elegir pasar rápidamente al Sistema Nervioso Parasimpático (SNP) o el sistema "FRÍO" de su cerebro. Para establecer el dominio de SNP, usted puede tomar decisiones saludables, entrenarse para hacer una pausa, el tiempo necesario que necesite para pensar con calma y bíblicamente. Sin embargo, debido a que el trauma lo deja vulnerable a los secuestros repetidos de la amígdala, pasar al dominio del SNP no es una opción fácil ni simple. Por lo tanto, es importante trabajar en las técnicas de Sanidad del Núcleo cuando se sienta bien, para que recuerde cómo moverse hacia el dominio del SNP cuando su cuerpo le exige que se "caliente" en el SNS.

En lugar de simplemente aprender métodos de adaptación, usted puede desarrollar habilidades para manejar efectivamente su respuesta al estrés ahora. En tan solo un segundo de relajación consciente, usted puede salir de la dominación del SNS y entrar en su SNP.

La respiración calmada / diafragmática es una técnica básica de relajación. Para comenzar, inhale por la nariz durante tres o cuatro segundos, inflando los pulmones y respirando tan profundamente que su vientre se "salga". Luego, contenga la respiración durante unos dos segundos antes de exhalar lentamente por la boca durante cuatro o cinco segundos, notando que su barriga va "hacia adentro". Para evitar la hiperventilación, haga una pausa de un segundo o dos antes de tomar otra respiración y continúe repitiendo este proceso de respiración a un ritmo que sea cómodo para usted.

Cuando respiramos profundamente, llenando nuestros pulmones con oxígeno vital, también estamos permitiendo que nuestros cuerpos se relajen. Proverbios 14:30 explica: *"Un corazón en paz trae vida al cuerpo"*, ¡y eso es cierto! Respire profundamente ahora, enfóquese en disfrutar este momento. Describa cómo se siente:

____

____

____

____

____

Cada capítulo incluye un Objetivo de *Sanidad del Núcleo* para ayudarle a medir su progreso y celebrar su elección de seguir adelante. Un viejo axioma dice: "No apuntes a nada y seguramente lo golpearás". Para ayudarle a apuntar a algo, identificando formas específicas de avanzar, aquí le presentamos el objetivo del capítulo uno:

Describa una forma en que su vida cambiará cuando comience a vivir como alguien que está completamente vivo:

____

____

____

____

____

Puede ser difícil confiar en Dios ahora, ya que la confianza a menudo se ve erosionada por el trauma. Pero si se siente cómodo haciéndolo, pídale brevemente a Dios que lo guíe en su viaje único de sanidad.

DÍA DOS
Ejercicios de Conexión a Tierra

Los ejercicios de conexión a tierra son herramientas prácticas para ayudarle a vivir en el presente en lugar de permanecer en un estado permanente de trauma, "secuestrado" por los estresores traumáticos. Usted puede entrenarse para practicar la conexión a tierra durante todo el día, en casa o en el trabajo, controlando el estrés en lugar de ser controlado por él. En el momento en que comience a sentirse abrumado por recuerdos traumáticos, tristeza o ansiedad o cada vez que sienta que está a punto de estallar en ira o de retirarse con miedo, la conexión a tierra puede ayudarle a mantenerse concentrado, viviendo en el aquí y ahora.

Siempre que experimente emociones desafiantes, haga una pausa y observe lo que realmente está sucediendo.

Por lo general, uno o más de sus cinco sentidos ha activado ondas de choque del trauma (en momentos aparentemente aleatorios) sin que usted este consciente de por qué comienza a sentirse estresado. Puede ser increíblemente útil entrenarse para detectar el momento en que cualquiera de sus cinco sentidos (oído, vista, olfato, gusto o tacto) inician la respuesta reactiva al estrés, estimulando recuerdos traumáticos en su mente y cuerpo sin su permiso.

Debido a que los recuerdos traumáticos a menudo son reprimidos, es importante aprender a reconocer cuándo y cómo se activan esos recuerdos en su vida actual. Por ejemplo, estos pueden ser provocados por su sentido de audición cuando una canción le recuerda algo que escuchó en la radio durante aquel tiempo en donde fue abandonado y puede comenzar a sentirse triste ahora sin saber por qué. Un ruido fuerte y repentino puede recordarle un accidente automovilístico, lo cual provoca un miedo intenso a subirse a un automóvil. Un golpe de tambor puede recordarle los disparos, regresándolo a un momento de terror tan intenso que no le permite sentir nada en absoluto. Cualquier recuerdo inconsciente, cuando es estimulado, puede moverlo de un día tranquilo en su SNP a un estado de dominio del SNS, dejándolo sintiéndose traumatizado y a menudo con poca o ninguna conciencia de cómo llegó allí. No es necesario ni útil que intente recordar todos los aspectos de sus eventos traumáticos. (¡Eso podría ser demasiado doloroso como para soportarlo!) Aprender a reconocer cuando los viejos recuerdos se han "apoderado" de su cuerpo y de su mente puede ayudarle a recordar que debe aplicar su trabajo de Sanidad del Núcleo y así vivir en libertad.

Los recuerdos pueden ser provocados por el sentido de la vista cuando usted ve a alguien con una camisa como la que usaba su atacante [¡y es posible que no tenga un recuerdo consciente de esa camisa!] O cuando ve un automóvil como el vehículo que conducía la persona que lo traicionó. Es posible que se sienta traumatizado después de oler los alimentos que presentan un olor similar a una comida que comió el día en que ocurrió el trauma, sin recordar específicamente qué alimentos comió ese día. Cualquier cosa puede desencadenar la liberación de recuerdos traumáticos almacenados en su mente, en sus emociones o en su cuerpo y solo toma una fracción de segundo para que eso ocurra.

Haga una pausa e intente identificar algo que desencadena un recuerdo traumático en su mente, en su cuerpo o en sus emociones:

____

____

____

____

____

No se preocupe si aún no puede identificar ningún desencadenante en su vida. A menudo, las emociones están tan "congeladas" y los pensamientos tan reprimidos que es difícil ver, en un primer momento, qué es lo que está activando los recuerdos almacenados del trauma. Usted puede distinguir los desencadenantes, a la vez que se entrena para tomar medidas inmediatas cuando se da cuenta de que está en medio de un secuestro de la amígdala. ¿Cómo hace esto? Esté preparado para practicar los Ejercicios de Conexión a tierra tan pronto como reconozca la presencia de las Reacciones de Lucha, de Huida, de Congelación, de Fornicación o de Alimentación.

USTED PUEDE EN-
TRENARSE PARA
TOMAR MEDIDAS

ED PUEDE EN-
TRENARSE PARA

USTED PUEDE ENTRENARSE PARA TOMAR MEDIDAS INMEDIATAS CADA VEZ QUE COMIENCE UN SECUESTRO DE LA AMÍGDALA.

Aquí hay una manera simple de identificar cuándo ha sido secuestrado por cualquiera de las 5 Reacciones desviadas.

Si se siente inexplicablemente enojado o si las persona que lo rodean dicen que está reaccionando de forma exagerada o que es difícil estar con usted, probablemente esté en la "REACCION DE LUCHA". En esta reacción, es posible que usted no se de cuenta cómo los demás lo ven. Describa aquí su experiencia cuando se reconoce a usted mismo en la "Reacción de Lucha":

____

____

____

____

____

Si usted tiene el deseo de aislarse, si tiende a salir de una habitación o salir de su casa porque siente que tiene que estar solo, es probable que se encuentre en la "REACCION DE HUIDA". [Tenga en cuenta: muchas personas, especialmente los introvertidos, necesitan pasar tiempo solos. Sin embargo, esta reacción se convierte en una preocupación cuando la misma se usa como un mecanismo de escape para evitar lidiar con problemas o para evadir a miembros de la familia o amigos.] ¿Usted u otros a su alrededor ven que usted se encuentra en la "Reacción de Huida"? Si es así, escriba sobre esto aquí:

____

____

____

____

____

Cuando usted experimenta la "REACCION DE CONGELACIÓN", usted no se permite sentir. Para alcanzar un estado de emociones "adormecidas" o congeladas, algunos sobrevivientes usan drogas o alcohol, mientras que otros se ubican frente a la computadora, la televisión o encuentran silenciadores emocionales alternativos. ¿De qué maneras "congela" sus emociones?

____

____

____

____

La "REACCION DE FORNICACION" podría incluir el uso de pornografía, escapar de la realidad al mundo de las fantasías de las novelas y de películas románticas o mediante actitudes de ostentación o provocación sexual, etc. Si la "Reacción de Fornicación" se aplica a usted, describa cómo impacta su vida y sus relaciones:

____

____

____

La "REACCION DE ALIMENTACIÓN" puede presentarse como no comer en absoluto, comer muy poco, recurrir a la comida como forma de consuelo o podría convertirse en un trastorno alimentario como la anorexia, la bulimia, o el trastorno de compulsión alimenticia, etc. Si entra en esta reacción cuando se siente traumatizado, escriba como esto afecta su vida:

____

____

____

____

____

____

Ahora, consideremos tres formas básicas de conexión a tierra para que pueda manejar todo lo que estas cinco reacciones generan y para que así pueda aprender cómo evitar que estos secuestros interrumpan su vida. Tan pronto como aprenda a conectarse a tierra, usted puede mover sus pensamientos rápidamente a la estabilidad de la corteza prefrontal (CPF) de su cerebro, la parte de la neo corteza involucrada en el control de los impulsos, la planificación y la personalidad. El reposicionamiento en su CPF brinda una oportunidad inmediata para experimentar un alto nivel de funcionamiento ejecutivo en lugar de ser controlado por las reacciones que surgen a consecuencia del estrés traumático.

Permanecer en su CPF le ayuda a aumentar la actividad mental positiva y a controlar los pensamientos, a la misma vez que mejora su estabilidad emocional y el control de sus impulsos. Con el tiempo, usted también puede aprender a tener habilidades y relaciones sociales saludables.

Usted puede entrenar su cerebro a utilizar su CPF al practicar regularmente ejercicios de conexión a tierra ya sean físicos, mentales o de relajación. Aquí hay algunos ejemplos para comenzar:

1. Ejercicios de Conexión a Tierra Físicos: presione sus manos en la silla o en el sofá donde se encuentra sentado y observe las telas y las texturas, etc. También puede presionar las palmas de sus manos juntas, siendo consciente de las sensaciones físicas que el tacto le trae a su cuerpo. Si lo prefiere, puede presionar los pies contra el suelo, concentrándose en ese movimiento o en otro movimiento como el mover los dedos de los pies. Ya sea caminando, estando de pie o sentado, cualquier movimiento consciente de su cuerpo puede ayudarle a vivir en el presente, entrenándose para ser plenamente consciente del momento que está viviendo.

2. Ejercicios de Conexión a Tierra Mental: describa formas o colores que usted ve en la habitación o en el lugar donde se encuentra; cuente hacia atrás desde 100 en múltiplos de 5, ya sea en voz alta o silenciosamente contando 100, 95, 90, 85, 80, 75 y así sucesivamente (o aumente el desafío contando hacia atrás desde 100 en múltiplos de 7); usted puede resolver un problema matemático básico; escribir una lista de las cosas que le gusta hacer; enumerar los lugares favoritos que ha visitado; nombrar equipos deportivos, razas de perros, tipos de flores, pájaros, etc. O imagine un recipiente grande con una tapa que se ajusta herméticamente: abra rápidamente el recipiente, coloque intencionalmente sus pensamientos angustiantes y selle los pensamientos dentro del recipiente con la tapa. Coloque mentalmente su recipiente sellado lejos de usted. Para obtener ideas adicionales sobre la conexión a tierra mental, revise los ejemplos de declaraciones positivas de diálogo interior en el tercer día.

3. Ejercicio de Conexión a Tierra de Relajación: en lugar de permitir que los recuerdos intrusivos y traumáticos gobiernen su vida o cambien su enfoque a sentimientos dolorosos, elija pensar con calma y respirando profundamente. Usted puede hablar conscientemente con usted mismo de una forma amable, pensando con su voz interna suavemente. Puede recordarse a usted mismo que Dios le promete un futuro y una esperanza, aunque esto parezca difícil de creer en este

ESTÉ PREPARADO PARA PRACTICAR LAS

TÉCNICAS DE CONEXIÓN A TIERRA CADA

VEZ QUE NOTE LA PRESENCIA DE

UNA DE LAS CINCO REACCIONES DE:

LUCHA, HUIDA, CONGELACIÓN, FORNICACIÓN

O ALIMENTACIÓN.

momento. Puede revisar los versículos de la Biblia, eligiendo enfocarse en ellos en lugar de enfocarse en sus miedos. Por ejemplo: el Señor es amable, misericordioso y lleno de compasión (Salmo 111: 4, AMP).

Cada capítulo de Sanidad del Núcleo le ofrecerá ideas para ayudarle a vivir el presente a través de la conexión a tierra. Tómese el tiempo ahora para hacer los tres tipos de ejercicios de conexión a tierra, luego pregúntese cómo y cuándo podría beneficiarse si los agrega a su rutina.

ESTÉ PREPARADO PARA PRACTICAR LOS EJERCICIOS DE CONEXIÓN A TIERRA CADA VEZ QUE NOTE LA PRESENCIA DE UNA DE LAS CINCO REACCIONES DE: LUCHA, HUIDA, CONGELACIÓN, FORNICACIÓN O ALIMENTACIÓN.

Luego de probar las tres formas de conexión a tierra, describa cuál prefiere y las formas específicas en la que estos ejercicios pueden ayudarle a mantenerse en el presente.

____

____

____

____

____

____

DÍA TRES

Desarrollando una nueva forma de hablarse a usted mismo.

A menudo, los sobrevivientes de trauma se hablan a sí mismos de manera negativa, en una forma en la que nunca le hablarían a otra persona que está sufriendo, que esta triste o que esta lastimada o asustada. Piense en cómo podría calmar usted a un bebé que llora, hablándole con una voz suave. Ahora, imagine cómo

se habla a usted mismo cuando se siente ansioso, temeroso, o triste. ¿Cómo se habla a usted mismo? ¿De manera dura, crítica, negativa, o amable?

Cada vez que sienta síntomas de ansiedad, miedo o preocupación, la forma en la que usted se habla a usted mismo puede ayudarle a transformar las emociones difíciles o incluso los síntomas fisiológicos iniciales de un ataque de pánico (los síntomas como el dolor de pecho y la falta de aire deben ser evaluados por un medico). Al tomar decisiones mentales proactivas, usted puede acortar los síntomas incapacitantes o debilitantes a minutos, en lugar de sufrirlos por horas. Las siguientes declaraciones y versículos de las Escrituras pueden ayudarle a desarrollar un vocabulario positivo para hablarse a usted mismo. Usted puede poner cualquiera de estas declaraciones y versículos en su teléfono, computadora o en tarjetas de índice, para usarlas según sea necesario. ¡Usted puede elegir lo que piensa!

- Lo que estoy sintiendo es incómodo, pero puedo reconocerlo, puedo enfrentarlo y avanzar más allá, confiando en Dios. Él dice: *no temas, porque yo estoy contigo; no mires ansiosamente a tu alrededor, porque yo soy tu Dios. Te fortaleceré, seguramente te ayudaré, seguramente te sostendré con mi diestra victoriosa* (Isaías 41:10, NASU).

  El Señor es mi luz y mi salvación. ¿A quién temeré? El Señor es el baluarte de mi vida. ¿Quién podrá amedrentarme? (Salmo 27: 1, NVI)

- *Pero yo clamaré a Dios, y el Señor me salvará. Mañana, tarde y noche clamo angustiado, y él me escucha. Aunque son muchos los que me combaten, él me rescata, me salva la vida en la batalla que se libra contra mí. ¡Dios, que reina para siempre, habrá de oírme y los afligirá! Esa gente no cambia de conducta, no tiene temor de Dios. Levantan la mano contra sus amigos y no cumplen sus compromisos. Su boca es blanda como la manteca, pero sus pensamientos son belicosos. Sus palabras son más suaves que el aceite, pero no son sino espadas desenvainadas. Encomienda al Señor tus afanes, y él te sostendrá; no permitirá que el justo caiga y quede abatido para siempre. Y yo confiare en ti.* (Salmo 55:16-22, NVI).

- Le pediré a Dios que me ayude a entregarle mis heridas; Le pediré a Dios que me ayude a confiar en Él.

  Examíname, oh Dios, y sondea mi corazón; ponme a prueba y sondea mis pensamientos. Fíjate si voy por mal camino y guíame por el camino eterno. (Salmo 139:23-24, NVI)

- Esto pasará.
  Busqué al Señor y Él me respondió y me libró de todos mis miedos. (Salmo 34:4, NASU)

- Aunque esto es un desafío grande para mi, puedo experimentar *la paz de Cristo, la calma interior de aquel que camina diariamente con Él* (Colosenses 3:15 AMP).
  En la multitud de mis pensamientos [ansiosos] dentro de mí, ¡Tu consuelo alegra y deleita mi alma! (Salmo 94:19, AMP).

- Elegiré enfocarme en las soluciones, no en los problemas, ni las personas, ni tampoco en las cosas que no puedo cambiar.

  Ponga toda su atención [todas sus ansiedades, todas sus preocupaciones, todas sus cargas, ahora y para siempre] sobre Él, porque Él se preocupa por usted con cariño y cuida de usted de manera vigilante [Salmo 55:22] (1 Pedro 5: 7, AMP).

- ¡Puedo sobrevivir y prosperar! *Que el Maestro te tome de la mano y te guíe por el camino del amor de Dios y en la resistencia de Cristo* (2 Tesalonicenses 3: 5, MSG).

Usted puede entrenarse y practicar los ejercicios de conexión a tierra y de hablarse a usted mismo de manera positiva a lo largo de su día, especialmente en momentos en los que no se siente angustiado o ansioso, para que pueda estar listo para usar estas habilidades en el momento que lo precise.

DÍA CUATRO
Indicadores Multifacéticos del Trauma

Es posible que usted haya escuchado nombrar terminologías diagnósticas como el Estrés Postraumático (EPT) y el Trastorno de Estrés Postraumático (TEPT) utilizados para describir a los sobrevivientes de traumas. Cualquier persona que haya sido empujada más allá de los límites normales generalmente demostrará al menos algunas características de EPT y / o TEPT. Esta sección explorará algunas de las consecuencias posibles del estrés traumático que usted podría haber experimentado. Algunos de los indicadores enumerados se aplicarán a usted; algunos no lo harán. Si comienza a experimentar emociones que no había experimentado últimamente, anímese. ¡A menudo es necesario comenzar a sentir para poder sanar! Al completar el siguiente ejercicio, no se auto diagnostique con EPT o TEPT, debido a que otros factores físicos, mentales o emocionales pueden causar síntomas similares. Tenga en cuenta también que las diferentes formas de trauma pueden dar lugar a diferentes indicaciones. Esta lista es para ayudarle a reconocer el impacto del trauma en su vida, no para desanimarlo.

Recuerde que este libro, *Sanidad del Núcleo*, no ha sido escrito para llevarlo a la desesperación o para etiquetarlo como si usted tuviera algún tipo de "trastorno". Investigaciones actuales indican que las personas pueden curarse del EPT y del TEPT, los cuales puede ser el resultado directo de haber experimentado experiencias traumáticas para las cuales nadie está preparado para soportar.

PRECAUCIÓN: Debido a que numerosas afecciones emocionales, mentales y fisiológicas pueden ser comórbidas, es decir, que se presentan simultáneamente como ramificaciones del trauma, asegúrese de obtener ayuda profesional inmediata si actualmente usted está experimentando ideación suicida * la cual incluye saber cómo usted planea suicidarse; busque ayuda profesional lo antes posible si experimenta depresión o ansiedad debilitantes, problemas de salud relacionados con trastornos alimenticios, conductas adictivas o si de alguna u otra manera usted no puede disfrutar de su vida diariamente.

Si se siente extremadamente tenso y ansioso al comenzar el siguiente ejercicio, haga una pausa y tómese cinco o diez minutos para revisar y practicar los ejercicios de conexión a tierra [ver Día Dos]. Después de hacer eso, si todavía es demasiado difícil para usted continuar evaluando los resultados del trauma, simplemente deje de leer y avance hacia el Día Cinco. Puede volver a esta sección más tarde u omitirla por completo. ¡Esta lista solo está aquí para proporcionar información adicional para aquellas personas que la desean, no para volverlo a traumatizar!

Al considerar algunas de las posibles consecuencias del estrés traumático, coloque una marca [✓] junto a cada inquietud que usted esté experimentando en el presente y coloque dos marcas [✓✓] junto a toda situación que usted haya experimentado en el pasado.

- ☐ Ideación suicida: a veces piensa en suicidarse, pero sabe que realmente no lo hará.
- ☐ Ideación suicida, pero con un plan específico para suicidarse *.
- ☐ Pesadillas: sueños intrusivos con contenido traumático específico o con contenido poco claro pero perturbador.
- ☐ Recuerdos "fragmentados": recordar, en momentos generalmente aleatorios, recuerdos parciales de ciertos eventos o de ciertos años de su vida.
- ☐ Dificultad para quedarse dormido o permanecer dormido por mucho tiempo.
- ☐ Interés excesivo o evitación de todo o de ciertas actividades de naturaleza sexual, por ejemplo, evitar la intimidad matrimonial.
- ☐ Mantenerse alejado de otros, aislarse de las personas.
- ☐ Bulimia nerviosa, anorexia nerviosa, compulsión alimenticia u otra forma de trastorno alimenticio.
- ☐ Negarse a participar en actividades agradables con otras personas.
- ☐ Creer que algo está mal con usted o que usted es un inadaptado social.

- ☐ Sentirse dañado.
- ☐ Sentirse avergonzado.
- ☐ Depresión.
- ☐ Ansiedad.
- ☐ Adicciones, como alcoholismo, abuso de sustancias o compulsiones sexuales.
- ☐ Problemas de comportamiento.
- ☐ Arrebatos de ira.
- ☐ Creer que usted no vale nada.
- ☐ Autolesión (cortarse, golpearse la cabeza o el cuerpo contra una pared u otros comportamientos perjudiciales).
- ☐ Recuerdos recurrentes y angustiantes de los eventos traumáticos.
- ☐ Sentir que el trauma es recurrente, incluso cuando no lo es.
- ☐ Hipervigilancia (por ejemplo, verificar durante la noche para verificar que las puertas y las ventanas están cerradas)
- ☐ Nerviosismo y ser fácilmente sorprendido.
- ☐ Dificultad para concentrarse.
- ☐ Sentirse angustiado cuando algo como un sonido, olor, sabor, vista, tacto o persona, desencadena un recuerdo de su trauma.
- ☐ Creer que morirá joven.
- ☐ Creer que nunca podrá disfrutar la vida.
- ☐ Autocrítica.
- ☐ Auto desprecio.
- ☐ Duda de usted mismo.
- ☐ Incapacidad para confiar.
- ☐ Comportamientos inapropiados.
- ☐ Inseguridad
- ☐ Agresividad
- ☐ Culpa
- ☐ Inferioridad
- ☐ Tratar de ser "perfecto".
- ☐ Existencia caótica.
- ☐ Desilusión o una sensación de inutilidad.
- ☐ Pérdida de esperanza.
- ☐ Marcado énfasis en impresionar a sus compañeros o ganar la aceptación de otros.
- ☐ Comportamiento arriesgado.
- ☐ Demasiado enfoque en la apariencia física.
- ☐ Miedo a la intimidad emocional, intelectual, física o espiritual.

☐ Incapacidad de confiar en Dios.

☐ Pérdida de su propósito.

☐ Desrealización: sentirse separado de la realidad o del entorno.

☐ Amargura: una actitud de hostilidad hacia los demás, profundamente arraigada.

☐ Cinismo: actitud de pesimismo, de desprecio y / o humillación.

☐ Disociación: a veces sentirse separado de su cuerpo, especialmente durante un recuerdo del trauma; sentirse emocionalmente "desprotegido"; no se encuentra mentalmente presente en las situaciones actuales.

☐ Reacciones fisiológicas cuando recuerda los eventos traumáticos.

☐ Mala imagen corporal.

☐ Terror de que un médico lo examine físicamente.

☐ Sentirse sexualmente activo cuando tiene miedo, está solo, triste, se siente usado, degradado, herido o enojado.

☐ No ser capaz de reconocer cuando la gente lo está usando.

☐ Intentar ser amigo de personas a las que usted no le importa.

☐ Incapacidad para recordar detalles importantes sobre su pasado.

☐ Permanecer leal a las personas que continuamente lo traicionan.

☐ Repetir experiencias dolorosas similares una y otra vez.

☐ Ser atraído por personas que no son confiables.

☐ No saber identificar a personas seguras.

☐ No reconocer el dolor físico.

☐ No sentir una gama completa de emociones.

☐ Guardar secretos de personas que lo lastimaron.

☐ Pasar más tiempo en la fantasía que en la realidad.

☐ Deseos sexuales destructivos.

☐ Desesperación.

☐ Creer que siempre será una víctima.

☐ Sentir que necesita rescatar a otros.

☐ Sentir que otros quieren perseguirlo.

☐ Experimentar confusión sobre la vida.

☐ Dolor físico y / o problemas de salud que sus médicos dicen que son causados por el estrés.

Al considerar esta lista, podemos ver lo importante que es salir del control destructivo del trauma. Incluso si solo dos o tres de las "posibles consecuencias del estrés traumático" se aplican a usted, es probable que eso lo motive a querer aprender a vivir más allá de la tiranía que estos ejercen en su vida. En lugar de aceptar una etiqueta no apropiada de discapacidad o de fracaso, usted puede optar por seguir adelante. Pero, su éxito de mantenerse alejado de las garras del trauma antiguo requiere una determinación continua para hacer cambios esenciales en su vida. Sanidad del Núcleo puede ayudarle a desarrollar el coraje y la determinación que usted necesita para continuar haciendo exactamente eso.

El trauma afecta a bomberos, a veteranos de guerra, oficiales de policía y sobrevivientes de abuso sexual, muchos de los cuales experimentan EPT o TEPT sin saber que sus pesadillas están directamente relacionadas con lo que han presenciado o sufrido. Algunas personas, cuyos estresores psicológicos desafían la descripción, no saben cómo dejar de volver a experimentar los horrores de su pasado. A lo largo de su trabajo en Sanidad del Núcleo, usted puede desarrollar diversas habilidades para vivir más allá del trauma.

Los militares, los sobrevivientes de trafico de personas y del aborto, entre otros, pueden experimentar, en cualquier ámbito de su vida, un trauma debilitante conocido como daño moral. La lesión moral puede ocurrir después de que una persona participa o se ve obligada a hacer algo que viola sus creencias morales básicas, lo que resulta en un sufrimiento extremo y persistente. Ese dolor a menudo va acompañado de un increíble miedo a admitir lo que sucedió, independientemente si esto fue algo que hicieron voluntariamente o si se vieron obligados a hacerlo. Para silenciar este dolor interno, las personas con lesiones morales pueden tratar de adormecer sus emociones de diversas maneras que van desde el sexo, las drogas, el alcohol, realizando trabajos obsesivos, mediante logros cívicos, participando del liderazgo en una iglesia o sinagoga o incluso siendo voluntarios en

un refugio para personas sin hogar.
Sin saber cómo recuperar los valores intrínsecos
de lo que es correcto e incorrecto, estas personas
podrían creer erróneamente que nunca más podrán
encontrarse "a sí mismos". Es importante saber que
usted puede recuperar a la persona que usted fue
diseñada para ser. Usted puede sanar el centro de su
ser. Dios lo ama y le promete su asombroso perdón y
sanidad a cualquier persona que simplemente vaya
a Él y se lo pida. En lugar de ser dominado por el
trauma, usted puede aprender a sumergirse en las
profundidades de su perfecto amor.

RECUERDE, EL LIBRO SANIDAD DEL NÚCLEO, NO ESTA DISEÑADO PARA GENERAR DESESPERACIÓN EN USTED O PARA ETIQUETARLO CON ALGÚN TIPO DE "DESORDEN". EL ÉXITO PARA QUE PUEDA MANTENERSE ALEJADO DE LAS GARRAS DEL VIEJO TRAUMA REQUIERE UNA DETERMINACIÓN CONTINUA PARA HACER CAMBIOS ESENCIALES EN SU VIDA.

Por un momento, deje de recordar su experiencia
traumática para hacer una pausa y considerar esto:
Dios lo ama y su amor nunca falla. ¿Qué pensamientos
sobre el amor de Dios vienen a su mente?

____

____

____

____

____

Dios promete purificación y libertad de todo el mal
que otras personas le han hecho y de cualquier mal
que haya hecho usted también. Leer el Evangelio de

Juan podría ayudarle a notar algunas de las muchas
posibilidades increíbles que Dios ofrece. Él quiere
renovar su vida, como su regalo para usted. Dios
odia todo el mal que le han hecho, no por Él, sino por
personas pecaminosas que optaron por desobedecer
su expreso mandato de "amarse los unos a los otros".

Una ironía del trauma es que las personas a menudo
culpan a Dios por ello. "Dios podría haberlo detenido",
dicen, ya sea en referencia al abuso, la guerra o la
traición. Si bien esa afirmación es técnicamente
cierta, en realidad es inexacta. Es "verdad" que Dios es
soberano y es capaz de hablar incluso a la creación. Sin
embargo, no es exacto porque cuando Dios creó a la
humanidad, Él nos permitió "gobernar sobre la tierra"
(véase Génesis 1:28). Eso significa que cada persona
tiene que tomar decisiones a lo largo de cada día sobre
cómo elegiremos "gobernar" nuestros pensamientos,
emociones, almas, comportamiento y relaciones.

Cuando las personas no hacen un buen trabajo
gobernando cualquiera de esas áreas a menudo se
lastiman mutuamente con palabras, con actitudes y con
sus acciones. Este es un tema enorme y continuaremos
abordándolo en los próximos capítulos. Sin embargo,
en este momento ¿podemos estar de acuerdo en que
una de las pérdidas más dolorosas que causa el estrés
traumático es la pérdida de lo que fue, para muchos,
una relación de confianza con Dios? Exploraremos
cómo descubrir la paz con Dios en medio de las
repercusiones del trauma, aprendiendo a confiar en Él
para sanar, en lugar de culparlo por lo que no hizo. Dios
es bueno, amoroso, amable y todas sus acciones hacia
nosotros reflejan su carácter.

Hay esperanza para toda persona que este viviendo
con un miedo aturdidor de que su comportamiento
moral se expondrá de alguna manera y hay esperanza
también para aquellos que se sienten traicionados
y solos. ¡Cuando las abrumadoras emociones del
trauma surgen en las "Reacciones de Lucha, Huida,
Congelación, Fornicación o Alimentación" usted puede
aprender a cómo desarrollar nuevas habilidades que
construyan esperanza, alegría y transformación!

Para aquellos familiares o amigos que están
preocupados por los arrebatos de ira, el aislamiento,
la depresión u otro comportamiento problemático
de su ser querido, este libro puede ayudarles a
comprender y a alentar al sobreviviente de trauma,
en lugar de retirarse por miedo o impotencia. Sin
embargo, si los comportamientos de una persona son
agresivos, fuera de control, constituyen una amenaza
para su seguridad o la de los demás, es hora de pedir
ayuda de un profesional capacitado para trabajar
con sobrevivientes de traumas. Puede pedirle a su
iglesia local o sinagoga los nombres de los terapeutas
de trauma o encontrar información de consejeros en
varios sitios web, incluidos www.aacc.net, www.ccef.
org, www.focusonthefamily.com, etc.

DÍA CINCO
Imagine la Transformación
¿Alguna vez ha remodelado una casa? Si es así,
probablemente pensó en lo que quería hacer y tomó
medidas específicas para alcanzar sus objetivos. Es
posible que haya tomado un curso o consultado a
un arquitecto. Incluso si no ha remodelado una casa,
es probable que haya participado en un proyecto en
el trabajo, en la escuela, o haya completado algún
tipo de "cambio de imagen" personal. Con cualquier
tipo de proyecto de renovación, notar el antes y el
después puede ser alentador. Su viaje a través de este
libro es otra forma de restauración, con numerosas
oportunidades para la transformación tangible de
cinco áreas de su vida: el área mental, física, emocional,
espiritual y relacional.

DIOS TE AMA Y PROMETE SU ASOMBROSA SANIDAD Y PERDÓN A CUALQUIER PERSONA QUE SIMPLEMENTE SE ACERQUE A ÉL Y SE LO PIDA.

A lo largo de este primer capítulo, usted ha recibido
varias invitaciones a escribir sus pensamientos e
ideas. Ya sea que elija escribir aquí en el libro, en
un diario o en un cuaderno separado, el proceso de
escritura es una parte muy importante de su viaje de
sanidad. Investigaciones indican que tomarse el tiempo
para escribir "activa" neuronas en su cerebro. Este
crecimiento neuronal crea nuevas vías neuronales,
"remodelando" su cerebro con nuevas conexiones
transformadoras.

La neuroplasticidad es el proceso en el cual se forman
estas nuevas conexiones neuronales a lo largo de
su vida. Esto significa que: usted puede entrenar su
cerebro para que pueda crecer y avanzar. ¡Usted no
tiene que ser definido por un trauma! Paso a paso,
Sanidad del Núcleo está diseñado para ayudarle a
enfrentar sus preocupaciones con seguridad, a medida
que aprende nuevas formas de vivir con esperanza.

A medida que continúa imaginando su transformación
personal, visualice su vida restaurada, la cual ya
no se encuentra definida por el trauma. La palabra
transformar proviene del griego metamorphoo, que
significa "cambio de carácter moral para mejor, a través
de la renovación del poder de pensamiento" (Unger).
Haga una pausa y pregúntese acerca de las cinco áreas
principales enumeradas y describa la transformación
específica que le gustaría experimentar en cada una
de ellas. Aprender a visualizar el después del estrés
traumático puede ayudarle a llegar allí.

1. Seguridad

____

____

____

____

____

2. Competencia

____

____

____

____

____

3. Identidad

____

____

____

____

4. Propósito

____

____

____

5. Pertenencia

____

____

____

____

Describa cómo su mañana podría ser diferente a su presente si sus pensamientos acerca del trauma de alguna manera fueran transformados.

____

____

____

____

____

____

____

____

____

____

____

____

____

____

____

¡USTED NO TIENE QUE SER DEFINIDO
POR UN TRAUMA! USTED PUEDE
ENTRENAR SU CEREBRO PARA
CRECER Y AVANZAR. EN LUGAR DE
SIMPLEMENTE APRENDER A COMO
TOLERAR SITUACIONES, USTED ESTA
CONSTRUYENDO HABILIDADES PARA
PODER MANEJAR SU RESPUESTA AL
ESTRÉS AHORA.

CAPÍTULO DOS

no crea todo lo que piensa

Usted tiene pensamientos asociados con cada área del centro de su ser, desde su sentido de seguridad, competencia y pertenencia, hasta su identidad y su propósito. Estos pensamientos automáticos pueden aparecer en su mente sin su elección consciente y también pueden dirigir su vida sin darse cuenta de porque se siente y actúa como lo hace. Algunos pensamientos automáticos son útiles; otros no lo son. A medida que aumente su conciencia de lo que usted está pensando, notará cómo los pensamientos específicos pueden influir en su estado de ánimo ¡y aprenderá a cómo elegir los pensamientos que lo llevarán a donde realmente quiere ir!

Ejercicio de Conexión a Tierra: para ayudarle a continuar aplicando el trabajo de la semana pasada, el ejercicio de conexión a tierra de esta semana es la "técnica 5-4-3-2-1", un ejercicio que utiliza los cinco sentidos para ayudarle a disfrutar de estar en el presente:

Cinco: Escriba cinco cosas que ve:

____

____

Cuatro: Enumere cuatro cosas que puede tocar ahora:

____

____

Tres: describa tres cosas que puede escuchar ahora en dónde usted está:

____

____

Dos: ¿Qué dos cosas puede oler?

____

____

Uno: Describa una cosa que pueda saborear:

____

____

5-4-3-2-1 es una forma increíble de estar consiente del presente y lleno de gozo en cada momento, algo que cualquiera de nosotros puede fácilmente olvidar de hacer. Me acordé de esto cuando visité la espectacular Cascada Cordillera en Washington, no hace mucho tiempo. Al atravesar el lago Chelan, un pasajero levantó a su hija para que pueda mirar por encima de la baranda del barco. Sus cinco sentidos estaban en alerta máxima, su rostro irradiaba pura alegría al sentir el rocío del agua y poder disfrutar de la hermosa vista en las alturas. Al estar concentrados en su conversación, ninguna de las personas de su grupo pareció notar el asombro maravilloso de su mirada, ni sus rizos dorados bailando en el viento.

¿Cuántas alegrías del presente nos perdemos porque estamos distraídos y simplemente no las notamos? A veces estamos mirando hacia atrás en lugar de vivir en el presente. Eso puede alimentar la depresión. Otras veces, nos ponemos ansiosos si nuestros pensamientos se centran en las preocupaciones del mañana. Pero, podemos disfrutar del hoy viviendo el momento, notando lo que está sucediendo y permitiéndonos estar agradecidos por algo que podemos ver, tocar, oír, oler o saborear.

Describa cómo vivir en el presente puede ayudarle a disfrutar la vida:

____

____

____

____

LA FORMA EN QUE USTED PIENSA INFLUYE CÓMO SE SIENTE Y LO QUE

DÍA UNO

Identificando Pensamientos Recurrentes

Enumere algunos de sus pensamientos recurrentes cotidianos. Deténgase y observe, luego describa su estado de ánimo resultante:

Pensamiento Común y Recurrente

____

____

____

Estado de Animo Resultante

____

____

____

Porque cual es su pensamiento en su corazón, tal es él, (Proverbios 23:7b, RVR 1960) describe el principio que establece que hacia donde va la mente, allí el comportamiento generalmente le sigue.

Seleccione uno de sus pensamientos recurrentes y describa cómo el estado de ánimo resultante influye en su forma de vivir.

____

____

Cambiar su forma de pensar es tan difícil como aprender un nuevo idioma cuando se es adulto. Pero si usted se muda a otro país donde se habla un idioma diferente al suyo, aprender el idioma de ese país es esencial para una comunicación efectiva con las personas allí.

Aunque puede ser un desafío estudiar un nuevo idioma, usted sabe que lo ha conquistado cuando comienza a soñar en ese idioma. Al estudiar, repetir y practicar palabras, frases y oraciones todos los días, muchas personas logran el objetivo de dominar nuevos idiomas. Del mismo modo, aprender un nuevo lenguaje emocional requiere elecciones persistentes y repetidas. Hacer nuevas elecciones de manera consciente, momento a momento, puede transformar su viaje a la sanidad.

Piense en algo que sucede en su vida ahora. Describa pensamientos específicos (con respecto a sus preocupaciones, miedos, dolor, traiciones, alegría, esperanza, tristeza, etc.) en los que se ha centrado repetidamente y describa cómo esos pensamientos dan forma a su perspectiva sobre la vida en general:

____

____

____

____

Hoy puede ser un día diferente a cualquier otro. Usted tiene la oportunidad de aprender un nuevo lenguaje emocional, uno que comunica con precisión el amor de Dios a su mente, a sus emociones y a su cuerpo. Como un acto de su voluntad, usted puede elegir vivir de manera diferente y pensar intencionalmente. Incluso puede comenzar a confiar en Dios para que el trabaje en usted y a través de usted.

Por lo tanto, hermanos, tomando en cuenta la misericordia de Dios, les ruego que cada uno de ustedes, en adoración espiritual, ofrezca su cuerpo como sacrificio vivo, santo y agradable a Dios. No se amolden al mundo actual, sino sean transformados mediante la renovación de su mente. Así podrán comprobar cuál es la voluntad de Dios, buena, agradable y perfecta. (Romanos 12:1-2, NVI)

Enumere dos o tres pasos de acción de Romanos 12: 1-2 que pueden ayudarle a dejar de preocuparse por el trauma del pasado o por los desafíos que enfrenta hoy:

____

____

____

____

Los pensamientos automáticos a menudo surgen en patrones distorsionados, aumentando en frecuencia, intensidad y duración mucho después de que ocurren los desencadenantes traumáticos. Para su mente, esos pensamientos distorsionados son como estar en una casa de espejos deformados de un carnaval, es como usted ve su cuerpo físico en uno de esos espejos. Si ha visto su reflejo en una sala de espejos deformados, usted sabe que no mide diez pies de altura, ni diez pies de ancho, incluso cuando los espejos parecen reflejar esa imagen. Como usted sabe que los reflejos están distorsionados, usted rechaza fácilmente esa imagen de usted.

Sin embargo, los niños que crecen en una casa de espejos deformados podrían pensar que las reflexiones distorsionadas de los espejos son precisas, creyendo que en realidad sí se parecen a esas imágenes distorsionadas, en lugar de saber la verdad sobre su apariencia física. Del mismo modo, los patrones de pensamiento automáticos pueden evitar que distingamos la verdad en nuestras emociones, mente, alma o cuerpo. El trabajo de hoy le ayudará a identificar cuando los pensamientos son distorsionados, para que usted pueda saber cuando debe tomar decisiones intencionales para reemplazarlos con nuevas perspectivas que le ayuden, en lugar de perjudicarlo.

La siguiente lista presenta diez tipos comunes de pensamiento distorsionado, conocidos como distorsiones cognitivas. (Tanto Aaron T. Beck, M.D. y David Burns, M.D., han completado una extensa investigación sobre el impacto del pensamiento distorsionado en nuestros sentimientos y en nuestras acciones. Esta lista de distorsiones cognitivas ha sido influenciada por su trabajo).

Coloque una marca junto a cualquier forma de distorsión cognitiva que usted haya tenido. Coloque dos marcas si actualmente está experimentando ese tipo de pensamiento distorsionado.

__ **Razonamiento Emocional:** tomar sus emociones como indicadores válidos de la realidad. Por ejemplo, cuando usted se siente desesperado y determina en consecuencia que su situación no tiene salida, es imposible, es desalentadora o insoportable. Si se siente triste, usted se deprime, creyendo que su vida es (y posiblemente siempre será) miserable y / o deprimente. En cambio, usted puede entrenarse para darse cuenta de que sus emociones fluctúan. A menudo, cuando estamos exhaustos, nos sentimos deprimidos. Cualquier persona puede sentirse desanimada después de sufrir repetidos contratiempos a lo largo del día. Sin embargo, podemos seguir adelante, aprendiendo y creciendo constantemente, física, mental, emocional, social y espiritualmente.

__ **Saltando a Conclusiones:** reaccionar frente a lo que usted supone que sucedió, fue dicho o entendido por otra persona, sin obtener todos los hechos. Cuando alguien dice: "No puedo ir contigo el sábado", este tipo de mentalidad distorsionada suele pensar: "Solo dice eso porque no soy realmente su amigo; Soy tan aburrido / tóxico / deprimente que nadie quiere estar conmigo ". En lugar de dar un salto mental negativo, usted puede decirle a su amigo:" ¡Espero que lo pases muy bien! " ¿Hay algún momento la próxima semana que podamos reunirnos para almorzar o tomar un café, etc.?

_ **Pensamiento Todo o Nada:** es ver la vida en blanco o negro, bueno o malo. La persona con este tipo de mentalidad a menudo es perfeccionista, creyendo que él o ella (o alguien más) es un fracaso si algo sale mal en cualquier situación, conversación, trabajo o relación, etc. Considerar que todas las personas pueden experimentar e inclusive sobrevivir a pérdidas significativas, a engaños, a tristezas y a dolor, no se produce en este tipo de mentalidad.

_ **Pensamiento Debería:** Tener reglas tácitas sobre lo que usted u otros deberían hacer o deberían haber hecho. Ejemplos: "Debería haberlo sabido". "Debería disculparse". "Voy a seguir enojado hasta que ella haga lo que debe hacer". Pensar lo contrario al pensamiento debería le ayudará a darse cuenta cual es el papel que usted juega en la situación. Usted puede pensar "Puedo aprender de esto" o "Seré abierto y expresaré mis preocupaciones sobre [el comportamiento de la otra persona] sin quedar atrapado en un patrón autodestructivo de ira".

_ **Sobregeneralización:** ver un evento de nuestra vida como un patrón interminable. Alguien que se sintió excluido cuando el anfitrión de un evento social no le dijo "hola" podría pensar: "Así es mi vida, me dejan afuera de todo porque no importo y a nadie le importo ", sin saber que el anfitrión del evento estaba resfriado y estaba siendo "grosero" con todos los invitados. En lugar de evitar a esa persona, trátela como usted quiere que lo traten, esperando lo mejor [pero cuando alguien sea realmente grosero, deje que esa persona sea haga cargo de su propio comportamiento; ¡no deje que la mala actitud de otra persona defina su vida!].

_**Pensamiento Catastrófico:** pensar que cualquier situación resultará en un desastre y creer que de alguna manera usted esta destinado a sufrir continuas dificultades, desgracias, dolor y problemas. La mentalidad catastrófica analiza eventos de la siguiente manera: "Fallé en este último examen, fracasaré en el próximo y nunca podré pasar este curso; debería abandonar la escuela". En lugar de pensar catastróficamente, incluso cuando usted experimente un dolor profundo o circunstancias desafiantes de la vida, busque oportunidades para aprender y crecer en lugar de ver la vida como un patrón interminable de derrota. En la ilustración anterior, la catástrofe podría eliminarse con la siguiente actitud: "¡Voy a contratar a un tutor para que me ayude a prepararme para el próximo examen de química, porque voy a pasar este curso!"

_ **Filtrado:** enfocarse en un detalle negativo en cualquier situación dada y solo pensar en eso mientras "filtra" cualquier aspecto positivo de la circunstancia, evento, persona o preocupación. El filtrado ocurre cada vez que su perspectiva sobre usted u otros se limita a lo negativo. Incluso durante un evento realmente difícil, usted puede optar por centrarse en algo positivo. Por ejemplo: "Alguien pasó una luz roja y dañó mi auto, aún así puedo pensar que los autos pueden repararse ¡y estoy agradecido de que nadie haya resultado herido!" Esta respuesta evita ver esa situación con un filtro negativo que generalmente expresa: "Las cosas malas siempre me pasan a mi! Todos están en mi contra; este choque es solo un ejemplo más de como todo en mi vida sale mal. Nadie más tiene tantos problemas como yo ".

_ **Culpar y Etiquetar:** Culparse a usted mismo por algo que está más allá de su control o responsabilizar a otros por la forma en como usted se siente. Ejemplo: "Si mis padres no me hubieran tratado de la manera en que lo hicieron, yo no sería un perdedor" o "Debido a que me molestaron nunca podré tener una relación decente".

_ **Mito de Control:** pensar que usted es responsable de la felicidad y el bienestar de todos en su vida o pensar que de alguna manera otros son responsables de su bienestar, ya que usted es incapaz de detener su dolor [tristeza, dificultad, etc.].

__ **Pasar por Alto lo Positivo:** rechazar las experiencias positivas de su vida y creer que de alguna manera estas no se comparan con la cantidad de experiencias negativas.

Los pensamientos pueden alimentar las emociones, pero estos pueden estar distorsionados, dependiendo de sus percepciones de lo que está sucediendo o ha sucedido en su vida. Pero no todas las emociones son generadas por pensamientos distorsionados; algunos podrían ser provocados por lesiones cerebrales traumáticas, medicamentos, enfermedades, etc. Si necesita ayuda para reemplazar distorsiones cognitivas complejas, comuníquese con un médico o profesional de la salud mental.

CADA VEZ QUE USTED EXPERIMENTE EMOCIONES COMO MIEDO, ANSIEDAD, PREOCUPACIÓN, DEPRESIÓN O ENOJO, HAGA UNA PAUSA PARA VER SI PUEDE IDENTIFICAR UNA DISTORSIÓN COGNITIVA QUE ALIMENTE ESA EMOCIÓN.

DÍA DOS

Reemplazando Pensamientos Negativos

Puede ser un desafío aprender a reconocer los pensamientos automáticos negativos, ya que se volvieron automáticos después de meses o años de repetición, a menudo con su mente en piloto automático. Por lo tanto, reducir la frecuencia de patrones de pensamiento distorsionados requiere un esfuerzo continuo y específico. Otro desafío que puede encontrar al intentar desarrollar un vocabulario positivo para hablarse a usted mismo es el siguiente: los patrones de pensamiento negativos pueden arraigarse tan profundamente que parecería imposible aprender una forma diferente de hablar con uno mismo.

Debido a que esta es una parte esencial en su proceso de sanidad, el trabajo de este día incluye una guía de referencia a alternativas saludables. Esta es una sección larga, diseñada para que usted regrese una y otra vez. ¡No espere aprenderlo todo en un día! Es posible que desee marcar esta sección para poder volver a ella cada vez que desee una nueva idea para reemplazar las distorsiones cognitivas viejas y obstinadas.

Cada vez que experimente una emoción como el miedo, la ansiedad, preocupación, depresión, enojo, haga una pausa para ver si puede identificar una distorsión cognitiva que este alimentando esa emoción. A medida que usted tome tiempo para considerar lo que estaba pensando antes de que ocurriera un sentimiento, usted puede comenzar a reemplazar los patrones de pensamiento automáticos con la verdad.

Siempre que experimente una emoción dolorosa, permítase preguntarse porque esa emoción está allí: las emociones pueden proporcionar información valiosa, como puede ser la necesidad de decir "lo siento" cuando ha lastimado a alguien, o decirle a alguien que sus palabras y / o acciones lo han herido. Independientemente de como respondan los demás, usted puede tomarse el tiempo para sentir y así poder sanar. Aprender a sanar lo libera de adormecer y evitar el dolor. Continuar creciendo incluye asumir la responsabilidad de sus pensamientos, buscar nuevas ideas y buscar la ayuda de Dios a través de la oración y de la meditación de su Palabra.

En lo que se conoce como el Principio de Vistazo / Mirada, Jesús ofrece una forma práctica de manejar pensamientos desafiantes:

Por eso les digo: No se preocupen por su vida, qué comerán o beberán; ni por su cuerpo, como se vestirán. ¿No tiene la vida más valor que la comida, y el cuerpo más que la ropa? Fíjense en las aves del cielo: no siembran ni cosechan ni almacenan en graneros; sin embargo, el Padre celestial las alimenta. ¿No valen ustedes mucho más que ellas? ¿Quién de ustedes, por mucho que se preocupe, puede añadir una sola hora al curso de su vida?

¿Y por qué se preocupan por la ropa? Observen como crecen los lirios del campo. No trabajan ni hilan; sin embargo, les digo que ni siquiera Salomón, con todo su esplendor, se vestía como uno de ellos. Si así viste

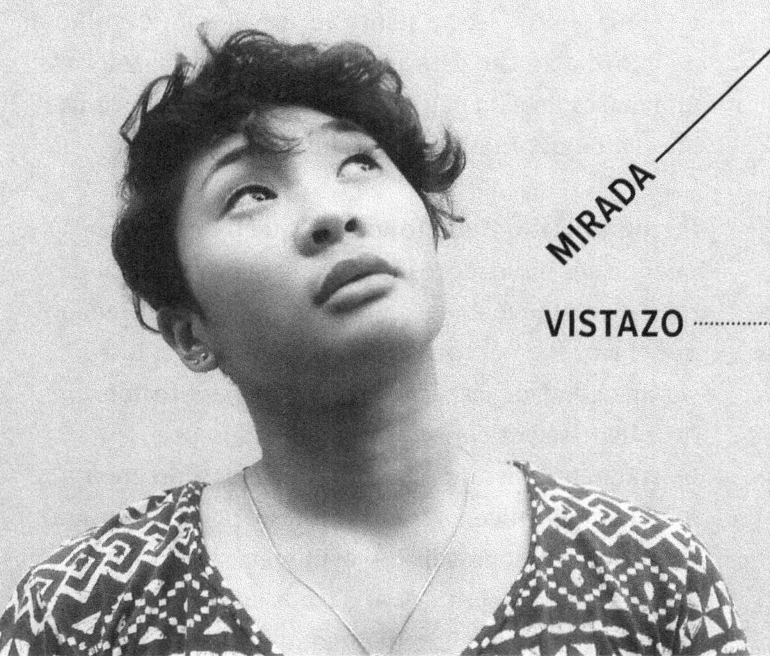

MÁS BIEN, BUSQUEN PRIMERAMENTE EL
REINO DE DIOS Y SU JUSTICIA, Y TODAS
ESTAS COSAS LES SERÁN
AÑADIDAS. POR LO TANTO, NO SE
ANGUSTIEN POR EL MAÑANA, EL CUAL
TENDRÁ SUS PROPIOS AFANES. CADA DÍA
TIENE YA SUS PROBLEMAS.
—
MATEO 6:33-34

Dios a la hierba que hoy está en el campo y mañana es arrojada al horno, ¿no hará mucho más por ustedes, gente de poca fe? Así que no se preocupen diciendo: "¿Qué comeremos?" o "¿Qué beberemos?" o "¿Con qué nos vestiremos?" Los paganos andan tras todas estas cosas, pero el Padre celestial sabe que ustedes las necesitan. Más bien, busquen primeramente el reino de Dios y su justicia, y todas estas cosas les serán añadidas. Por lo tanto, no se angustien por el mañana, el cual tendrá sus propios afanes. Cada día tiene ya sus problemas. (Mateo 6:25-34, NVI)

Imagine a Jesús caminando con sus discípulos, sonriendo, de pronto señala a los pájaros que vuelan por encima mientras habla de la provisión de Dios para cada necesidad. Él no les dice a sus hijos que ignoren las necesidades o los problemas. No nos anima a negar que existen desafíos. En el Principio Vistazo / Mirada, Jesús enseña una mejor manera - Más bien, busquen primeramente el reino de Dios y su justicia, y todas estas cosas les serán añadidas. Por lo tanto, no se angustien por el mañana, el cual tendrá sus propios afanes. Cada día tiene ya sus problemas (Mateo 6:33-34). Este principio ilustra como podemos echar un vistazo a nuestras necesidades y problemas (evitando vivir en un estado de negación) y mirar a Dios, confiándole nuestras necesidades, desafíos, sufrimientos y dificultades a su perfecto cuidado.

A medida que usted elige lo que piensa, esencialmente elige echar solo un vistazo a sus preocupaciones en lugar de ser dominado por ellas. Los versículos citados en las páginas siguientes dan ideas prácticas de como mirar a Dios en medio de sus problemas, necesidades o angustias. ¡Mientras lee y estudia la Palabra de Dios, puede descubrir cientos de otros versículos que le ayudarán con sus áreas específicas de preocupación! Para obtener ayuda para encontrar pasajes adicionales, las Biblias están disponibles en línea, en numerosos formatos, como en www.biblegateway.com, o mediante aplicaciones telefónicas como YouVersion.

Cambiar los procesos de pensamiento requiere elecciones conscientes y diligentes para poder meditar en la verdad y liberarse de patrones debilitantes de pensamiento, patrones debilitantes en sus emociones y en su vida. Debido que el cambiar sus pensamientos tiene el poder de cambiar su mundo, vale la pena el tiempo y el esfuerzo que lleva reemplazar los viejos hábitos inútiles y establecer otros nuevos.

Muchas personas no saben reconocer cuando sus pensamientos le están causando daño, por esa razón, en las siguientes páginas revisaremos las diez formas básicas de distorsiones cognitivas y ofreceremos ideas para construir un nuevo "vocabulario" saludable para que usted se hable a usted mismo. Esto le será útil cuando comience a escribir sus distorsiones cognitivas en el día cuatro. No se sienta abrumado por el volumen de información en esta sección, usted puede colocar una marca en esta página para saber donde encontrar ideas alentadoras de diálogo interior.

Razonamiento Emocional: aunque las emociones pueden ser indicadores legítimos de preocupaciones reales, cuando los pensamientos están distorsionados por el razonamiento emocional, el resultado puede ser ansiedad, desesperación e incluso depresión. Cuando usted es consciente de este tipo de pensamiento distorsionado, puede elegir no creer todo lo que le dicen sus emociones y puede enfocarse en los pensamientos que le ayudan a experimentar alegría, paz y esperanza. Al darnos cuenta de que las emociones pueden fluctuar cuando estamos agotados o después de un estrés traumático repetido, podemos manejar nuestros pensamientos, aprendiendo y creciendo de manera constante física, mental, emocional, social y espiritualmente.

Jehová es mi pastor; nada me faltará. En lugares de delicados pastos me hará descansar. Junto a aguas de reposo me pastoreará. Confortará mi alma; Me guiará por sendas de justicia por amor de su nombre. Aunque ande en valle de sombra de muerte, No temeré mal alguno, porque tú estarás conmigo; Tu vara y tu cayado me infundirán aliento. Aderezas mesa delante de mí en presencia de mis angustiadores; Unges mi cabeza con aceite; mi copa está rebosando.

Ciertamente el bien y la misericordia me seguirán todos los días de mi vida y en la casa de Jehová moraré por largos días. (Salmo 23, RVR 1960).

Porque caminamos por fe [llevamos nuestras vidas y nos conducimos guiados por nuestra convicción o creencia, respetando la relación del hombre con Dios y las cosas divinas, con confianza y santo fervor; así caminamos] no por vista o apariencia. (2 Corintios 5:7, AMP)

Cuando mi mente se llenó de dudas, tu consuelo renovó mi esperanza y mi alegría. (Salmo 94:19, NTV).

¿Por qué estás abatida alma mía? ¿Por qué estás llorando de tristeza? Fijaré mis ojos en Dios, pronto volveré a alabarle. El pone una sonrisa en mi cara. El es mi Dios. Cuando mi alma está hundida, recuerdo todo lo que sé de ti, desde las profundidades del Jordán hasta las alturas del Hermón, incluyendo el Monte Mizar (Salmo 42:5-6, El Mensaje)

MIRAR LA VIDA A TRAVÉS DE LOS LENTES DE LA PALABRA DE DIOS PUEDE AYUDARLE A DESCUBRIR UNA NUEVA ESPERANZA.

Saltando a Conclusiones: en lugar de reaccionar ante las circunstancias de la vida, usted puede hacer preguntas acerca de lo que cree haber visto o escuchado, como por ejemplo "Ayúdame a comprender …", de esa forma usted tratará de entender la perspectiva de la otra persona. Puede mantener la calma de su lenguaje corporal para que las personas se sientan seguras al hablar con usted. En lugar de creer lo peor sobre lo que los demás piensan de usted, puede estar seguro de que Dios lo ama. Cuando usted permite que el amor de Dios desborde su corazón, es menos probable que crea que otros están tratando de hacerle daño. E incluso cuando otros están realmente en contra de usted, usted puede aprender a como experimentar la paz de Dios (vea Isaías 26: 3).

Ustedes los sabios, escuchen mis palabras, ustedes los instruidos, préstenme atención. El oído saborea las palabras como saborea el paladar la comida. Examinemos juntos este caso, decidamos entre nosotros lo mejor. (Job 34:2-4, NVI)

Es necio y vergonzoso responder antes de escuchar. (Proverbios 18:13, NVI)

Mis queridos hermanos, tengan presente esto: Todos deben estar listos para escuchar, y ser lentos para hablar y para enojarse; pues la ira humana no produce la vida justa que Dios quiere. (Santiago 1:19-20, NVI)

Mis queridos amigos, no crean todo lo que oyen. Examinen cuidadosamente lo que la gente les dice. No todos los que hablan de Dios provienen de Dios. Hay muchos predicadores mentirosos sueltos en el mundo. (1 Juan 4:1, El Mensaje)

Pensamiento Todo o Nada: alguien dijo una vez que el problema del perfeccionismo no es realmente que estamos tratando de ser como Dios, es que estamos tratando de ser Dios. Si usted observa todo en su vida a través del lente de la necesidad de tener el control de las circunstancias o de las personas, es probable que se sienta decepcionado la mayor parte del tiempo. Pídale a Dios que abra su mente a nuevas ideas que puedan proporcionar una nueva perspectiva.

Ábrete ante Dios, no te guardes nada; El hará lo que sea necesario: validará tu vida a la luz del día y te pondrá su sello de aprobación al mediodía. (Salmo 37:5-6, El Mensaje)

El corazón del hombre traza su rumbo, pero sus pasos los dirige el Señor (Proverbios 16:9, NVI).

Pero él me dijo: «Te basta con mi gracia, pues mi poder se perfecciona en la debilidad». Por lo tanto, gustosamente haré más bien alarde de mis debilidades, para que permanezca sobre mí el poder de Cristo.

Por eso me regocijo en debilidades, insultos, privaciones, persecuciones y dificultades que sufro por Cristo; porque, cuando soy débil, entonces soy fuerte (2 Corintios 12:9-10, NVI).

Estén siempre alegres. Nunca dejen de orar. Sean agradecidos en toda circunstancia, pues esta es la voluntad de Dios para ustedes, los que pertenecen a Cristo Jesús. (1 Tesalonicenses 5:16-18, NTV)

Pensamiento Debería: Dios es un Dios de esperanza, de renovación, de convicción y de VIDA; no de condenación. A medida que le permite que anime su alma, usted puede entregar todo "pensamiento debería" a su amor ilimitado. Sabiendo que puede hacer todo en su fuerza, usted puede dejar de golpearse mentalmente sobre lo que "debería" hacer.

No es que ya lo haya conseguido todo, o que ya sea perfecto. Sin embargo, sigo adelante esperando alcanzar aquello para lo cual Cristo Jesús me alcanzó a mí. Hermanos, no pienso que yo mismo lo haya logrado ya. Más bien, una cosa hago: olvidando lo que queda atrás y esforzándome por alcanzar lo que está delante, sigo avanzando hacia la meta para ganar el premio que Dios ofrece mediante su llamamiento celestial en Cristo Jesús. Así que, ¡escuchen los perfectos! Todos debemos tener este modo de pensar. Y, si en algo piensan de forma diferente, Dios les hará ver esto también. En todo caso, vivamos de acuerdo con lo que ya hemos alcanzado (Filipenses 3: 12-16, NVI)

Sé vivir con casi nada o con todo lo necesario. He aprendido el secreto de vivir en cualquier situación, sea con el estómago lleno o vacío, con mucho o con poco. Pues todo lo puedo hacer por medio de Cristo, quien me da las fuerzas. De todos modos, han hecho bien al compartir conmigo en la dificultad por la que ahora atravieso (Filipenses 4:12-14, NTV).

DIOS ES UN DIOS DE ESPERANZA, DE RENOVACIÓN, DE CONVICCIÓN, Y DE VIDA; NO DE CONDENACIÓN.

Sobregeneralización: aprender a mirar la vida a través del lente de la Palabra de Dios proporciona un enfoque completamente diferente para las preocupaciones reales de la vida. En lugar de considerar "normal" a lo que usted ha conocido, puede permitir que Dios proporcione su definición original para su vida, una que no está alimentada por viejos patrones de pensamiento de generalización.

Confía en el Señor y haz el bien; establécete en la tierra y mantente fiel. Deléitate en el Señor y él te concederá los deseos de tu corazón. Encomienda al Señor tu camino; confía en él, y él actuará. Hará que tu justicia resplandezca como el alba; tu justa causa, como el sol de mediodía (Salmo 37:3-6, NVI).

Señor, tú me examinas, tú me conoces. Sabes cuándo me siento y cuándo me levanto; aun a la distancia me lees el pensamiento. Mis trajines y descansos los conoces; todos mis caminos te son familiares. No me llega aún la palabra a la lengua cuando tú, Señor, ya la sabes toda (Salmo 139:1-4, NVI).

Estén siempre alegres, oren sin cesar, den gracias a Dios en toda situación, porque esta es su voluntad para ustedes en Cristo Jesús (1 Tesalonicenses 5:16-18, NVI).

Pensamientos Catastróficos: cuando sus pensamientos automáticos se centran en desastres, en tragedias o en sufrimientos pasados, presentes o futuros, es difícil disfrutar del presente. La Palabra de Dios ofrece esperanza en medio de todas las circunstancias, condiciones y situaciones de la vida. Puede entrenar sus pensamientos para descansar en Él.

Dios es nuestro refugio y nuestra fortaleza [poderoso e impenetrable ante la tentación], una ayuda muy presente y bien probada ante los problemas. Por lo tanto, no temeremos, aunque la tierra cambie y las montañas se estremezcan en medio de los mares, aunque sus aguas rujan y formen espuma, aunque las montañas tiemblen en su tumulto. Selah [haz una pausa y piensa en esto con calma] Hay un río cuyas corrientes alegran la ciudad de Dios, el lugar sagrado del tabernáculo del

Altísimo. Dios está en medio de ella, no será conmovida; Dios la ayudará temprano [al amanecer]. Las naciones se enfurecieron, los reinos se tambalearon y fueron movidos; Él pronunció su voz, la tierra se derritió. El Señor de los ejércitos está con nosotros. El Dios de Jacob es nuestro refugio (nuestra fortaleza y nuestra torre alta). Selah [haz una pausa y piensa en eso con calma] (Salmo 46:1-7, AMP)

Encomienda al Señor tus afanes y él te sostendrá; no permitirá que el justo caiga y quede abatido para siempre (Salmo 55:22, NVI).

Cuando en mí la angustia iba en aumento, tu consuelo llenaba mi alma de alegría (Salmo 94:19, NVI).

Pero ahora, el Mensaje de Dios, el Dios que te creó en primer lugar, Jacob, el que inició todo, Israel: "No tengas miedo, te he redimido. He llamado tu nombre. Eres mío. Cuando estés sobre desbordado, yo estaré allí contigo. Cuando estés en aguas turbulentas, no te hundirás. Cuando estés entre una roca y una pared, no será un callejón sin salida, porque yo soy Dios, tu Dios personal, el Santo de Israel, tu Salvador" (Isaías 43:1-3ª, El Mensaje).

Filtrado: este tipo de pensamiento distorsionado ocurre cuando se minimizan los eventos, las declaraciones o las personas positivas de su vida y se maximizan las palabras, las interacciones o las circunstancias negativas. Si ha permitido que su mente se estacione en la negatividad, puede hacer un esfuerzo consciente para renovar su mente con la Palabra de Dios. Si cree que este es un desafío demasiado grande para usted, tenga en cuenta que solo tendrá éxito cuando confíe en la fuerza ilimitada de Dios, en lugar de mirar a sus debilidades.

Por último, hermanos, consideren bien todo lo verdadero, todo lo respetable, todo lo justo, todo lo puro, todo lo amable, todo lo digno de admiración, en fin, todo lo que sea excelente o merezca elogio (Filipenses 4:8, NVI).

SI ENTONCES has resucitado con Cristo [a una nueva vida, compartiendo así su resurrección de entre los muertos], enfócate y busca los [tesoros valiosos y eternos] que están arriba, donde está Cristo, sentado a la diestra de Dios. Y pon tu mente y fíjala en lo que está arriba (en las cosas superiores), no en las cosas que están en la tierra. Porque [en lo que respecta a este mundo] has muerto, y tu vida [nueva y real] está escondida con Cristo en Dios (Colosenses 3:1-3, AMP)

Por tanto, también nosotros, que estamos rodeados de una multitud tan grande de testigos, despojémonos del lastre que nos estorba, en especial del pecado que nos asedia, y corramos con perseverancia la carrera que tenemos por delante. Fijemos la mirada en Jesús, el iniciador y perfeccionador de nuestra fe, quien, por el gozo que le esperaba, soportó la cruz, menospreciando la vergüenza que ella significaba, y ahora está sentado a la derecha del trono de Dios. Así, pues, consideren a aquel que perseveró frente a tanta oposición por parte de los pecadores, para que no se cansen ni pierdan el ánimo (Hebreos 12:1-3, NVI).

Culpando y Etiquetando: la mejor manera de evitar vivir en un estado de constante crítica y culpa, ya sea a usted mismo o a los demás, es enfocarse en Dios en lugar de enfocarse en usted, en sus problemas o en otras personas. Ponga en practica el Principio "Vistazo / Mirada".

Porque el Señor Dios es sol y escudo; ¡el Señor otorga [en tiempo presente] gracia, favor y [en tiempo futuro] gloria (honor, esplendor y felicidad celestial)! Nada bueno retendrá de los que caminan rectamente (Salmo 84:11, AMP)

En mi corazón he guardado tus dichos, para no pecar contra ti. Bendito tú, oh Jehová; Enséñame tus estatutos. Con mis labios he contado todos los juicios de tu boca. Me he gozado en el camino de tus testimonios más que de toda riqueza. En tus mandamientos meditaré; Consideraré tus caminos. Me regocijaré en tus estatutos; No me olvidaré de tus palabras (Salmo 119: 11-16, RVR1960).

¡El fiel amor del Señor nunca se acaba! Sus misericordias jamás terminan (Lamentaciones 3:22, NTV).

Ya que han resucitado con Cristo, busquen las cosas de arriba, donde está Cristo sentado a la derecha de Dios. Concentren su atención en las cosas de arriba, no en las de la tierra, pues ustedes han muerto y su vida está escondida con Cristo en Dios. Cuando Cristo, que es la vida de ustedes, se manifieste, entonces también ustedes serán manifestados con él en Gloria (Colosenses 3:1-4, NVI).

Mito de Control: experimentar la libertad de la preocupación por lo que otras personas piensan de usted sucederá cuando permita que Dios traiga paz, momento a momento, en lo profundo de su alma. Confiando en Él, usted puede ser 100% responsable de su propio estado emocional, en lugar de permitir que las elecciones de otras personas lo controlen. También usted se dará cuenta de que es frustrante tratar de "hacer" felices a otras personas y descubrirá que ellos también son 100% responsables de sus propias vidas. No tiene que estar dominado por la imposible tarea de tratar de controlar su mundo.

Dios es el rey de toda la tierra, por eso, cántenle un salmo solemne. Dios reina sobre las naciones; Dios está sentado en su santo trono. Los nobles de los pueblos se reúnen con el pueblo del Dios de Abraham (Salmo 47:7-9, NVI)

Alzaré mis ojos a los montes; ¿De dónde vendrá mi socorro? Mi socorro viene de Jehová, que hizo los cielos y la tierra. No dará tu pie al resbaladero, ni se dormirá el que te guarda. He aquí, no se adormecerá ni dormirá El que guarda a Israel (Salmo 121:1-4, RVR1960).

Por lo tanto, de la manera que recibieron a Cristo Jesús como Señor, ahora deben seguir sus pasos. Arráiguense profundamente en él y edifiquen toda la vida sobre él. Entonces la fe de ustedes se fortalecerá en la verdad que se les enseñó, y rebosarán de gratitud (Colosenses 2:6-7, NTV).

Pasando por Alto lo Positivo: la Palabra de Dios trae esperanza duradera, amor inagotable y una afirmación clara que puede ayudarle en todas las áreas de su vida. Usted puede confiar en la presencia de Dios, consciente de que cada día Él lo ama.

EN LUGAR DE PERMITIR QUE LOS PENSAMIENTOS NEGATIVOS DIRIJAN SU VIDA, USTED PUEDE CONFIAR EN QUE LA PALABRA DE DIOS PUEDE REFRESCAR Y RESTAURAR SU MENTE.

Y sabemos que Dios hace que todas las cosas cooperen para el bien de quienes lo aman y son llamados según el propósito que él tiene para ellos. ¿Qué podemos decir acerca de cosas tan maravillosas como estas? Si Dios está a favor de nosotros, ¿quién podrá ponerse en nuestra contra? Si Dios no se guardó ni a su propio Hijo, sino que lo entregó por todos nosotros, ¿no nos dará también todo lo demás? ¿Quién se atreve a acusarnos a nosotros, a quienes Dios ha elegido para sí? Nadie, porque Dios mismo nos puso en la relación correcta con él. Entonces, ¿quién nos condenará? Nadie, porque Cristo Jesús murió por nosotros y resucitó por nosotros, y está sentado en el lugar de honor, a la derecha de Dios, e intercede por nosotros.

¿Acaso hay algo que pueda separarnos del amor de Cristo? ¿Será que él ya no nos ama si tenemos problemas o aflicciones, si somos perseguidos o pasamos hambre o estamos en la miseria o en peligro o bajo amenaza de muerte? (Como dicen las Escrituras: «Por tu causa nos matan cada día; nos tratan como a ovejas en el matadero»). Claro que no, a pesar de todas estas cosas, nuestra victoria es absoluta por medio de Cristo, quien nos amó.

Y estoy convencido de que nada podrá jamás separarnos del amor de Dios. Ni la muerte ni la vida, ni ángeles ni demonios, ni nuestros temores de hoy ni nuestras preocupaciones de mañana. Ni siquiera los poderes del infierno pueden separarnos del amor de Dios. Ningún poder en las alturas ni en las profundidades, de

EN LUGAR DE PERMITIR

QUE LOS PENSAMIENTOS

NEGATIVOS DIRIJAN SU

confiar en la Palabra
de Dios

GAR DE PERMITIR

QUE LOS PENSAMIENTOS

*hecho, nada en toda la creación podrá jamás separarnos
del amor de Dios, que está revelado en Cristo Jesús
nuestro Señor (Romanos 8:28, 31-39, NTV).*

*Por lo tanto, de la manera que recibieron a Cristo Jesús
como Señor, ahora deben seguir sus pasos. Arráiguense
profundamente en él y edifiquen toda la vida sobre él.
Entonces la fe de ustedes se fortalecerá en la verdad que
se les enseñó, y rebosarán de gratitud.*
*No permitan que nadie los atrape con filosofías huecas
y disparates elocuentes, que nacen del pensamiento
humano y de los poderes espirituales de este mundo
y no de Cristo. Pues en Cristo habita toda la plenitud
de Dios en un cuerpo humano. De modo que ustedes
también están completos mediante la unión con Cristo,
quien es la cabeza de todo gobernante y toda autoridad
(Colosenses 2:6-10, NTV).*

*Soy el Alfa y la Omega, el principio y el fin, dice el
Señor Dios, el que es, el que fue y quién vendrá, el
Todopoderoso (el soberano de todos) (Apocalipsis 1:8,
AMP)*

*El Señor hace justicia y defiende a todos los oprimidos.
Dio a conocer sus caminos a Moisés; reveló sus obras al
pueblo de Israel. El Señor es clemente y compasivo, lento
para la ira y grande en amor. No sostiene para siempre
su querella ni guarda rencor eternamente. No nos
trata conforme a nuestros pecados ni nos paga según
nuestras maldades. Tan grande es su amor por los que
le temen como alto es el cielo sobre la tierra. Tan lejos
de nosotros echó nuestras transgresiones como lejos del
oriente está el occidente. Tan compasivo es el Señor con
los que le temen como lo es un padre con sus hijos. Él
conoce nuestra condición; sabe que somos de barro. El
hombre es como la hierba, sus días florecen como la flor
del campo: sacudida por el viento, desaparece sin dejar
rastro alguno. Pero el amor del Señor es eterno y siempre
está con los que le temen; su justicia está con los hijos
de sus hijos, con los que cumplen su pacto y se acuerdan
de sus preceptos para ponerlos por obra. El Señor ha
establecido su trono en el cielo; su reinado domina sobre
todos. (Salmo 103:6-19, NVI)*

*El poder divino de Dios nos ha dado todo lo que
necesitamos para vivir la vida y vivir en Santidad. Este
poder nos fue dado a través del conocimiento de aquel
que nos llamó por su propia gloria e integridad. A través
de su gloria e integridad nos ha dado sus promesas
que son del más alto valor. A través de estas promesas,
compartirás la naturaleza divina, porque has escapado
de la corrupción que los deseos pecaminosos causan
en el mundo. Debido a esto, haz todo lo posible para
agregar integridad a tu fe; y a la integridad agrega
conocimiento; al conocimiento agrega dominio propio;
al dominio propio agrega constancia; a la constancia
agrega devoción a Dios; a la devoción a Dios agrega
afecto fraternal; y al afecto fraternal agrega amor. Si
tienes estas cualidades y las mismas van en aumento,
esto demuestra que tu conocimiento sobre nuestro
Señor Jesucristo es vivo y productivo. Si estas cualidades
no están presentes en tu vida, eres corto de vista y has
olvidado que fuiste limpiado de tus pecados pasados.
Por lo tanto, hermanos y hermanas, hagan un mayor
esfuerzo para asegurar el llamado de Dios y la elección
que el hizo de ustedes (2 Pedro 1:3-10, GW).*

¡Vuelva a leer los pasajes anteriores antes de continuar
este capítulo y observe lo que cada uno dice sobre
el amor de Dios por USTED! Si lo desea, usted puede
registrar por escrito sus observaciones y meditaciones.

LOS CUENTOS DE HADAS SON MÁS QUE CIERTOS; NO PORQUE NOS DIGAN QUE LOS DRAGONES EXISTEN, SINO PORQUE NOS DICEN QUE LOS DRAGONES PUEDEN SER DERROTADOS. (G. K. CHESTERTON)

DÍA TRES
Descubriendo Nuevas Perspectivas

Podría haber pasado un tiempo desde que usted
leyó una historia para niños, pero hoy vamos a ver
varios cuentos para tener una idea de cuan rápido las

distorsiones cognitivas pueden infiltrarse en la mente. A medida que lea partes de varios cuentos conocidos, observe qué tipo de pensamiento distorsionado representa cada historia.

El Pequeño Pollito es una historia sobre un pollo que cree que el cielo se está cayendo cuando una bellota cae sobre su cabeza. Temeroso de un desastre inminente, el Pequeño Pollito advierte a otros animales, los cuales eventualmente se convierten en la cena de un zorro astuto. La historia parece absurda, a menos que usted haya estado en un bosque y haya escuchado cientos de bellotas golpeando la tierra después de ser sacudidas por el viento. Cuando las bellotas caen al suelo, a un niño podría parecerle como si "el cielo se estuviera cayendo", de la misma manera que cuando un adulto escucha que una gran tormenta de granizo bombardea su techo.

De la lista de patrones de pensamiento distorsionados, escriba cuales de ellos representa el proceso de pensamiento del Pequeño Pollito. Describa cómo el pensamiento distorsionado podría dar forma al miedo.

____

____

____

El Traje Nuevo del Emperador, es una fábula de Hans Christian Andersen. La misma describe a un emperador obsesionado con la opinión pública y la ropa de moda. Aprovechándose de la vulnerabilidad del rey, unos estafadores le ofrecieron sus servicios presumiendo de su capacidad para crear telas excepcionales. Tan excepcionales eran las telas, que las mismas se volvían invisibles para cualquier persona que sea estúpida o no apta para trabajar para el Emperador.
El Emperador contrató a los dos hombres para que tejieran sus misteriosas telas, proporcionándoles costosos hilos de seda y oro que exigieron para poder comenzar el trabajo. Día tras día, los tejedores hicieron un gran trabajo al hilar en telares vacíos. Cuando el rey envió funcionarios para observar su progreso, nadie quería admitir que no había nada en los telares. Temerosos de que fueran expuestos como estúpidos o no aptos, cada funcionario de confianza describió el material inexistente.

Incluso el Emperador pretendió ver las telas espectaculares al tener miedo de que se lo considerara incompetente si admitía que no podía ver la enigmática tela. El Emperador se enamoró de las mentiras de los tejedores. Los estafadores llevaron su engaño un paso más allá cuando pretendieron hacer ropa para el rey con la fascinante tela. Con gran despliegue, le robaron al Emperador y le ofrecieron prendas supuestamente impresionantes para que el desfilara en frente de la gente. El miedo paralizante de ser considerados no apto o estúpidos impidió que todos en el palacio admitieran la verdad.

El engaño fue finalmente expuesto por un niño pequeño que miraba al Emperador desfilar por la ciudad con estas nuevas prendas inexistentes. "Pero no tiene ropa puesta" dijo el niño. Solo entonces todos se dieron cuenta de que habían sido estafados.

¿Qué tipo (s) de pensamiento distorsionado exhibió el Emperador?

____

____

____

____

____

____

¿Qué opina de las personas que permanecieron en silencio? ¿Fueron también engañados por distorsiones cognitivas? De ser así, ¿que distorsiones presentaron?

____

____

____

____

____

En el clásico cuento Caperucita Roja, la protagonista está en el proceso de hacer algo útil y muy bueno, que es llevar una cesta de comida a su abuela que se encuentra enferma, cuando un lobo se disfraza para engañarla. Luego de que Caperucita Roja ingenuamente le comunicara al lobo hacia dónde se dirigía, el lobo se apresuró para llegar a ese lugar antes que ella, con un plan malicioso: comerse a su abuela y hacerse pasar por ella.

En la casa de su abuela, Caperucita Roja se encontró muy desconcertada por los cambios que observaba en la "abuela" y le dijo "¡Qué manos tan grandes tienes!". El lobo continuó disfrazando su voz y ocultando su intención y su plan hasta que Caperucita Roja notó sus grandes dientes. Finalmente, el objetivo del lobo se volvió claro para ella cuando el le dijo: "¡Para comerte mejor!"

Revise la lista de patrones de pensamiento distorsionados. ¿Qué tipos de pensamiento distorsionado se aplican a las elecciones de Caperucita Roja?

____

____

____

Más adelante en la fábula, un cazador viene y rescata tanto a Caperucita Roja como a su abuela del estómago del lobo. ¿Crees que ella podría haber presentado alguna distorsión cognitiva, como culparse a si misma por haberse dejado engañar por el lobo?

____

____

____

____

____

¿Qué pasa con las personas que permanecieron en silencio? ¿Fueron engañados por distorsiones cognitivas?

____

____

¿Cree que Caperucita Roja debería culparse por el engaño del lobo? _____ Sí. _____ No.

¿Alguna vez se ha culpado por la experiencia traumática que ha atravesado? _____ Sí _____ No.

Si respondió "Sí" a culparse, describa por qué y cuándo a continuación:

____

____

____

____

DÍA CUATRO
Escribiendo hacia la libertad

Escribir en un diario es una excelente manera de comenzar a experimentar libertad y gozo en su vida diaria. Es una forma tangible de cambiar su enfoque desde viejos patrones de pensamiento a otros nuevos. Sin embargo, antes de que pueda cambiar su enfoque, usted necesita entrenarse para poder reconocer cuando los pensamientos están distorsionados, al revisar la lista de distorsiones cognitivas de este capítulo con ideas específicas. Recuerde detenerse y reconocer cuando se siente preocupado, triste, ansioso, angustiado, temeroso o deprimido. Luego, piense de nuevo, preguntándose qué pensamientos específicos podrían estar alimentando esos sentimientos. Los pensamientos distorsionados se alimentan eligiendo un enfoque negativo en un evento, una emoción o fracaso en lugar de permitirse descansar en la paz, en la sanidad y en la vida que Dios tiene para usted. Al reconocer pensamientos distorsionados específicos, usted puede decidir transformar su vida cambiando su forma de pensar.

El siguiente es un formato de muestra que usted puede copiar y usar para su proceso de escribir en su diario. O bien, usted puede diseñar su propio formato en un diario o cuaderno. Invertir al menos 20 minutos diarios escribiendo nuevas formas de responder a la vida puede ayudarle a vencer los viejos patrones de pensamiento negativo. [Si usted es una de las personas que "odia" escribir, puede intentar hacer dibujos o crear música para representar sus pensamientos.] Recuerde colocar la fechar cada vez que escriba en el diario para poder seguir su progreso. Muchas personas encuentran que el proceso de escribir manualmente en el diario es más efectivo que escribir en una computadora. ¡Explore y decida qué forma de diario prefiere! A continuación, hay ejemplos para ayudarle a comenzar su propio proceso de tres pasos.

1. Pensamientos automáticos negativos
Nunca voy a tener un amigo. Soy un perdedor.
2. Tipo o tipos de distorsiones cognitivas
Pensamiento todo o nada; Etiquetando

3. Nuevos pensamientos sanadores
Puedo aprender a tomar nuevas decisiones y construir relaciones saludables. Con la ayuda de Dios, puedo dejar de centrarme en las experiencias negativas de la vida, disfrutar el presente y mirar hacia el futuro.

A MEDIDA QUE SE ENTRENE PARA PODER RECONOCER PATRONES DE PENSAMIENTO DISTORSIONADOS, ESCRIBIR EN UN DIARIO PUEDE AYUDARLE A CAMBIAR CONTINUAMENTE SU ENFOQUE HACIA PENSAMIENTOS NUEVOS Y SALUDABLES.

A veces, las personas se sienten traumatizadas por su trauma, preocupadas por su preocupación, perdidas debido a su pérdida. El trabajo de hoy puede ayudarle a descubrir nuevas ideas sobre su situación. Si tiene dolor emocional, acepte esta invitación para ganar perspectiva, para saber que vale la pena obtener la ayuda que necesita.

Si se siente deprimido después de la muerte de un ser querido, una enfermedad a largo plazo, un divorcio u otra pérdida importante, es vital tomarse el tiempo para lamentar su pérdida en lugar de negar o reprimir el dolor. El duelo no es lo mismo que el pensamiento distorsionado. Sin embargo, evitar la sanidad y vivir afligido durante años después de una pérdida, podría llevar su vida al ámbito de las distorsiones cognitivas. Para leer más, hay muchos libros disponibles, incluyendo *A Grace Disguised: How the Soul Grows through Loss* [La Gracia Enmascarada: Como el Alma Crece durante una Perdida], de Jerry Sittser; *Walking with God through Pain and Suffering* [Caminando con Dios a través del Dolor y del Sufrimiento], de Timothy Keller; o *The Problem of Pain* [El Problema del Dolor] de C.S. Lewis.

Las siguientes son preguntas para ayudarle a determinar la intensidad de sus preocupaciones. Coloque una marca [✓] junto a cada uno de los lugares

donde actualmente usted experimenta inquietudes.
Si ha experimentado una pérdida de interés en sus
actividades habituales durante al menos dos semanas
y está experimentando cuatro o más de las inquietudes
enumeradas en las próximas páginas, podría ser
hora de que se comunique con un médico y / o un
profesional de la salud mental.

[   ] **Sueño.** Aproximadamente, ¿cuántas horas
duermes cada noche?   ¿Con qué frecuencia, si es
que ocurre, se despierta en medio de la noche y no
puede volver a dormir?   ¿Experimenta insomnio
recurrente o hipersomnia (somnolencia diurna
excesiva)? _______Sí _______No. Explique

____

____

____

____

[   ] **Intereses** ¿Está interesado en actividades que
ha disfrutado en el pasado o ha perdido interés en ir a
trabajar, en estar con personas o en hacer actividades
recreativas? _______Sí _______No Explique

____

____

____

[   ] **Culpa** ¿Se siente culpable por algo o vive en un
estado de auto condena constante? _______Sí
_______No. Explique

____

____

____

[   ] **Energía** ¿Su nivel de energía es casi el mismo
de lo que suele ser, ha aumentado o disminuido en las
últimas semanas o meses? _______Sí _______No ¿Se
siente inusualmente fatigado, de una manera que no
se debe a una condición médica? _______Sí _______No.
Explique

____

____

____

____

[   ] **Concentración** ¿Es usted capaz de concentrarse?
_______Sí _______No. Explique

____

____

____

____

[   ] **Apetito** ¿Ha aumentado su apetito con el
aumento de peso resultante, o disminuido con pérdida
de peso? _______ Sí _______No. Explique

____

____

____

[   ] **Agitación o Retraso Psicomotor** ¿Los demás
notan (regularmente) que sus movimientos se
agitan o disminuyen? La agitación podría incluir una
conversación incoherente, gestos desenfrenados,
tocarse constantemente el cabello y / o moverse de
un lado a otro sin parar. El retraso psicomotor aparece
como una coordinación y / o articulación del habla
lenta. _______ Sí _______ No. Explique

[   ] **Autolesión o Ideación Suicida** ¿Ha pensado en hacerse daño? _______ Sí _______ No. Explique

____

____

____

[* Si respondió "Sí", comuníquese con un médico o profesional de salud mental de inmediato.]

La ira también puede ser un indicador de depresión. Si tiene una "mecha corta" que se activa fácilmente cuando está parado en una línea aparentemente inmóvil en una tienda, cuando queda atrapado en el tráfico o si a menudo se siente intensamente frustrado por los hábitos de un compañero de trabajo, haga una pausa y observe cuánto tiempo se ha sentido así. Si muchas de estas declaraciones se aplican a usted, puede estar experimentando una depresión que parece ira.

Nota: Puede haber componentes biológicos, psicológicos y espirituales para la depresión y / o ansiedad. Si usted experimenta depresión o ansiedad que es tan severa que no puede realizar actividades diarias, usted puede hacer una cita con su médico, un consejero con licencia, un psicólogo o un psiquiatra para hablar sobre sus inquietudes. Llame y pregunte qué experiencia tiene el proveedor con respecto a trabajar con trauma; ¡no tenga miedo de hacer preguntas! Vale la pena obtener la ayuda que usted necesita.

DÍA CINCO
Imagine la Transformación

Incluso en medio de circunstancias difíciles, es posible encontrar algo positivo que hacer y en que pensar. Por ejemplo, cuando mi querida amiga Ele estuvo confinada a un sillón reclinable todo el día, todos los días, durante su larga batalla contra el cáncer, ella eligió ver cada día como una oportunidad para experimentar la provisión de Dios para su vida, sin dejar que ningún indicio de autocompasión oscureciera su visión sobre la bondad y del cuidado de Dios. Las conversaciones con sus visitantes ejemplificaban la determinación de Ele Bromund de tener una actitud positiva: "Ayer, vi una ardilla en mi terraza y disfruté mirándola durante horas ... ¿notaron cuán perfectamente se coloca mi silla para poder ver al aire libre? Dios proporciona belleza a mi alrededor. Ah, ¿y escuchan a los pájaros justo afuera de mi ventana?". Ella pedía a sus invitados que eligieran una de las hermosas creaciones que ella misma tejía y que estaban en la canasta al lado de su silla, explicando: "¡Disfruto creando esto todos los días!" Además, Ele llamó a su iglesia y pidió nombres y números de teléfono de otras personas que también estaban en su hogar sin poder movilizarse y por iniciativa propia comenzó un increíble ministerio de llamar a todas las personas todos los días, entablar amistades y alentar con el contagioso gozo de su Señor.

En su cuaderno o diario tómese unos minutos para escribir solo los pensamientos positivos sobre usted y su vida. Es posible que tenga que ser creativo, por ejemplo, podría escribir que tiene aire para respirar (incluso si es a través de un tanque de oxígeno) o que puede tocar, oler o saborear.

Utilice tantas palabras y frases descriptivas como pueda, enfocándose en los aspectos positivos de hoy. Después de completar este proyecto, tómese un momento para sonreír intencionalmente sobre lo que ha escrito. Cuando sonríe, ¿qué nota que sucede en su cuerpo?

____

____

____

____

____

____

¿Alguna vez ha pensado: "Ojalá pudiera tener más fe"? La sorprendente respuesta es: ¡puede aumentar su fe! Como Romanos 10:17 explica, "la fe viene al escuchar y al escuchar la Palabra de Dios. Invertir tiempo diariamente en leer y meditar (pensar) la Palabra de Dios puede transformar su vida y aumentar su fe.

Aquí hay una oportunidad para ver cómo funciona esto. Mientras lee y considera cada uno de los siguientes versículos, escriba una o dos oraciones que describan cómo puede aplicar esa verdad a su vida.

El gozo del Señor es nuestra fortaleza (Nehemías 8:10, NVI)

____

____

____

Porque yo sé muy bien los planes que tengo para ustedes —afirma el Señor—, planes de bienestar y no de calamidad, a fin de darles un futuro y una esperanza (Jeremías 29:11, NVI)

____

____

____

Pues somos la obra maestra de Dios. Él nos creó de nuevo en Cristo Jesús, a fin de que hagamos las cosas buenas que preparó para nosotros tiempo atrás. (Efesios 2:10, NTV)

____

____

____

Por lo tanto, si alguno está en Cristo, es una nueva creación. ¡Lo viejo ha pasado, ha llegado ya lo nuevo! (2 Corintios 5:17, NVI)

____

____

____

____

____

____

CAPÍTULO TRES

encontrando seguridad

Seguridad significa estar seguro y protegido dentro de un santuario o refugio de algún tipo. Su lugar seguro podría ser un lugar tangible como una casa, podría ser una realización intelectual, una sensación espiritual de comodidad y paz o un contexto emocional, como una relación con un amigo cercano o un miembro de su familia. La verdadera seguridad produce paz y la certeza de que no será lastimado donde usted se encuentra.

Sin embargo, durante y después de experiencias traumáticas la idea de seguridad puede ser esquiva o inexistente. A veces, los sobrevivientes de traumas no pueden pensar en un lugar donde se sientan seguros. El trabajo de este capítulo puede ayudarle a encontrar una nueva sensación de seguridad o le dará las herramientas para construir algo nuevo con lo que usted ya tiene.

DÍA UNO

Anclándonos en la Seguridad

Ejercicio de Conexión a Tierra: encuentre un aroma que le guste, puede ser de un alimento, un aceite esencial o de alguna otra cosa. Luego, tómese un momento para simplemente reconocer lo que esta oliendo. Al contemplar ese aroma, usted se está enraizando en el momento presente. Concentrarse en una fragancia puede ser una forma de conexión a tierra física, ya que utiliza el sistema olfativo de su cuerpo. Esta técnica también podría ser una forma de conexión a tierra de relajación, especialmente si la fragancia es algo como la lavanda, un aroma que muchos asocian con la relajación. [Si no tiene sentido del olfato usted puede utilizar su sentido del tacto para este ejercicio, eligiendo un objeto como una manta o una almohada, notando su textura, etc.]

Anclaje es otro nombre para la conexión a tierra. Los navegantes utilizan anclas por diversas razones, desde mantener un bote en su lugar para que sus pasajeros disfruten nadando o pescando, hasta proteger el barco de dañarse durante el mal clima. Para lograr un anclaje exitoso el capitán de un barco debe conocer la corriente del agua, las condiciones del viento, qué tipo de ancla utilizar dependiendo de la posición del barco, debe aprender a identificar cuándo un ancla está firmemente unida al fondo y a veces incluso es necesario utilizar dos anclas al mismo tiempo para lograr ese objetivo.

Anclar correctamente un barco requiere tiempo, habilidad y práctica, al igual que perfeccionarnos en las técnicas de conexión a tierra física, mental y de relajación. Para los navegantes el proceso de aprendizaje es una inversión de tiempo, para poder garantizar la seguridad de los pasajeros. De la misma manera, vale la pena que usted practique estas técnicas de conexión a tierra o de anclaje para que esté listo para poder usarlas cada vez que se encuentre con una "marea agitada" mental y / o emocional, ya que el anclaje puede ayudarle a manejar sus preocupaciones mentales y emocionales.

Describa los métodos de conexión a tierra que ha probado y al menos una forma en que puede anclarse en el presente cuando se siente atacado por un trauma pasado.

____

____

____

____

Cambiar su forma de hablar con usted mismo es una forma práctica de aumentar su sensación de seguridad. Para tomar conciencia de como usted se habla a usted mismo puede configurar una alarma en su teléfono varias veces durante el día, haciendo una pausa para notar no solo lo que se está diciendo, sino para observar como está dirigiendo su vida. ¿A dónde lo llevan sus pensamientos ahora? [Si no puede reconocer o reemplazar los patrones de pensamiento destructivos, consulte a un profesional de salud mental como un psiquiatra, psicólogo o consejero].

____

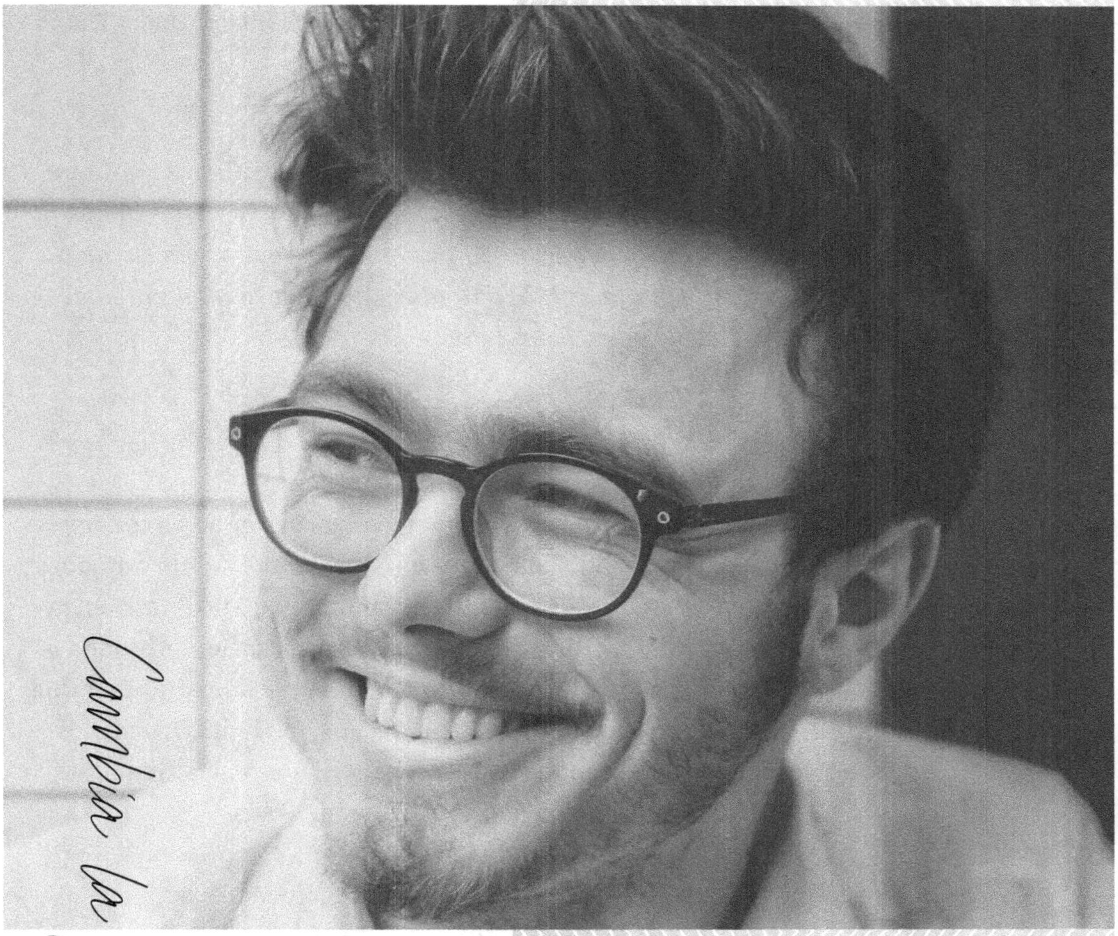

Cambia la forma en la que te hablas

____

____

____

Debido a que usted ha desarrollado numerosas "autopistas" de vías neuronales por las que ha transitado, es fácil volver a los patrones de pensamiento negativos agotadores. Es por eso que *Sanidad del Núcleo* ofrece un trabajo continuo para que pueda identificar y reemplazar hábitos mentales destructivos. Esta semana nos estamos centrando en la seguridad. En capítulos futuros consideraremos las otras cuatro áreas del núcleo: la Competencia, la Identidad, el Propósito y la Pertenencia.

EXAMÍNAME, OH DIOS, Y SONDEA MI CORAZÓN; PONME A PRUEBA Y SONDEA MIS PENSAMIENTOS. FÍJATE SI VOY POR MAL CAMINO Y GUÍAME POR EL CAMINO ETERNO (SALMO 139:23-24, NVI).

Debido a que su cuerpo, su mente y sus emociones han experimentado un sufrimiento traumático, es vital que elija nuevos pensamientos y acciones hacia la sanidad. Los sobrevivientes de trauma, especialmente aquellos con trauma originado por el abuso físico, emocional, mental, sexual o espiritual, pueden descubrir increíbles beneficios al desarrollar seguridad en el sentido físico y emocional de su "hogar".

Enumere tres formas en que puede comenzar a sentirse seguro en su casa:

____

____

Usted siempre está frente a una de las siguientes opciones: puede avanzar continuamente hacia la sanidad o puede caer hacia atrás en un patrón de sufrimiento. ¿Que paso hacia adelante dará hoy?

____

A lo largo de su viaje de sanidad es útil que continúe orando el Salmo 139: 23-24: *Examíname, oh Dios, y sondea mi corazón; ponme a prueba y sondea mis pensamientos. Fíjate si voy por mal camino y guíame por el camino eterno* (Salmo 139:23-24, NVI).

DÍA DOS
Conquistando el Miedo

Con situaciones inquietantes ocurriendo alrededor del mundo, los informes de las noticias sobre ataques terroristas pueden generar un miedo profundo en la vida cotidiana, incluyendo una sensación profunda de temor de que usted o su familia puedan atravesar una situación similar. Para muchos en Medio Oriente los ataques terroristas son demasiado reales, una parte de la vida diaria que realmente no desean.

Cuando el terror golpea tu casa
Primera Parte: La Victima

Esta es la historia real de una familia estadounidense que no solo sobrevivió a un ataque terrorista, sino que también aprendió a lidiar efectivamente con el trauma que este le produjo. Seth y su esposa Elena (sus nombres cambiaron) se mudaron a un país empobrecido en el Medio Oriente debido a su compasión por las necesidades de las personas que allí viven. Al principio su tiempo en el país fue relativamente pacífico. Las personas del lugar eran amables y agradecidos por su presencia. Elena a menudo se reunía con mujeres para tomar el té y las amistades florecían. Seth utilizó sus habilidades comerciales y de ingeniería para desarrollar una escuela internacional, capacitando allí a las personas para que sean autosuficientes y ayudando a construir la infraestructura del país.

Un día, un colega le pidió a Seth prestado su pequeño automóvil para hacer unas compras mientras reparaban su vehículo. Seth nunca podría haber imaginado el horror que seguiría a ese intercambio de autos aparentemente simple. El día siguiente comenzó como muchos días en el Medio Oriente. Seth se despidió de su esposa Elena y de sus hijos, luego salió al cálido aire del desierto pensando en sus planes para el día mientras conducía a trabajar en un vehículo que era propiedad de la escuela. Él y su colega, quien también era amigo cercano de la familia, habían planeado intercambiar autos ese mismo día. Tan pronto Seth llegó al trabajo esa mañana, un miembro del personal le dijo que su colega, mientras iba camino al trabajo en el auto de Seth, había sido asesinado al ser interceptado por un terrorista que viajaba a toda velocidad en una motocicleta. Intentando ser lógico, Seth le preguntó al miembro del personal: "¿Lo has visto con tus propios ojos?" La respuesta fue afirmativa.

"EL MUNDO ACABA DE CAMBIAR", PENSÓ SETH. "TU PUEDES ARREGLAR UN AUTO; PERO NO PUEDES REEMPLAZAR A UNA PERSONA ".

Mientras que otro miembro de la escuela exhibió reacciones emocionales ante la tragedia, Seth comenzó a examinarlo todo, haciendo una lista mental de las cosas inmediatas que necesitaba hacer. Cuando le contó a un grupo de sus alumnas la triste noticia, las veinte muchachas comenzaron a gritar, a llorar y a decir: "Lamentamos que esto haya sucedido". Seth quería gritar y llorar con ellas, pero decidió: "Este no es el momento para que yo llore". Cuando otro miembro del personal se descontroló por completo, Seth decidió ir a hablar con la viuda de su colega asesinado.

Él y otros amigos cercanos fueron a la morgue para confirmar la muerte de su amigo, orar juntos y consolarse mutuamente. Ver el cuerpo mutilado de su amigo solo aumentó la sensación de horror y desesperación de Seth, pero pasarían dos años antes de que pudiera hablar públicamente sobre ese día. Las emociones de la morgue se sumaron al resto de las emociones de ese día, las cuales fueron suprimidas en una abultada caja invisible.

Después de asistir al funeral de su amigo en los Estados Unidos, Seth todavía no se permitía experimentar ninguna emoción y se preguntaba constantemente si debía regresar con su esposa e hijos a su trabajo en el extranjero. Siendo un hombre de fe y oración, Seth le pidió a Dios sabiduría, sin saber si sería seguro exponer a su familia a los peligros de regresar a Medio Oriente. Seth dijo que Dios le respondió de una manera que él, una persona visual, podía entender. Dios le dio una imagen de un ángel con las alas extendidas, proporcionando una protección perfecta para su amada familia. Juntos, Seth y Elena, decidieron continuar el importante trabajo que habían comenzado, a pesar de ser conscientes de que enfrentarían un peligro significativo.

De regreso en el Medio Oriente, Seth continuó almacenando el dolor reprimido en su caja invisible. Allí escondió la culpa de haber sobrevivido, culpa que casi lo abrumó cuando la policía le dijo que habían descubierto que él era la víctima que los terroristas buscaban, no su amigo, cuyo asesino lo identificó por el auto que conducía: el auto de Seth. La policía explicó que su asesinato fue el primer paso de un triple plan que el insurgente había planeado para hacerse famoso. Todavía planeaban matar a un oficial de seguridad local y a un político. A medida que esos eventos continuaron ocurriendo, la caja invisible de Seth comenzó a desbordarse con estresores traumáticos. Acostumbrado a reprimir sus emociones, Seth no se dio cuenta. Sin embargo, advertido por la policía, Seth y su familia se mudaron a la capital del país, donde pensaban que no estaban en la lista negra de nadie.

Segunda Parte: El Coche Bomba

Dos episodios importantes del triple trauma de Seth y Elena aún estaban por venir. El siguiente vino en forma de un potente coche bomba que explotó todas las ventanas de su casa en la capital, cerca de la calle de las Embajadas. Con 200 kilogramos de explosivos, la bomba explotó a solo media milla de su casa. Al describir el incidente, Seth explicó con calma que normalmente una mina antitanque tiene quince kilogramos de explosivos.

Elena y Seth decidieron mantener la calma frente a esta nueva amenaza contra el bienestar de su familia, asegurándoles continuamente a sus hijos que estaban seguros bajo el cuidado amoroso de Dios. Cuando vieron que el impacto de la bomba dejó cristales rotos en todo el dormitorio de sus hijos, se sorprendieron de que los únicos lugares libres de fragmentos de vidrio fueran donde habían estado sentados sus hijos. Al recordar la promesa de Dios de enviar ángeles para proteger a su familia, Seth se dio cuenta, agradecido, de que las alas de los ángeles seguramente cubrían a los niños mientras jugaban, protegiéndolos del daño. Como el salmista, él podría decir: en ti ha confiado mi alma y en la sombra de tus alas me ampararé hasta que pasen los quebrantos (Salmo 57:1, RVR1960).

En los días siguientes al bombardeo, cada vez que los sonidos de las armas automáticas aumentaban de volumen, Seth y Elena se inventaron con su familia un juego que llamaron "Hombre de las cavernas" diseñado para proteger a sus hijos sin alarmarlos. Cada vez que los niños oían las palabras "Hombre de las cavernas", se apresuraban con sus padres a la "cueva" del sótano. Hasta que los disparos se volvieron tan fuertes que no se escuchaban sus voces, Elena pudo continuar educando a sus tres hijos en su casa.

Ellos no eran ingenuos con respecto a las prácticas de seguridad y observaban que cuando los locales se preocupaban por su seguridad, era hora de que los extranjeros también se preocuparan. Cuando vieron que los ciudadanos huían del área donde ellos estaban, pasaron un día entero en su "cueva" del sótano. Otro día, fuertes sonidos los alertaron de la proximidad de los tanques. Cuando levantaron la vista y vieron helicópteros en lo alto y también guardias armados escudriñando el suelo debajo de ellos, sus preocupaciones aumentaron. Se enteraron de que los helicópteros y los guardias brindaban protección al personal de la Embajada de los Estados Unidos para evacuar el país y oraron sobre lo que deberían hacer a

continuación.

Sorprendentemente, Seth, Elena y sus hijos pudieron permanecer en el país de forma segura durante tres meses después del atentado con coche bomba, mientras continuaban trabajando para capacitar y equipar a las personas locales. En ese contexto, se fueron en unas vacaciones familiares que tenían planeadas a un país cercano, donde esperaban poder descansar y relajarse un mes, en un lugar donde no hubiera violencia, en un país donde pudieran caminar con sus hijos y sentirse seguros. A pesar de la constante violencia donde vivían, ellos tenían la intención de regresar a su trabajo después de ese descanso tan necesario.

Tercera Parte: Refugiados

Para sus vacaciones en ese país seguro del Medio Oriente, Seth, Elena y sus hijos solo llevaron tres maletas con lo básico para unas vacaciones, sin juguetes ni otros suministros para sus niños. Después de estar solo cinco días en su hotel, sin previo aviso, se quedaron sin hogar. En la tercera parte del triple trauma de Seth y Elena, el país que había sido el "hogar" de su familia y de su ministerio se vio envuelto rápidamente en una guerra civil donde la lucha fue tan cruel que era demasiado peligroso regresar, incluso a recuperar sus pertenencias. Al igual que su país, su futuro parecía tumultuoso.

Seth y Elena se preguntaron, Dios: "¿Qué hacemos ahora?". Ellos ayunaron y oraron. Estaba claro que la puerta de su vida laboral estaba firmemente cerrada, muy cerrada detrás de ellos. Se preguntaban si deberían regresar a los Estados Unidos o permanecer en ese país donde habían ido para pasar unas supuestas vacaciones breves, aunque era muy costoso. Después de tres días, Dios le dio a Seth una visión de una planta en el desierto, una planta quemada por el sol. Seth sintió que Dios le decía: "Esta planta quemada por el sol es tu familia. Voy a darle a tu familia un poco de cuidado adicional, algo de sombra y de agua". Él y Elena creían que Dios los estaba guiando a quedarse en la península, pero aún no tenían idea de lo que harían para poder cubrir los gastos de vivienda y las necesidades de sus niños.

Luego, un amigo les ofreció alojamiento gratis durante varios meses; alguien más les prestó una camioneta de siete pasajeros. La iglesia a la que asistían les dio algo de efectivo para ayudarles con los gastos adicionales. A pesar de solo tener tres maletas a su nombre y de mudarse siete u ocho veces durante los próximos seis meses, esta familia sin hogar experimentó continuamente la provisión de Dios para sus necesidades emocionales, físicas, mentales y espirituales. Finalmente, encontraron un hogar donde podían quedarse y desde donde podían continuar con su trabajo en el país devastado por la guerra. Ellos se conectaban a través de Internet, de teléfono y de otras formas de comunicación.

Una iglesia cristiana internacional enriqueció grandemente sus vidas en la península. Un domingo, la hija de seis años de Seth y Elena comenzó a llorar mientras el equipo de adoración cantaba "No más esclavos" de Jonathan David y Melissa Helser. La letra "Me liberas de mi enemigo ... Ya no soy esclavo del temor, yo soy hijo de Dios", le ayudó a continuar su propio viaje de libertad de los miedos ocultos hacia los coches bomba, los disparos y los terroristas.

SETH COMENZÓ A DARSE CUENTA DE QUE NECESITABA LA AYUDA DE DIOS PARA ALIVIAR TODO EL DOLOR ESCONDIDO EN SU CAJA INVISIBLE.

Mientras asistía a una conferencia con otros líderes cristianos en el Medio Oriente, Seth se dio cuenta de que era hora de comenzar a lidiar con sus experiencias traumáticas. Cuando le pidieron que compartiera con el grupo sobre la muerte de su compañero de equipo y sobre los desafíos actuales de su familia, Seth le pidió a alguien que se sentara a su lado mientras él hablaba. Cuando Seth comenzó a contar su historia, Dios consoló su corazón y le aseguró:
"Ese soy yo sentado a tu lado".

Después de que Seth habló, el líder le pidió a la gente que viniera y orara por él. Personas se pararon en círculos rodeando a Seth en oración. Mientras oraban, Seth sintió que el dolor iba siendo extraído de su alma. El podía escuchar a personas en los círculos exteriores, llorando, absorbiendo su dolor y clamando a Dios en su nombre.

Durante este tiempo de oración, Dios le mostró una imagen: Seth se vio a sí mismo, parado en una esquina de su casa y pudo ver una hueste angelical formando una pared, de espaldas a la casa, rodeándola como un escudo. En lugar de un ángel por persona, esta vez pudo ver que eran docenas de ángeles, el nivel de protección había aumentado; ante un riesgo más alto, había una protección más alta. En otro momento, Seth sintió que no podía ver y tuvo una visión de un niño pequeño de cinco o seis años, con los ojos vendados. Dios le explicó: "Este eres tú, con los ojos vendados porque te estoy guiando a través de algunas cosas aterradoras. Si pudieras ver, no podrías continuar". Más tarde, sintió temor y Dios le habló a su corazón nuevamente, diciendo: "Ya hemos hablamos de esto. Debes volver a ponerte la venda y seguir adelante".

Siendo un ingeniero, Seth analiza todo a través de la lógica y la razón. Si lo conocieras, probablemente no describirías a Seth como un hombre espiritual o emocional. Pero hasta un ingeniero necesita caminar por fe. Fue la oración, el escuchar a Dios y el seguir su dirección, lo que le permitió a Seth avanzar dejando atrás el gigante complejo de culpa del sobreviviente, al cual había enterrado profundamente en su alma e ignorado por años.

Seth experimentó la necesidad de enfrentar sus emociones desafiantes, permitiendo que Dios lo sane de adentro hacia afuera. El se dio cuenta de que las emociones "no desaparecen solas" y aprendió a aplicar Hebreos 11: 1 "la Fe es la garantía de lo que esperas, es la certeza de lo que no has visto ..."

LA SANIDAD DEBE INCLUIR IMAGINACIÓN, LA CUAL PRECEDE A LA

TIENES QUE ALIMENTAR TU IMAGINACIÓN
- Seth

ESPERANZA, LA CUAL PRECEDE A LA FE.
SI NO PUEDES IMAGINAR UN FUTURO
O UNA META O ALGO DIFERENTE,
ENTONCES NO PUEDES ESPERAR QUE
ESA COSA SUCEDA. LA FE ES CREER
REALMENTE QUE ESA ESPERANZA VA A
VENIR Y SE VA A CUMPLIR. (SETH).

Las personas a menudo le preguntan a Seth y a Elena sobre la vida en el violento y tumultuoso Medio Oriente. A esas preguntas Seth responde: "Si yo puedo ver lógicamente y claramente un camino hacia la estabilidad, hacia la paz y la prosperidad, entonces no necesito fe. En situaciones así, se requiere fe para poder verlo. Ahora, después de atravesarlas, puedes ver que "¡La vida es increíble!" y que es necesario alimentar tu imaginación ".

¿Qué parte de la historia de Seth y Elena le ayuda a tener esperanza en medio de sus preocupaciones?

____

____

____

TIENES QUE ALIMENTAR TU IMAGINACIÓN (SETH).

¿Cómo "alimentar su imaginación" a través de una mayor fe podría ayudarle a experimentar una sensación de seguridad?

____

____

____

DÍA TRES
¿Vida Pasada o Presente?

El Dr. Eric Gentry describe tres pasos casi simultáneos que pueden desestabilizar repetidamente a los sobrevivientes de trauma:

1. El aprendizaje del pasado.
2. Una amenaza percibida.
3. El dominio del Sistema Simpático.

El primer paso, el aprendizaje del pasado, es cualquier cosa que le recuerde el trauma que sucedió en aquel momento pasado. Es probable que usted ni siquiera se dé cuenta cuando un trauma antiguo desencadena sus respuestas actuales. Pero, ya sea que lo sepa o no, cualquier recordatorio puede llevarlo al paso dos, la amenaza percibida. Por último, sin que usted sea consciente, su Sistema Nervioso Autónomo pasa al modo de angustia que es el paso tres, con un dominio del Sistema Simpático.

La dominación del Sistema Simpático funciona de esta manera: el sistema límbico de su cerebro está estrechamente relacionado con el Sistema Nervioso Autónomo (SNA). Este responde constantemente a su entorno, liberando hormonas cuando es necesario para que usted se preparare para enfrentar un peligro real. En el sistema límbico, la amígdala actúa como la alarma del cerebro. Cada vez que detecta amenazas, estos dos conjuntos de neuronas en forma de almendra envían mensajes rápidos al hipotálamo, activando su sistema nervioso simpático (SNS) en un proceso a menudo denominado "secuestro de la amígdala". Aunque su SNS es vital para su salud general, cuando este se activa repetidamente por la percepción continua de amenazas, aún mucho después de que el peligro real haya terminado, el SNS puede alimentar un estado de dominio simpático que se vuelve contraproducente para su bienestar.

¿Cómo puede reconocer cuando su SNS está sobre activado? Cuando este sistema es sobre estimulado por el aprendizaje del pasado dirigido por un estrés traumático, su SNS se coloca en "simpatía" con el estrés, lo que lo pone en alerta repetida, aún cuando no es necesario. Esto puede causarle una sensación de peligro o miedo fuera de control. Puede sentirse enojado, ya que el SNS es el sistema "CALIENTE" del SNA. Se pueden producir rápidamente una serie de cambios fisiológicos como: incremento en la frecuencia cardíaca, constricción de los vasos sanguíneos, aumento de la presión arterial, de la tensión muscular, de la liberación de hormonas del estrés o la inhibición de la producción de insulina. Usted podría sentirse estresado o tener una sensación de ira, tristeza, ansiedad o miedo inexplicables, incluso usted podría tener un ataque de pánico. Cuando el dominio del sistema simpático ocurre de manera repetida, algunas personas desarrollan trastornos digestivos.

Cuando el trauma toma control de su vida, usted puede actuar en frustración contra las personas que usted mas ama y puede hacer cosas que son perjudiciales tanto para usted como para otros. Las personas intentan escapar del dolor del trauma mediante el uso de drogas o alcohol y a veces se ven involucrados en comportamientos adictivos. Aunque usted esté convencido de que no importa si se lastima a usted mismo "siempre y cuando nadie más salga lastimado", en algún punto usted es consciente de que ser impulsado por el trauma no le lleva a ninguna parte. Cuando todo lo que usted realmente desea es alivio, puede ser difícil darse cuenta de que sus comportamientos negativos realmente perjudican a los demás. Si usted no sabe si esto es cierto o no, pregúntese: "Cuando las personas cercanas a mí intentan ayudarme, ¿yo los rechazo?". Muchas relaciones terminan cuando las personas permanecen en reacciones de trauma durante tanto tiempo que sin saberlo destruyen todo lo que les importa.

¿La respuesta? Cuando usted se de cuenta de que está funcionando en el sistema "Caliente" del cerebro, usted puede pasar rápidamente al sistema "Frio" del cerebro, que es el Sistema Nervioso Parasimpático (SNP). Bajo el dominio del sistema parasimpático usted se da tiempo para tomar decisiones saludables. Se entrena para pensar racionalmente mientras inhala y exhala profundamente, permitiendo que su cuerpo

disminuya su ritmo cardíaco, mientras mantiene la temperatura corporal normal y una presión arterial saludable. Recuperar el dominio del SNP puede ayudar a que su sistema gastrointestinal (GI) funcione correctamente. (Es interesante notar que los médicos a menudo se refieren al tracto gastrointestinal como el cerebro emocional; hay tantas neuronas en el tracto gastrointestinal que una respuesta al estrés en cualquier parte de su cuerpo podría causar cambios en la digestión, etc. Las técnicas de relajación que está aprendiendo pueden ayudarle a comenzar a manejar estos síntomas, pero si tiene problemas gastrointestinales graves u otros problemas médicos, asegúrese de consultar a su médico para un examen médico completo).

¿Ha notado algunos conceptos sobre el SNS y el SNP que son útiles para usted? Tómese un momento para escribirlos en el espacio a continuación o en su diario, agregando sus propios pensamientos, ideas o esperanza para su futuro.

____

____

____

____

Usted puede entrenarse para identificar los resultados del estrés traumático en su mente, en sus emociones o en su cuerpo. Haga una pausa ahora para observar lo que esta sintiendo, luego trate de notar dónde lo esta sintiendo en su cuerpo. En este punto, no se sorprenda si no puede identificar la ubicación de sus sensaciones físicas, esto es una consecuencia típica del trauma. A medida que complete cada capítulo, usted continuará desarrollando una nueva imagen clara de su físico y de su mente. En lugar de continuar en el estado de piloto automático mental, sintiéndose inseguro y desprotegido, usted puede experimentar seguridad y estabilidad en la vida cotidiana. Es importante que usted sepa que no es defectuoso ni está roto, su cuerpo está demostrando reacciones humanas típicas al estrés traumático. Usted puede salir de esas respuestas automáticas adquiriendo nuevas habilidades que le ayudarán a disfrutar su vida nuevamente.

Aunque inicialmente su cerebro y cuerpo entraron en modo de supervivencia debido a algo que le sucedió o debido a algo que presenció, usted debe reconocer que ahora está a salvo y esto puede proporcionarle el impulso para salir del estado de dominancia del Sistema Simpático. Cuando se de cuenta que esta en las reacciones de "lucha, huida, congelación, fornicación o alimentación" usted puede decirse a usted mismo con calma: **"Estoy aquí ahora. No estoy ahí. Estoy a salvo ahora. Puedo estar en paz"**. Incluso si aún no lo cree completamente, usted puede comenzar a desarrollar habilidades, haciendo elecciones repetidas que le permitan alejarse de los complejos factores estresantes físicos, emocionales, mentales, sociales y espirituales generados por el trauma.

El trauma auto infligido puede ser el resultado de rutinariamente ver programas de televisión violentos o de escuchar repetidamente a los presentadores de noticias que describen gráficamente asesinatos locales o ataques terroristas globales. Si usted o sus hijos están deprimidos, sin esperanza o sin la capacidad de sentir emociones, deténgase un momento y analice lo que cada uno de ustedes ve en la televisión u otros medios. Podemos identificar fácilmente el efecto que ciertos alimentos tienen en nuestros cuerpos, de la misma manera debemos prestar atención a como los mensajes visuales y verbales impactan nuestras mentes, almas y emociones.

Algunos videojuegos pueden causar o aumentar el estrés traumático; de hecho, el uso excesivo de ciertos videojuegos puede resultar en una ruptura psicótica de la realidad. Los padres deben establecer pautas con respecto a la cantidad de tiempo y qué tipo de juegos de computadora están permitidos, ya que el proporcionar seguridad a sus hijos es responsabilidad de los padres. Esto incluye monitorear el uso de computadoras y redes sociales de niños y adolescentes. Usted debe darse cuenta de que solo les toma un segundo hacer clic para salir y para entrar a sitios web o juegos destructivos cuando escuchan a sus padres acercarse. Mantener la computadora en un lugar abierto donde su hijo o adolescente no la esté usando aisladamente, es una forma práctica de evitar ingenuamente que nuestros hijos vean algo dañino. A usted no se le ocurriría ni en sueños enviar a su hijo solo a un país desconocido sin algún tipo de supervisión, dejar que los niños viajen solos por el mundo del Internet es precisamente eso.

PERDER EL SENTIDO BÁSICO DE SEGURIDAD PUEDE GENERAR DIVERSAS EMOCIONES, DESDE IRA, MIEDO, VERGÜENZA Y DUDAS, HASTA INESTABILIDAD, ANSIEDAD O IMPOTENCIA.

Independientemente de la causa del trauma, el perder la sensación básica de seguridad genera emociones complejas como ira, dudas, inestabilidad, ansiedad, incertidumbre, impotencia, vergüenza o miedo. Los miembros de la familia de un veterano de guerra o de un rescatista que ha sido traumatizado en el cumplimiento de su deber, pueden sentirse inseguros cuando su ser querido reacciona inconscientemente al trauma, ya sea con una volatilidad impredecible o cuando se apaga emocionalmente. Todos los sobrevivientes de traumas deben aprender a reconocer el impacto que sus reacciones tienen en los demás, especialmente en los miembros de su familia, sus amigos cercanos y colegas. Esto puede ser una motivación importante para emprender el viaje hacia el crecimiento y la sanidad. [Si el impacto de su trauma es insoportable para usted o para aquellos que le importan, se recomienda ayuda profesional como asesoramiento y / o atención médica].

Una forma de trauma es la lesión cerebral traumática (LCT), la cual a menudo pasa desapercibida o es ignorada. La LCT puede ocurrir de varias maneras, desde accidentes automovilísticos, lesiones de combate y caídas, hasta lesiones que surgen como consecuencia de actividades recreativas y deportes. La rehabilitación

USTED PUEDE ELEGIR RESPONDER
EN LUGAR DE REACCIONAR ANTE LOS
HECHOS ESTRESANTES DE LA VIDA.

extensa y el tratamiento médico profesional suelen ser esenciales para la recuperación de este trastorno. Un desafío significativo que describen las víctimas de LCT es que ellos se ven igual en el exterior, mientras que la vida dentro de sus mentes y cuerpos es muy diferente a la forma a la que se encontraba antes de que ocurriera la lesión. A menudo no saben cómo responder cuando las personas los tratan como si todo estuviera "bien". Afectada por una variedad de desafíos físicos, mentales y emocionales, la persona herida por LCT a menudo se siente sola e incomprendida. El procesamiento del pensamiento e incluso de actividades simples pueden requerir un arduo entrenamiento. Los amigos y la familia necesitan desarrollar empatía mientras descubren cómo unirse para ayudar en forma práctica durante la recuperación.

La falta de seguridad que el trauma genera puede presentarse como ansiedad, como inseguridad o usted lo puede sentir en forma de dudas o indecisión. Es útil que usted aprenda a identificar sus sentimientos, para que pueda salirse del control de los mismos. Clasifique las siguientes afirmaciones utilizando una escala de 0 a 10, donde 0 es "nuca o ninguno" y 10 es "todo lo máximo que puedo imaginar".

_ Cuando me siento inseguro, busco personas que me muestren amor y afecto. Sin embargo, siempre siento que no pueden hacerlo bien o que yo no puedo recibirlo. De todas formas, me siento no amado.

_ Cuando estoy estresado, recurro al alcohol, a las drogas o a la comida (circule o escriba su respuesta) como un medio para hacer frente a la situación.

_ No puedo establecer límites y la gente se aprovecha de mí.

_ Cuando me siento rechazado, escondo mi ira y me retiro.

_ No me siento seguro en ningún lado.

_ Intento ser perfecto para que otras personas me quieran.

_ Mi inseguridad a menudo se expresa como ira.

_ Cuando estoy en un grupo tengo miedo de hablar. Sé que diré o haré algo estúpido.

_ Nadie me escuchó cuando me lastimaban, nadie me ayudará ahora.

Si calificó la mayoría de sus respuestas con un "7" o un número superior, describa sus inquietudes a un consejero, a un médico, pastor, sacerdote, rabino u otro profesional capacitado para ayudar a los sobrevivientes de estrés traumático.

Activado por cualquiera de sus cinco sentidos, los eventos estresantes pueden cambiar rápidamente su enfoque de disfrutar su día a un estado de inseguridad, de soledad, de enojo o confusión. El trauma puede afectar el cerebro de una persona tan profundamente que usted ni siquiera se siente como si usted fuera la persona que solía ser. Pero ahora usted tiene una opción: cada vez que el trauma inunde su mente y su cuerpo con recuerdos fragmentados, con emociones dolorosas o con una sensación indefinida de temor, usted puede pasar al SNP "frío" de su cerebro. Al prestar atención a las señales de su cuerpo, usted puede entrenarse para identificar cada vez que perciba una amenaza y pasar rápidamente del modo de angustia del SNS a un estado relajado. Usted puede hacerse cargo de su cuerpo y puede vivir en integridad, en lugar de vivir con miedo, ira o en forma reactiva.

DÍA CUATRO

Eligiendo Vivir con Seguridad

Al tomar decisiones sanadoras a lo largo del día usted puede pasar de actitudes o acciones moldeadas por el trauma a la seguridad que Dios le proporciona. ¡No importa cómo ocurrió su trauma, usted puede recuperar su vida! Con solo un segundo de relajación consciente de cualquiera de los músculos de su cuerpo, usted puede pasar de su SNS a su SNP. Pruebe este ejercicio de Conexión a Tierra: junte los dedos de las manos y colóquelos detrás de la cabeza para un estiramiento suave, inhale mientras estira y luego relaje mientras exhala. Observe la liberación de tensión en todo su cuerpo.

El Dr. Viktor E. Frankl dijo: "Entre un estímulo y una respuesta, hay un espacio. En ese espacio está nuestro poder para elegir nuestra respuesta. En nuestra respuesta se encuentra nuestro crecimiento y nuestra libertad". Usted puede aumentar el espacio entre un estímulo [que puede ser un desencadenante actual que lo lleva de regreso a su experiencia traumática] y su respuesta, relajando conscientemente su respiración y sus músculos. Esto puede transformar reacciones automáticas en respuestas decididas.

USTED PUEDE ELEGIR RESPONDER EN LUGAR DE REACCIONAR ANTE LOS EVENTOS ESTRESANTES CONTINUOS DE LA VIDA.

Haga una pausa y ore. Si usted ha estado "respirando en el pecho", tomando respiraciones superficiales que no llenan sus pulmones, deténgase y revise uno de nuestros ejercicios de conexión a tierra: observe dónde usted se encuentra en este momento, luego inhale profundamente por la nariz, permitiendo que sus pulmones se inflen mientras inhala [Para asegurarse de que está respirando correctamente, ponga sus manos sobre su vientre. Este debe "salir" con cada inhalación y "entrar" a medida que exhala por la boca.] Para simplificar este proceso, usted podría pensar en esto: "Inhalar = Inflar; Exhalar = Vaciar ". Después de cada inhalación, haga una pausa de unos dos segundos para asegurarse de no hiperventilar; luego exhale permitiendo que el estrés abandone su cuerpo mientras vacía sus pulmones. Haga una pausa por dos segundos.

Repítalo.

Para desarrollar competencia en la mecánica de respiración relajante, usted debe continuar practicando. Luego, puede comenzar a imaginar un grupo muscular específico cada vez que inhale. Tome una pausa y luego exhale, permitiendo que la tensión se "derrita" de esa parte de su cuerpo mientras exhala. Puede comenzar este ejercicio con los pies y de ahí hacia arriba o desde la parte superior de la cabeza y de ahí hacia abajo, lo que usted prefiera. A medida que avanza por cada parte de su cuerpo, imagine un grupo muscular a la vez. Inhale contando hasta donde le sea cómodo [quizás hasta tres, cuatro o cinco]; haga una pausa de dos segundos, luego exhale durante aproximadamente un segundo más de lo que inhaló; haga una pausa por dos segundos. De esta manera continúe relajando sus músculos y liberando constantemente la tensión almacenada en cada parte de su cuerpo.

Diariamente continúe ejerciendo control sobre su cuerpo. Al relajarse intencionalmente, usted se está alejando de la respuesta al estrés creada por el aprendizaje anterior y está disminuyendo la percepción de amenaza que este conlleva. Cada vez que note que se ha movido al dominio del SNS, usted puede elegir conscientemente relajarse, moviéndose al dominio del SNP. Usted puede elegir responder en lugar de reaccionar ante los estresores continuos de la vida. ¡Usted puede vivir más allá del estrés traumático!

AL RELAJAR CONSCIENTEMENTE CUALQUIERA DE LOS MÚSCULOS DE SU CUERPO, USTED PUEDE PASAR DE SU SNS A SU SNP, ELIGIENDO RESPONDER EN LUGAR DE REACCIONAR ANTE LOS EVENTOS ESTRESANTES DE LA VIDA.

Preocupaciones específicas para los sobrevivientes de Abuso

Es importante que los sobrevivientes de abuso aprendan a como abordar los desafíos complejos y las complicaciones continuas del abuso, identificando el impacto persistente que este genera en sus cuerpos, mentes y emociones. Las mentiras de los perpetradores -como las que dicen que sus actos abusivos están motivados por amor o que ellos saben lo que es mejor para usted-, pueden enredar a las víctimas tan profundamente que ellas no pueden salir de la red de sus heridas. Pero usted puede aprender a dudar de aquellas palabras que no se corresponden con las acciones, usted puede alejarse para ganar perspectiva. Por ejemplo, cuando lo que alguien dice que es "amor" a usted le causa dolor, lo hace sentirse sin valor o avergonzado, es hora de buscar ayuda. Eso podría significar hablar con un consejero profesional, pastor o amigo que pueda ofrecer un apoyo objetivo y práctico.

El abuso es una cuestión de poder y control, no de amor. De muchas maneras, el abuso físico, sexual, mental, espiritual y / o emocional genera una sensación de impotencia, especialmente cuando las víctimas ni siquiera pueden imaginar cómo detener la manipulación, la coerción y la mentira de los perpetradores. Un perpetrador es generalmente alguien conocido por la víctima y alguien que sabe muy bien como garantizar el silencio. Una persona que abusa sexualmente de un miembro de su familia podría decirle a su víctima: "Sabes que te gusta mi atención y que tu eres el único que sabe como hacerme sentir bien" o "aquí tienes un teléfono nuevo porque eres mi persona favorita".

Un abusador físico podría justificar sus acciones diciendo algo como: "He tenido un día duro en el trabajo, debes perdonarme por golpearte [por romper esa lámpara, amenazarte, lastimarte, robarte, etc.], porque Jesús dice que debes perdonar". [Esa última declaración, distorsiona las Escrituras y agrega abuso espiritual al abuso físico.] En muchos sobrevivientes de abuso, la confusión resultante y las emociones entumecidas se convierten en su realidad cotidiana y trágica.

Usted puede entrenarse para no racionalizar, lo que significa que puede dejar de creer las "mentiras racionales" de alguien. Incluso mucho después de que haya terminado el abuso, las "mentiras racionales" de los perpetradores pueden infiltrarse en las mentes de los sobrevivientes generando vergüenza, miedo o culpa inmerecida. Usted puede cuestionar lo que una vez se sintió como cotidiano y normal y puede aprender a vivir una vida saludable.

Si usted actualmente se encuentra en una situación de abuso ¡obtenga ayuda! Si se encuentra en un país donde es seguro hacerlo, usted puede llamar a la policía local. O bien, puede hablar con una persona segura, como un padre, maestro, vecino, trabajador social, pastor, sacerdote, rabino o un amigo de confianza que le pueda ayudar a encontrar un lugar seguro. En los Estados Unidos, llame al 800.96 ABUSE (800.962.2873) tan pronto usted esté en algún lugar donde su abusador no pueda escuchar su llamada. Sin embargo, si la persona a la que usted le cuenta minimiza o ignora sus preocupaciones ¡continúe hablando hasta que encuentre a alguien que lo escuche atentamente y lo dirija a encontrar ayuda práctica! Muchas personas no entienden los horrores del abuso, incluso algunos "lideres o mentores" le podrían decir a una persona maltratada que sea más amorosa, mas amable y obediente, etc., sugiriendo que de alguna manera es la responsabilidad de la víctima ayudar al abusador a detener mágicamente su mal comportamiento. ¡Eso simplemente no es cierto! Usted se merece estar a salvo. Usted es digno de protección.

AL TOMAR DECISIONES SANADORAS A LO LARGO DEL DÍA, USTED PUEDE PASAR DE ACTITUDES O ACCIONES MOLDEADAS POR UN TRAUMA A LA SEGURIDAD QUE DIOS PROPORCIONA.

Si alguien te silencia con palabras como "lo que estamos haciendo es nuestro pequeño secreto. Si se lo dices a alguien, lastimaré [a tu hermano, madre, padre, amigo, perro, gato, etc.] ". ¡Ten por seguro que esos secretos no tienen que ser guardados! El cerebro de un niño no puede discernir las mentiras de un manipulador experimentado y como resultado muy a menudo la víctima le cree al perpetrador. Algunos niños sufren abusos a largo plazo para proteger a otros de un abusador que amenaza con lastimar a sus seres queridos si la víctima no cumple con las implacables demandas del abusador.

Una confusión indescriptible surge cuando el cuerpo que Dios creó para experimentar el placer sexual en el contexto del matrimonio no sabe como "apagarse" ante el toque de un perpetrador y ante palabras como "este es nuestro juego especial". Por un lado, alguna parte del cuerpo podría haberse sentido bien, por otro lado, se sintió horrible. Algunas victimas pueden experimentar un orgasmo mientras son violadas, lo que puede resultar en años de desconcierto sobre lo que realmente sucedió o si la mentira del violador "de que tu lo deseaste y lo pediste" era verdad después de todo. Usted debe saber que la violación es violación; es un crimen violento, sin importar si alguna parte se sintió "bien" o no. Si su perpetrador abusó de usted repetidamente, usted podría pensar que no se resistió lo suficiente como para llamarlo violación. Lamentablemente, un sobreviviente de abuso sexual está condicionado a sentirse impotente.

¡Una inseguridad catastrófica y paralizante se genera cuando un niño o un adulto no puede controlar su propio cuerpo! Las cosas ordinarias, como sentirse seguro en la cama por la noche, son imposibles para alguien que es abusado o molestado allí. Cuando el depredador es un miembro de la familia, un maestro, un amigo de la familia o un líder del club, el niño suele desarrollar temores intangibles de estar solo o estar con personas. A veces, los temores se vuelven tan abrumadores que, en la edad adulta, estas personas desarrollan "comportamientos adormecedores" como el abuso de sustancias, las autolesiones, la actividad constante, los trastornos alimentarios, la hipersexualidad o la disociación, los cuales pueden convertirse en parte de la vida diaria en un intento inútil de silenciar el dolor oculto.

Las víctimas de tráfico de personas a menudo se ven imposibilitadas de salir de un edificio o salir de un automóvil parado al estar congeladas por el miedo. Las mismas viven en trampas imperceptibles de amenazas, de manipulación, mentiras y tormentos. Estas victimas son mantenidas en cautiverio a través de diversos medios, incluida la adicción a las drogas. Al principio, las drogas se ofrecen como un "regalo" a la victima, pero cuando aumenta la tolerancia a las mismas, se les informa a las víctimas que deben "mucho dinero" y que, por lo tanto, deben trabajar en la industria del sexo hasta que puedan pagar su deuda. ¡Una deuda que nunca se paga!

Avergonzadas con nombres como "puta" y "ramera", las víctimas de tráfico sexual apenas pueden recordar

quienes eran antes de que comenzara su degradación. Incluso algunos profesionales de la salud mental no entienden esta devastadora impotencia y suelen hacer preguntas ignorantes como "¿Por qué simplemente no te escapaste?" estas preguntas pueden empujar a un sobreviviente de tráfico de personas a una depresión tan profunda que ninguna receta puede aliviarla.

La buena noticia para usted hoy es esta: usted puede aprender una forma completamente diferente de pensar y de vivir que lo liberará de lo que sucedió en el pasado. Alejarse de las mentiras de todas las formas de abuso es un desafío, debido a la increíble confusión generada en su mente, cuerpo y alma. Para los niños y adolescentes a quienes solo se les dijo que eran "hermosos" o "especiales" mientras sus cuerpos eran utilizados para la gratificación sexual egoísta de otra persona, es importante que sepan que puede entrenar su cerebro para conocer que realmente usted es especial y hermoso, totalmente independiente de las ridículas mentiras de su abusador. ¡Usted puede reclamar el diseño original de Dios para su vida, un diseño de dignidad, de propósito y esperanza! Usted puede aprender a sentirte seguro.

Un adolescente o adulto que fue violado por un novio puede comenzar a sentirse seguro nuevamente al aprender a manejar el trauma. (Eso podría incluir aprender a tomar decisiones seguras, como no reunirse con extraños a través de internet, no ir a la casa de alguien que no conoce, no emborracharse, etc.) Es vital que cualquier persona que haya sido molestada diga: "no fue mi culpa". Si estaba borracho y luego fue violado, no fue su culpa, porque cualquiera que se aproveche de alguien bajo la influencia de drogas o alcohol no puede haber obtenido el consentimiento legal. Si usted era menor de edad y dijo que "sí", eso fue abuso sexual, no un acto consensuado, ya que un menor no puede consentir legalmente a la actividad sexual.

Otras Preocupaciones relacionadas con el Trauma

Otra complejidad del trauma es que los recuerdos de lo sucedido se almacenan en fragmentos. En lugar de recordar un evento (s), los sobrevivientes pueden experimentar "fragmentos" confusos de incidentes dolorosos, pueden recibir imágenes que entran aleatoriamente en sus mentes como piezas confusas de un rompecabezas poco claro. Para poder superar estos recuerdos intrusivos o recuerdos angustiantes, un método terapéutico conocido como DRMO (Desensibilización y Reprocesamiento a través del Movimiento Ocular) puede brindarle alivio. No es posible ni es necesario que una persona recuerde todo sobre un evento traumático, pero es posible liberar la angustia asociada cuando los recuerdos del trauma se encuentran muy integrados, para que se pueda procesar nueva información sanadora. [Si decide probar DRMO, asegúrese de que su profesional de salud mental haya completado al menos los Niveles Uno y Dos de esta capacitación especializada antes de realizarlo.]

Algunos sobrevivientes de abuso experimentan lo que muchos terapeutas denominan Trastorno de Estrés Post Traumático Complejo (TEPT-C). No incluido en el DSM-5, el TEPT-C puede ocurrir después de un traumatismo a largo plazo, con síntomas que van desde la depresión severa hasta la ansiedad, con comportamientos agresivos y efectos fisiológicos como el aumento de la frecuencia cardíaca o desequilibrios neuroquímicos. Si ha sobrevivido a múltiples formas de abuso [negligencia, abuso sexual, abuso físico, mental o emocional], el asesoramiento podría ayudarle a ir más allá del trauma complejo hacia una vida de seguridad, esperanza y sanidad.

Si está luchando por sentirse seguro, si no puede concentrarse o completar las actividades diarias normales, este podría ser el momento de obtener una evaluación médica. Un médico, como un psiquiatra que entiende las ramificaciones del trauma, puede ayudarle a encontrar el equilibrio en su mente y cuerpo. Combine la consejería con cualquier ayuda médica que elija, para aprender a cómo lidiar con problemas que podrían continuar produciendo dolor si no se tratan. Solamente tomar medicamentos, los cuales a veces son necesarios para reducir las complicaciones relacionadas con el trauma, no necesariamente revelará las raíces de los problemas o las preocupaciones que usted experimenta.

LA BUENA NOTICIA PARA USTED ES: QUE USTED HOY PUEDE APRENDER UNA FORMA COMPLETAMENTE DIFERENTE DE PENSAR Y DE VIVIR QUE LO LIBERARÁ DE LO QUE SUCEDIÓ EN EL PASADO.

Independientemente del trauma que usted haya experimentado, usted puede dejar de estar encarcelado por este tormento invisible. Usted puede terminar con las mentiras del trauma, con todo pensamiento inquietante de falta de valor, de desánimo o desesperanza, ya que usted puede elegir repetidamente no creerlos. En primer lugar, sin embargo, usted deberá traer mentiras a la superficie para que pueda reemplazarla con la verdad (en su mente, en sus emociones y en su comportamiento).

A continuación, o en su diario, escriba cualquier "mentira racional" que actualmente disminuye su seguridad.

____

____

____

____

____

____

____

Usted puede pasar de la inseguridad a la seguridad y a

la esperanza permitiendo que este nuevo conocimiento sea un catalizador para su crecimiento. Una parte vital de su viaje de sanidad es elegir vivir en el presente y no en el pasado. A medida que reconoce las áreas de su núcleo que han sido dañadas, usted puede elegir avanzar conscientemente desarrollando una nueva fuerza en las cinco áreas centrales de su ser: la seguridad, la competencia, la identidad, el propósito y la pertenencia.

DÍA CINCO
Imagine la Transformación

¿Se imagina a Dios sanando sus heridas internas para que ya no tenga que anestesiar su vida? ¿O es difícil para usted ver a Dios como alguien seguro, cariñoso y amable? Cuando las personas no se sienten seguras yendo a Dios en busca de ayuda, a menudo es porque asocian a Dios con el abuso espiritual de un padre exigente y degradante, con una iglesia o cónyuge hipercrítico o con un pastor, un sacerdote o un maestro abusivo. Incluso pueden escuchar la Palabra de Dios en la voz de alguien que los ha lastimado. Para que podamos imaginar la transformación, debemos diferenciar entre el Dios real y el dios que muy a menudo es tergiversado. El salmista nos ayuda a ver a Dios como el Buen Pastor, aquel que ofrece protección, seguridad y ayuda verdadera.

Busco a alguien que venga a ayudarme, ¡pero a nadie se le ocurre hacerlo! Nadie me ayudará; a nadie le importa un bledo lo que me pasa. Entonces oro a ti, oh Señor, y digo: «Tú eres mi lugar de refugio. En verdad, eres todo lo que quiero en la vida. Oye mi clamor, porque estoy muy decaído. Rescátame de mis perseguidores, porque son demasiado fuertes para mí. Sácame de la prisión para que pueda agradecerte. Los justos se amontonarán a mi alrededor, porque tú eres bueno conmigo». (Salmo 142:4-7, NTV)

Describa la promesa del Buen Pastor de ser su refugio:

____

____

____

Muchas personas se preguntan: "Si Dios es tan poderoso y tan bueno ¿por qué no detuvo al conductor ebrio, a mi abusador, la invasión de mi casa, esta traición insoportable, etc.?" La respuesta no es simple, pero aquí hay una perspectiva: Dios da a las personas la libertad de elegir. Lamentablemente, al igual que los primeros humanos, Adán y Eva, muchas personas eligen pecar. Ese pecado puede venir en forma de chismes que destruyen la reputación de otra persona, en forma de malversación de fondos que se roba el sustento de una persona, en forma de un ataque físico violento, de negligencia profunda o de abuso emocional, físico, espiritual, mental o sexual. Si las decisiones destructivas de otras personas hieren su vida, la buena noticia es que esas elecciones no tienen que seguir determinando sus elecciones.

Está bien preguntarle a Dios "¿Por qué?". Él lo ama y quiere que se acerque a Él con sus preguntas. Pero a veces nuestras mentes finitas simplemente no pueden comprender "por qué" una persona lastima a otra, en cualquiera de las miles de formas en que las personas se dominan, atacan y destruyen unas a otras. Si el preguntar "por qué" lo deja más confundido que antes de hacer la pregunta, podría ser el momento de hacer una nueva pregunta.

Desde perder a un ser querido, sufrir de cáncer, hasta experimentar el trauma de la guerra o de tiroteos en la escuela, hay una pregunta que siempre tiene respuestas disponibles y es "¿Cómo?" Podemos preguntarle a Dios cómo sobrellevar y cómo vivir buscando formas saludables de atravesar nuestras pérdidas para poder seguir adelante en la vida con una esperanza verdadera. Aquí está una de la gran cantidad de promesas que ofrece el Señor para ayudarnos a vivir con seguridad:

Torre fuerte es el nombre de Jehová; A él correrá el justo, y será levantado. (Proverbios 18:10, RVR1960)

¿Cómo puede el correr hacia el Señor en busca de seguridad emocional, mental y espiritual ayudarle a avanzar?

____

____

____

____

____

Una persona que aprendió a preguntar "¿Cómo?" Fue Corrie ten Boom, una mujer soltera que fue la primera mujer relojera licenciada de Holanda. Una heroína poco común, Corrie era parte de una familia holandesa muy unida que operaba una tienda de relojes desde su casa. Después de que su abuelo le enseñó a orar regularmente por el pueblo judío, Corrie se horrorizó cuando se enteró de las atrocidades cometidas por los nazis contra sus vecinos judíos. Como resultado de su convicción cristiana de saber que todas las personas son igualmente amadas por Dios, Corrie se convirtió en parte del movimiento de resistencia holandés y acostumbraba a montar su bicicleta por las calles empedradas para entregar mensajes y ayuda. La casa de los ten Boom en Haarlem se convirtió en un escondite donde cientos de judíos se refugiaron temporalmente mientras encontraban casas seguras para ellos, protegiéndolos así del encarcelamiento y de la muerte durante la ocupación nazi de los Países Bajos.

Aunque todos los judíos que escondieron en su casa se mantuvieron a salvo, Corrie, su hermana, su padre y otros miembros de la familia fueron arrestados por ayudar a los judíos. El querido padre de Corrie murió poco después de su arresto, mientras que Corrie, de 52 años, y su hermana mayor, Betsie, finalmente fueron enviadas al campo de concentración de Ravensbrück. Las literas infestadas de pulgas se convirtieron en un refugio seguro para los prisioneros que escuchaban ansiosamente mientras Betsie y Corrie ofrecían esperanza cada noche al leer de una Biblia que milagrosamente introdujeron de contrabando al campamento.

Aún cuando Betsie estaba muy cerca de su muerte, soñaba con un lugar que ella y Corrie pudieran crear después de la guerra para ayudar a todas las personas, incluyendo a sus captores, a conocer el amor de Dios y a recuperarse del sufrimiento del mal que ellos también experimentaron. Betsie le susurró a Corrie sobre "un campamento, ya no es una prisión, sino un hogar donde la gente deformada por esta filosofía del odio podría llegar a aprender de otra manera … sin alambre de púas y sin barras que cubrieran las ventanas. Sería muy bueno para ellos ver cosas crecer y vivir, la gente puede aprender a amar al ver a las flores", ella pensaba. Después de ser privada de las necesidades básicas como alimentos y atención médica, Betsie, aún llena de gozo, murió en Ravensbrück a los 59 años. Quince días después, Corrie fue liberada inesperadamente. Después de que terminó la Segunda Guerra Mundial, en lugar de rendirse ante los males causado por el Holocausto, Corrie construyó un centro de rehabilitación donde las personas podían sanarse del trauma de la guerra. También escribió varios libros y habló en más de 60 países durante las siguientes tres décadas, compartiendo la esperanza y la sanidad que Dios proporciona en su Hijo para todos aquellos que confían en él.

SI MIRAS AL MUNDO, TE SENTIRÁS ANGUSTIADO. SI MIRAS HACIA ADENTRO, TE SENTIRÁS DEPRIMIDO. SI MIRAS A DIOS ENCONTRARÁS REPOSO (CORRIE TEN BOOM).

Debido a que Corrie ten Boom aprendió la respuesta a la pregunta "¿Cómo?", sus elecciones continúan ofreciendo esperanza y aliento aún hoy. Por sus esfuerzos por ocultar a los judíos durante la ocupación alemana de los Países Bajos, Corrie ten Boom (1892-1983) fue honrada por la Autoridad de la Memoria de Yad Vashem como una de las "Justas

entre las Naciones" y ha sido honrada en el Museo
Conmemorativo del Holocausto de los Estados Unidos,
donde se puede encontrar su nombre entre otros que
se sacrificaron para que otros pudieran vivir. Usted
puede leer su historia en el libro llamado "El Escondite"
o ver la película sobre su vida, también llamada "El
Escondite".

Haga una pausa y considere: ¿Está mirando al mundo
y se siente angustiado o está mirando hacia adentro
y se siente deprimido o está usted en Dios y viviendo
en el descanso que el proporciona? Escriba en un
diario formas específicas en las que manejará sus
pensamientos para que pueda disfrutar de vivir en el
gozo que Él le ofrece libremente a usted, una persona
profundamente amada por Él.

____

____

____

¿De qué forma (s) específica podría hablarse a usted
mismo, una forma más amable de la forma en que lo
hace ahora?

____

____

____

*El que habita al abrigo del Altísimo se acoge a la
sombra del Todopoderoso. Yo le digo al Señor: «Tú
eres mi refugio, mi fortaleza, el Dios en quien confío».
Solo él puede librarte de las trampas del cazador y de
mortíferas plagas, pues te cubrirá con sus plumas y bajo
sus alas hallarás refugio. ¡Su verdad será tu escudo y tu
baluarte! No temerás el terror de la noche, ni la flecha
que vuela de día, ni la peste que acecha en las sombras ni
la plaga que destruye a mediodía.* (Salmo 91:1-6, NVI)

Escriba palabras o frases de este salmo que describen
la seguridad que Dios le ofrece ahora.

____

____

____

____

¿Qué cambiaría hoy en su vida si confiara en Dios como
fuente de seguridad y en el descanso que Él promete?

____

____

____

____

Haga una pausa para pensar en cómo confiar en su
amoroso Pastor en lugar de ser tiranizado por el estrés
traumático. En cada uno de los siguientes versículos
busque formas específicas para poder pasar de ser un
"sobreviviente" de trauma a ser alguien que prospera y
florece. Además, busque ideas sobre como poder crecer
en cada área de su vida: emocional, intelectual, física,
espiritual y social.

*Tú, oh Dios y Salvador nuestro, nos respondes con
imponentes obras de justicia; tú eres la esperanza de
los confines de la tierra y de los más lejanos mares.
Tú, con tu poder, formaste las montañas, desplegando
tu potencia. Tú calmaste el rugido de los mares, el
estruendo de sus olas y el tumulto de los pueblos.*
(Salmos 65:5-7, NVI)

Jesús ofrece esperanza y libertad en lugar de la
tiranía que ofrecen las inseguridades y los temores
alimentados por el estrés traumático. Él dice: *«Vengan
a mí todos los que están cansados y llevan cargas
pesadas, y yo les daré descanso. Pónganse mi yugo.
Déjenme enseñarles, porque yo soy humilde y tierno de
corazón, y ENCONTRARAN DESCANSO PARA SU ALMA.
Pues mi yugo es fácil de llevar y la carga que les doy es
liviana».* (Mateo 11:28-30, NTV)

A medida que comience a entender que Dios es
seguro, confiable, cariñoso y amable, ganará confianza

sabiendo que Él no le engañará, manipulará ni herirá.
Comenzará a darse cuenta de que cualquiera que no le
trate con compasión, no representa a Dios. Usted puede
escuchar la voz tierna y gentil de Dios en Su Palabra:

*Porque así como son muchas las promesas de Dios,
todas encuentran su Sí [respuesta] en Él [Cristo]. Por
esta razón, también nosotros pronunciamos Amén
(que así sea) a Dios a través de Él [de Su Persona y en
Su autoridad] para la gloria de Dios. Porque es Dios
quien nos confirma, nos hace firmes y nos establece
[en comunión conjunta] con ustedes en Cristo y nos ha
consagrado y ungido [dándonos los dones del Espíritu
Santo]; [Él también se ha apropiado y nos ha reconocido
como suyos al] poner Su sello sobre nosotros y darnos Su
Espíritu [Santo] en nuestros corazones como depósito de
seguridad y garantía [del cumplimiento de Su promesa]*
(2 Corintios 1:20-22, AMP)

JESÚS OFRECE ESPERANZA Y LIBERTAD EN LUGAR DE LA TIRANÍA QUE OFRECEN LAS INSEGURIDADES Y TEMORES ALIMENTADOS POR EL ESTRÉS TRAUMÁTICO.

Escriba en su diario sobre cómo continuará
desarrollando seguridad y protección.

CAPITULO CUATRO

Yo Soy un Vencedor

La verdad es que usted es un vencedor; ¡y puede vivir más allá de lo que le pasó! Incluso si aún no se siente como un vencedor, usted debe seguir recordándose a usted mismo: "¡Soy un vencedor!" hasta que lo crea, porque Dios le promete la victoria a través del Señor Jesucristo (ver 1 Corintios 15:57). Es importante saber que los sentimientos siguen a las elecciones; por lo tanto, podemos elegir no tener que esperar hasta que "sintamos" que de alguna manera hemos llegado. Usted puede avanzar con confianza y con la libertad de saber que usted está diseñado para sanar.

OBJETIVO DE SANIDAD DE NÚCLEO: COMPRENDER Y VIVIR COMO UN CREADOR/ VICTORIOSO EN LUGAR DE VIVIR COMO UNA VÍCTIMA.

Ejercicio de Conexión a tierra: Conectarse y anclarse en este momento al leer el título del capítulo "¡Soy un vencedor!" en voz alta varias veces, notando como incluso el decirlo puede ayudarle a sentirse empoderado.

DÍA UNO

Aprendiendo a Perder en el Juego de la Victima

Cuando usted comience a identificar la mentalidad de "Víctima" durante esta semana, aprenderá a detectar cada vez que los comportamientos y creencias incapacitantes de la ideología de la Víctima se infiltran en su mente. Durante el tercer día, usted aprenderá a vivir como un "Creador", descubriendo que puede experimentar victoria de manera consistente en medio de los desafíos inevitables de la vida. Los familiares, los colegas y los amigos de los sobrevivientes de traumas pueden evitar los "intentos de rescate" emocional, físico, espiritual, relacionales o intelectuales al convertirse en entrenadores en lugar de ser rescatadores. Tanto los Creadores como los Entrenadores crecen en la conciencia de que es posible sobrevivir y avanzar más allá del trauma, aprendiendo a prosperar y florecer. Un Creador y un Entrenador aprenden a enfrentar las dificultades con una nueva fuerza y esperanza.

Sin embargo, al igual que algunas computadoras deben ser revisadas continuamente en busca de virus, cada uno de nosotros necesita chequeos continuos para evitar que nuestros pensamientos se vuelvan a infectar con las ramificaciones debilitantes del trauma. Dudar del amor de Dios es un "virus" incapacitante que puede descarrilar significativamente el progreso. Vivir con una clara conciencia del amor de Dios lo protege de sentirse una víctima. Incluso cuando somos conscientes del amor de Dios, es muy fácil luchar con preguntas importantes tales como: "¿Por qué los niños enfrentan los estragos del cáncer? ¿Por qué hay personas que pierden a toda su familia por causa de una tragedia? ¿Por qué hay violencia generalizada y guerra? ¿Cómo pueden los padres abusar de sus hijos? ¿Cómo puede un Dios bueno permitir que alguien sufra?

Buscar en la Biblia respuestas a nuestras preguntas abrumadoras nos puede ayudar. El Rey David, por ejemplo, escribió sobre su ansiedad, su depresión y su tristeza en los Salmos, donde muchas personas descubren consuelo y aliento diariamente. Las preguntas que no tienen respuestas inmediatas son generalmente preguntas que están más allá de la comprensión humana. Del mismo modo que existen límites para la fuerza física de una persona (por ejemplo, ¡pocas personas han podido levantar 1,000 libras haciendo ejercicios con pesas!), también existen límites para nuestras capacidades espirituales, mentales y emocionales.

INCLUSO SI AÚN NO SE SIENTE COMO UN VENCEDOR, USTED PUEDE APRENDER A VIVIR COMO UN VENCEDOR.

No hay una respuesta simple a muchas de nuestras preguntas, sobre todo aquellas relacionadas a tiroteos en las escuelas, a ataques terroristas o al abuso infantil. Ante la presencia del mal, nosotros podemos cambiar nuestro enfoque y preguntar "cómo". En búsqueda de esperanza, podemos preguntarnos: "¿Cómo puedo hacer para seguir adelante confiando en que Dios me ayudará hoy? ¿Cómo puedo caminar en su amor en lugar de permitir que el mal redefina mi vida?" Cuando veamos a nuestro Señor cara a cara tendremos su sabiduría infinita para comprender las preocupaciones que actualmente están más allá de nuestra finita comprensión humana. Mientras tanto, podemos pedirle a Dios que nos guíe amorosamente en el ¿Cómo? Después de las tragedias podemos experimentar la profunda paz que Dios ofrece a cualquier persona que confía en Él. En Filipenses 4: 7 (NVI), esa sensación de calma esperanzadora se describe como "la paz de Dios que sobrepasa todo entendimiento". Cuando elegimos enfocarnos y recordar que Dios es amable, atento, amoroso, fiel, tierno, compasivo y bueno, podemos esperar descubrir la verdad: Dios es amor. Su paz "protegerá sus corazones y sus mentes en Cristo Jesús" (Filipenses 4: 7b) mientras usted confía en Él.

Para ayudarle a alcanzar la meta de esta semana, este capítulo explora tres mentalidades emocionalmente destructivas y tres mentalidades emocionalmente constructivas.
Stephen B. Karpman, M.D. describió las tres mentalidades negativas incapacitantes que son: la mentalidad de Víctima, de Rescatador y de Perseguidor, a través del Triángulo del Drama de Karpman. Las tres mentalidades positivas son: la mentalidad de Creador, de Entrenador y de Desafiador; estas fueron desarrolladas por David Emerald y explicadas en su libro, The Power of TED* (*The Empowerment Dynamic) [El Poder de LDE * (* La Dinámica de Empoderamiento)]. Estas mentalidades tripartitas tienen la capacidad de alimentar una infraestructura emocional intensamente negativa o increíblemente positiva, dependiendo de las elecciones que una persona realiza en cada momento. Su vida como "Creador Victorioso" puede comenzar de inmediato, no depende de lo que otra persona haga o no haga, es una elección exclusivamente personal.

El Juego de la Víctima
El Juego de la Víctima es una forma destructiva de interacción interpersonal que puede convertirse sutilmente en un estilo de vida para los participantes, que ni siquiera se dan cuenta que están participando en un "juego".

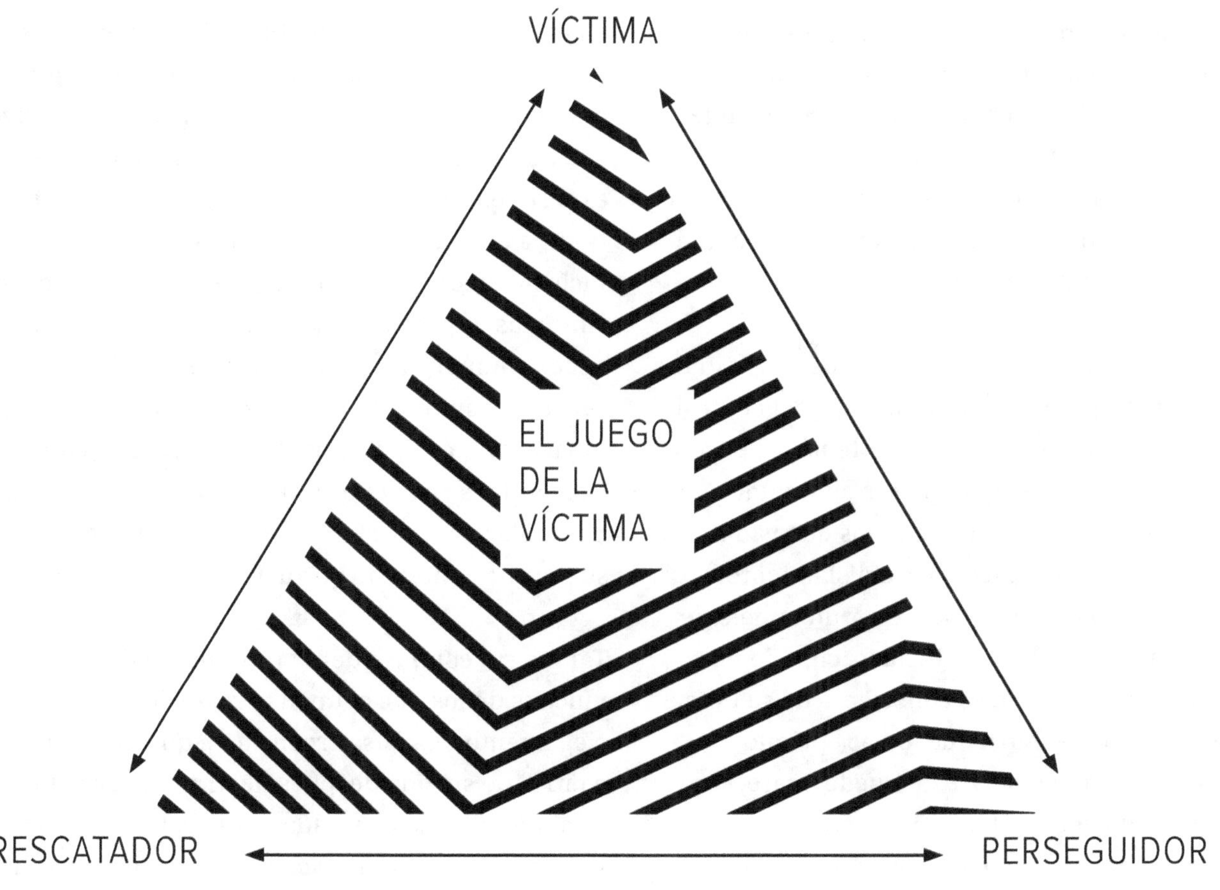

Los participantes en este juego emocional entran y salen de los tres roles, cambiando constantemente sus comportamientos de **Víctima** a **Rescatador** y a **Perseguidor**.

El papel de la **Víctima** es tan antiguo como Adán y Eva, quienes se culparon mutuamente y culparon a Dios por las decisiones que *ellos* tomaron. Su comportamiento comenzó un patrón que aún continúa en todo el mundo: las Víctimas no se hacen responsables de sus propias decisiones.

Por otro lado, muchas personas han experimentado situaciones que no han elegido ni causado. Realmente *han sido víctimas*, ya sea a través del abuso, de una invasión a su casa, de un accidente automovilístico, de una guerra, de una enfermedad o de una lesión grave. Posteriormente, estas personas sienten los efectos del sufrimiento, a veces durante décadas. Este impacto podría llegar en forma de recuerdos que aparecen aparentemente de la nada perturbando su vida cotidiana, pueden llegar a veces como recuerdos intrusivos, otras veces como pesadillas intrusivas o incluso como sentimientos indescifrables de miedo o de temor paralizante. Algunas personas dicen: "No puedo sacar esos pensamientos de mi cabeza". Afortunadamente, ahora usted es consciente de que, aunque no puede detener las apariciones aleatorias de imágenes en su cabeza, de sentimientos o de recuerdos fragmentados, usted puede salir del modo de trauma aplicando su trabajo de *Sanidad del Núcleo.*

Es vital alejarse constantemente del rol de la Víctima, reposicionándose, para mantenerse fuera del control del trauma. En cualquier forma que este haya llegado a su vida, el trauma no resuelto puede alimentar diversos comportamientos destructivos que van desde trastornos alimenticios, adicciones o aislamiento hasta ideas suicidas, cada uno impulsado por un anhelo de silenciar un dolor inexplicable. Incluso, cuando un sobreviviente de trauma no es consciente de su dolor interno no resuelto debido a que lo ha reprimido o suprimido en su conciencia, este puede aparecer cuando la vida se vuelve estresante por otras causas, incluso puede transformarse en una enfermedad misteriosa para la cual los médicos no pueden encontrar una causa física. [Una condición física debe ser evaluada por un profesional médico para asegurarse de que no haya una base biológica para sus problemas de salud. Si es posible, hable con un médico que también comprenda las posibles ramificaciones fisiológicas del estrés traumático.]

Todas las personas que han sufrido diversas pérdidas dolorosas (problemas de salud, el final de relaciones cercanas, el colapso de un negocio o de una nación) pueden experimentar heridas en cualquiera de las cinco áreas centrales del núcleo: la seguridad, la competencia, el propósito, la identidad y la pertenencia. Sin embargo, no todos los que *han sido víctimas* eligen vivir como Víctimas. Al permitirse reconocer la inutilidad de mantener el dolor en un estado de congelación emocional profunda, usted puede elegir continuamente descubrir y desarrollar estrategias efectivas para afrontar el dolor que le ayudarán a sentirse de manera *segura,* mientras aprende a sanar.

Para personas que trabajan en el ejército, en la policía, en el área de la salud mental o como rescatistas, la exposición repetida a tragedias humanas puede resultar en un trauma indirecto, el cual constituye un estado emocional en donde estas personas realmente experimentan síntomas que surgen a consecuencia del trauma que han visto a otras personas experimentar. Incluso pueden presentar algunos de los mismos síntomas que las víctimas presentan, como el aumento de los comportamientos agresivos, cambios en el deseo sexual, insomnio, depresión, ansiedad, recuerdos intrusivos, pérdida de energía, dificultad para concentrarse o sueños intrusivos, ya sea en forma de pesadilla acerca de los incidentes traumáticos o como sueños de contenido perturbador indefinido.

Tal vez sin comprender la posibilidad de sanidad, muchos de los que ocupan el rol de Víctima aceptan ciegamente una falsa creencia de que no tienen el control de su vida después del trauma. Es como si la total impotencia generada por el estrés traumático, ya sea en forma de abuso sexual, de un desastre natural, de una pérdida o de cualquier otra circunstancia, alimentara una sensación de falta de valor e impotencia. En cambio, usted puede estar seguro de que es posible que su vida avance en una nueva dirección, lejos de la victimización, hacia un cambio y un crecimiento duradero.

Usted puede aprender a mirar a lo que le sucedió como un evento o incluso como una serie de eventos que ocurrieron en el pasado, como desafíos que ya no tienen el poder para definir su presente o su futuro. Hoy, su sanidad puede acelerarse al elegir entrenar su mente para diferenciar entre el reconocimiento de las dificultades del pasado y las suposiciones destructivas de pensar que no tiene otra opción o que no tiene control sobre su vida en el presente.

En una hoja de papel separada, dibuje dos círculos, uno grande y otro pequeño, el círculo pequeño debe ser aproximadamente 1/10 del tamaño del grande, quizás del tamaño de una moneda pequeña, como una moneda de diez centavos. En el círculo grande, escriba cosas sobre las que realmente no tiene control, incluyendo lo que sucedió en el pasado, el clima, lo que otras personas dicen y hacen, etc. Ya sea en el círculo pequeño o al lado del mismo, escriba lo que puede controlar hoy: sus propios pensamientos, sus palabras, sus acciones, etc. Es útil recordarse a usted mismo que debe permanecer dentro de su "círculo de control". Al elegir constantemente permanecer en su círculo de control, no se permitirá vivir con temor de todo lo que está afuera del mismo. En lugar de enfocarse mentalmente en el pasado, es decir, en el momento en el que ocurrió su trauma, usted puede vivir en el aquí y ahora, tomando decisiones constructivas para hoy.

Aprender sobre el estado emocional de la Víctima no disminuye la realidad de lo que le sucedió, simplemente le ayuda a darse cuenta de que ya su vida no está definida por un trauma pasado. Hoy, usted puede alejarse de las ramificaciones de lo que sucedió en el pasado, eligiendo un futuro de esperanza, al verse decididamente como un Creador en lugar de una Víctima.

¿Cómo puede saber si está viviendo como Víctima? Observe cómo piensa acerca de usted mismo durante un día de esta semana. Si se siente perseguido, no amado, impotente, que no pertenece o usted cree que la vida le esta pasando por arriba [fuera de control], usted puede haber asumido inconscientemente el papel de la Víctima.

David Emerald explica: "Las Víctimas pueden ser defensivas, sumisas, complacientes con los demás, pasivo-agresivas en los conflictos, dependientes de los demás para adquirir valor, demasiado sensibles e incluso manipuladoras. A menudo están enojadas, resentidas y envidiosas, sintiéndose indignas o avergonzadas por sus circunstancias ... cada víctima tiene un sueño que de alguna manera ha sido negado o frustrado". Si se siente desesperado y desanimado por su presente o por su futuro, podría estar viviendo en el papel de víctima.

Tómese un momento para identificar y anotar cualquier rasgo de **Víctima** que usted esté exhibiendo.

____

____

Una característica importante de las reglas no escritas

del Juego de la Víctima es que una persona no puede declararse a sí misma como Víctima; en cambio, una Víctima busca ser declarada como Víctima por otra persona. Ya sea un amigo o un familiar, un psiquiatra o el médico de la familia, un psicólogo, psicoterapeuta o consejero, un rabino, ministro, pastor, sacerdote o alguien en posición de autoridad personal o pública puede confirmar el estado de Víctima de una persona. Muchas personas invierten una cantidad significativa de tiempo y dinero para encontrar a alguien que legitime su creencia interna de condición de Víctima. La razón de esta búsqueda es simple: las personas que admiten que viven como Víctimas aceptan la responsabilidad de ser Víctimas, lo que indicaría que en realidad están en la capacidad de hacer algo con respecto a su situación, condición, experiencia o problema. Aceptar la responsabilidad personal no es un rasgo de la Víctima.

Los otros dos roles en el Juego de la Víctima son el Rescatador y el Perseguidor. En este juego autodestructivo, las preocupaciones de la vida son vistas como "Perseguidores" invencibles, creando la necesidad percibida de encontrar un "Rescatador" para manejar o vencer estos problemas. Ambos roles se vuelven rápidamente incapacitantes en lugar de empoderar a los jugadores. Aunque es esencial identificar la existencia de desafíos y evitar minimizar las preocupaciones legítimas, el identificar a los problemas como "Perseguidores" rápidamente se vuelve incapacitante, lo que agota la fuerza, el coraje y la esperanza de las personas.

Al enfrentarse con un Perseguidor o Perseguidores, una Víctima, consciente o inconscientemente, se enfoca en encontrar un Rescatador en una persona, en una actividad o en una situación, para así aliviar el sufrimiento real o percibido. Cuando surge un Rescatador, la Víctima comienza a sentir una sensación de empoderamiento, creyendo erróneamente que la validación que el rescatador le da, demuestra la legitimidad de las creencias de la Víctima como: "Mi sufrimiento pasado fue tan malo que no soy responsable de mis actitudes o de mis comportamientos actuales". La Víctima podría incluso concluir: "Mis problemas me definen". Para las personas que enfrentan las severas consecuencias de haber sido victimizadas, el etiquetarse y colocarse en el papel de la Víctima los reduce a la ineficacia total. En lugar de reconocer sus propias habilidades y su capacidad de elección, pueden permitir fácilmente que sus circunstancias u otras personas los obliguen a reaccionar en lugar de responder.

Un Rescatador es una persona que trabaja duro para "ayudar" a otros con sus problemas o preocupaciones, tal vez tratando de llenar un vacío en su propia vida con la satisfacción temporal de tratar de controlar o de "arreglar" la vida de alguien más. Cada vez que un Rescatador ve a una Víctima como a alguien impotente, el Rescatador no está siendo verdaderamente amoroso o amable. Muchos Rescatadores, alimentados por sus inseguridades, están tratando de verse bien o de hacer el bien para asegurarse de que sus propias vidas tengan sentido. Algunos Rescatadores se convierten en "mártires", utilizando suspiros o quejas bien posicionadas para proclamar sus esfuerzos heroicos poco apreciados. Sin embargo, un Rescatador termina por agotarse en sus intentos de resolver los problemas de la Víctima, la cual, en su lugar, lo ve como un Perseguidor.

ACEPTAR LA RESPONSABILIDAD PERSONAL NO ES UNA CARACTERÍSTICA DE VÍCTIMA.

Emerald explica que: "Una de las mayores tentaciones de las personas que desean ayudar a otros y que desean hacer una contribución en el mundo, es caer en el Rol de Rescatador de las Víctimas. Una cosa es echar una mano cuando alguien se ha caído, otra muy distinta es asumir que usted tiene que caminar en el lugar de otra persona. Un Rescatador ve a la otra persona como una Víctima necesitada e impotente. Los Rescatadores generan dependencia y prosperan ante la necesidad de ser necesitados por una Víctima ".

Aquellos que conocen a alguien que está luchando,

pueden tomar fácilmente al rol de Rescatador validando involuntariamente las creencias de la víctima. Esto puede suceder cuando un hombre le dice a su amigo: "¡Tu casa se incendió! ¡No hay forma de que puedas lidiar con eso! Vayamos al bar y olvidemos todo ". O, la amiga de una madre soltera podría decirle:" Pobrecita, tu estrés es más de lo que cualquiera podría soportar. Me mudaré contigo, cuidaré de tus hijos y te dejaré llorar todo lo que necesites ". Ser tratado como una víctima indefensa no ayuda a ninguna persona.

Cuando un individuo asume el papel emocional de **Víctima**, los **Rescatadores** y lo **Perseguidores** surgen de varias maneras. Un Perseguidor podría ser una persona, como un abusador. Un Perseguidor a menudo comienza el ciclo en forma de un problema real, como una enfermedad prolongada, un accidente automovilístico, un matrimonio fallido, un hijo rebelde, un desastre natural o personas que intentan controlar la vida de otra persona, generando de esta manera en la víctima el sentimiento como si él o ella hubiera sido golpeado por vientos huracanados. Pero hay una diferencia significativa entre las personas que se ven a sí mismas como "Víctimas" y aquellas que se encuentran en una situación en la que son "Víctimas". Aquellos que asumen el rol de Víctima creen que sus sentimientos de autocompasión, de impotencia, de depresión y dolor son directamente causado por su (s) perseguidor (es), en cualquier forma que un perseguidor se presente en sus vidas. Como resultado, las Víctimas renuncian a su derecho de elegir su propia respuesta.

En el Juego de la Víctima, los tres roles cambian a diferentes velocidades. Un rol puede durar una semana o un año, pero no puede durar indefinidamente. La Víctima finalmente ve a un Rescatador como un Perseguidor. Después de todo, si ocurre un rescate exitoso, la Víctima no puede permanecer en el estado emocional de Víctima. Por lo tanto, un Perseguidor, en forma de persona, evento, desastre natural u otra circunstancia, debe surgir para mantener a la Víctima "indefensa" y, por lo tanto, necesitando un nuevo Rescatador.

Para una Víctima entrenada, el transformar un

Rescatador en un Perseguidor no es un proceso difícil. Unas pocas palabras, unas pocas mentiras (que la Víctima puede hacer sonar convincentemente como la verdad) y el Rescatador, exhausto por los prolongados intentos heroicos, pero inútiles, de lograr la liberación de la "pobre Víctima", es repentinamente presentado a otras personas como el individuo cruel, injusto o despiadado que la Víctima astutamente ha elaborado.

¡Recuerde que todos los roles en este juego son debilitantes para cada uno de los jugadores! Para mantenerse fuera de peligro, ¡manténgase fuera del juego! Si se da cuenta de que ha estado viviendo en el rol de Víctima, del Rescatador o del Perseguidor, comience ahora a elegir roles saludables en sus relaciones con los demás.

MUCHOS RESCATADORES, ALIMENTADOS POR SUS INSEGURIDADES, ESTÁN TRATANDO DE VERSE BIEN O HACER EL BIEN, PARA ASEGURAR QUE SUS PROPIAS VIDAS TENGAN SENTIDO.

Basándose en su comprensión actual del Juego de la Víctima, lea la siguiente afirmación y luego vuelva a escribirla con sus propias palabras: Las circunstancias de la vida, los acontecimientos de la vida y las personas que me rodean no determinan como soy, ellos revelan cómo soy (Dr. Sam L. Peeples, Jr.).

Creo que la declaración del Dr. Peeples significa:

____

____

____

____

____

DÍA DOS
Saliendo del Juego de la Víctima al Cultivar la Salud Mental

Las personas a veces ocupan el rol de víctima debido a algún insoportable desorden mental, que se encuentra más allá de su capacidad de solución. Puede ser que estén tan desanimados que hasta elijan el suicidio como su cruel "salvador". Eso fue lo que le sucedió a Haili, a quien sus profundos desafíos de salud mental la llevaron a un intento de suicidio fallido el 29 de mayo del 2003, así como a la pérdida de su brazo, seguido de una infección por MRSA (Staphylococcus Aureus resistente a la Meticilina) y a otros muchos y graves problemas de salud. Ella describe su vida antes de su intento de suicidio como la de "una persona bipolar muy poco medicada en una relación tóxica, los dos éramos realmente tóxicos", explica.

SI USTED RECONOCE QUE HA ESTADO VIVIENDO EN EL PAPEL DE VÍCTIMA, DEL RESCATADOR O DEL PERSEGUIDOR, COMIENCE AHORA A ELEGIR ROLES SALUDABLES EN SUS RELACIONES CON LOS DEMÁS.

En un pozo emocional de desesperación Haili estaba "segura de que Dios me odiaba tanto como yo lo odiaba a Él". Para obtener una perspectiva de la enormidad de su dolor emocional en ese momento, ella describe en la actualidad la pérdida de su brazo como "lo mejor que le ha sucedido". La enfermedad mental no tratada de Haili alimentó la depresión crónica, el fracaso de su relación y sentimientos extremos de falta de valor. El intento de suicidio de Haili destaca el hecho de que "el riesgo de suicidio en individuos con trastorno bipolar se estima que es al menos 15 veces mayor al de la población general. De hecho, el trastorno bipolar puede representar una cuarta parte de todos los suicidios que se llevan a cabo" (DSM-5).

Si usted, como Haili, experimenta pensamientos suicidas, obtenga ayuda profesional de inmediato. Si se encuentra en peligro inminente, llame al 911, vaya a una sala de emergencias u otra instalación médica. Los pensamientos turbulentos de autodestrucción pueden reducirse con el asesoramiento adecuado y, cuando sea necesario, con la medicación adecuada. Del mismo modo que una persona con diabetes a menudo necesita insulina y un asmático necesita un inhalador, las personas que padecen trastornos en la composición química cerebral necesitan un tratamiento médico adecuado para vivir una vida plena y significativa. Paul Meier, M.D. explica eso en detalle en su libro *Blue Genes: Breaking free from the chemical imbalances that affect your moods, your mind, your life, and your loved ones.* [Genes Azules: Liberándose de los desequilibrios químicos que afectan su estado de ánimo, su mente, su vida y a sus seres queridos].

Haili describe algunos de los dolorosos procesos de pensamiento que impulsaron sus equivocadas acciones. "Había lastimado a mi familia con tantas cosas que había hecho, que ya no quería lastimarlos mas. Por eso tome la decisión de que mi suicidio pareciera un accidente. Durante al menos un mes supe lo que iba a hacer, pero seguí buscando la ocasión perfecta. Un día, tiempo después de haber dejado a mi prometido tóxico, vi que un camión volquete se acercaba a una esquina y puse mi plan en acción. Para que pareciera un accidente, conduje directamente hacia ese camión volquete, generando una colisión frontal", recuerda Haili.

Trasladada en avión a un hospital de traumatología del condado, Haili estaba en coma, no medicamente inducido, sino en coma como resultado directo del grave traumatismo. Durante más de cuatro días Haili no respondió a ningún estimulo, su cerebro se inflamó tanto que tuvieron que ponerle un stent para liberar la presión. En el hospital, sus padres tuvieron que firmar un documento para que los médicos pudieran retirar lo que quedaba de su brazo después del accidente. Haili describe su primera respuesta antes de la cirugía. "Cuando mamá y papá entraron, mi mamá besó mi mejilla y una lágrima rodó por esa mejilla. Mi papá hizo lo mismo en el otro lado con el mismo resultado ". A sus padres les dijeron que probablemente no sobreviviría a la cirugía, pero si lo hizo.

Un día, durante la hospitalización de Haili, su madre fue a un supermercado local. Allí, Monty Wright notó la angustia de su madre y le preguntó: "¿Qué está pasando?" Sin darse cuenta de que era su hija Haili quien había estado en el terrible accidente reportado en las noticias. Ella preguntó si podía ir a ver a Haili al hospital.

Haili recuerda: "El día que salí del coma, sentí dolor en todas partes. Lo último que recuerdo haber pensado antes del accidente fue que me iba al infierno. Una mujer me dijo que había chocado de frente con un camión de basura y que me habían amputado; Yo no tenía idea de lo qué significaba haber sido amputada. Ella me dijo: "perdiste el brazo por encima del codo". Yo levanté lo que quedaba de mi brazo y me asusté. "¿Choqué contra un camión de basura y ahora soy un monstruo de un solo brazo?" No podía decirle a nadie cuál había sido realmente la razón de mi supuesto "accidente". Y comencé a planear: si no pude matarme con un camión volquete, me mataré con la pistola de mi padre cuando regrese a casa. En ese momento Dios comenzó a intervenir en mi vida. Me mantuvieron hospitalizada en rehabilitación durante un mes, algo que generalmente no sucede con personas a las que le han amputado el brazo".
"Monty Wright apareció junto a mi cama", dice Haili, "y me dijo que el era pastor. Yo estaba enojada porque este hombre estaba en mi habitación y porque quería hablarme sobre la fe. Todo lo que yo quería era morir. No me había podido matar con un camión de basura; ahora, de vuelta en el hospital, no podía usar el arma de mi papá. Luego, el pastor envió a una mujer, Stacey, a verme. Ella, una pastora laica de su iglesia, traía una revista People y una Biblia cada vez que venia y me preguntaba si quería hablar sobre la revista People o sobre la Biblia. Yo siempre elegía la revista. Stacey siempre preguntaba si podía orar por mi.

"Mi corazón estaba escuchando, incluso cuando yo no lo sabía. Una noche, acababa de salir de otro procedimiento quirúrgico y mi vía endovenosa falló, lo que significaba que no había medicamentos para el dolor. Aterrorizada por el dolor intenso que invadía mi cuerpo, hice la primera oración real de toda mi vida: "Dios, si eres quien Stacey dice que eres, necesito un milagro". En ese momento sentí una brisa fría que me invadió y me quedé dormida. Stacey llegó a la tarde siguiente, se lo dije y ella hizo un baile de celebración.

LOS PENSAMIENTOS TURBULENTOS DE AUTODESTRUCCIÓN PUEDEN REDUCIRSE CON CONSEJERÍA Y, CUANDO SEA NECESARIO, CON MEDICACIÓN ADECUADA.

Haili experimentó esperanza cuando comenzó a darse cuenta del amor que Dios siente por ella. Cuando le entregó su vida a Jesús, comenzó a sentirse segura de sí misma, consciente por primera vez de que realmente estaría con Él para siempre. "Sabiendo que soy suya, mi vida es maravillosa, a pesar de que tengo dolor físico todo el tiempo. Hasta incluso diez años después del accidente, todavía había heridas abiertas en mi pierna izquierda. Pero a pesar del dolor, nunca haré nada para que la muerte ocurra antes de tiempo, ahora espero volver a mi hogar en el cielo, donde algún día seré completa de nuevo ".

"Ahora vivo toda mi vida para Dios, para Jesús", exclama Haili. "He tenido mas de 100 cirugías y procedimientos, estoy discapacitada y no puedo trabajar. Amo a mi iglesia, Monty Wright es ahora mi pastor. La iglesia me permite venir y ser voluntaria cuando puedo. Pero mi trabajo de tiempo completo son las citas con el médico, las cirugías y los procedimientos ".

La vida de Haili ha sido transformada al encontrar significado y propósito a través de una relación con Jesucristo. "Es genial", dice ella. "Puedo ofrecer mis servicios de voluntaria muy a menudo. Creé una organización sin fines de lucros, Actos de Bondad al Azar (RAK Kidz), donde ofrecemos fiestas de cumpleaños para niños en hogares transitorios. Y ahora estoy casada con un hombre que conocí en CR [Celebrando la Recuperación], un ministerio donde mi

toma nuevas decisiones sanadoras

PARA SALIR DEL JUEGO DE LA VÍCTIMA, USTED PUEDE TOMAR NUEVAS DECISIONES SANADORAS.

"

PUEDE APRENDER A AVANZAR CON NUEVAS PERSPECTIVAS.

esposo Ralph y yo hemos servido juntos durante más de tres años. Ninguno de los dos tenía ningún interés en salir con nadie. Éramos amigos y nos enamoramos cuando fuimos a cenar para su cumpleaños". Al llegar a su casa después de la cena, su madre le preguntó por la cita. Haili respondió: "¡Acabo de tener mi primera cita con mi esposo!"

"Han pasado mas de 15 años en mi nueva vida con Dios y el Señor me ha dado el ministerio más asombroso en el campo médico. El siempre pone a alguien en mi camino que necesita escuchar las buenas noticias, alguien que necesita escuchar por qué tengo fe ". Haili agrega:" Todavía tengo enfermedad bipolar, pero ahora estoy bien medicada. Puedo sentir una gran variedad de emociones, desde alegría hasta tristeza, también paz y hasta incluso estar enojada ".

Si bien el dolor físico de Haili ha continuado, su sufrimiento espiritual y emocional han disminuido a medida que aprende continuamente a vivir como un Creador en lugar de vivir como una Víctima, viviendo más allá del control del trastorno bipolar, de los pensamientos destructivos y de las relaciones perjudiciales.

Los trastornos del espectro bipolar frecuentemente se presentan como cambios de humor. Con estos trastornos, los estados de ánimo pueden fluctuar desde la depresión severa hasta episodios maníacos con hiperactividad, insomnio o comportamientos extraños. No hay dos personas que experimenten el trastorno bipolar exactamente de la misma manera. Algunas personas permanecen deprimidas, otras fluctúan de un estado de ánimo a otro, otros toman riesgos extremos con su dinero, con sus comportamientos o en las actividades que realizan.

Independientemente de como se presenta el trastorno bipolar en la vida de una persona, es importante saber que es una condición genética. Según Paul Meier, M.D., aproximadamente 300 millones de personas en todo el mundo viven con trastornos del espectro bipolar. Muchos no están diagnosticados o no reciben tratamiento, lo que puede causar estragos no solo en sus propias vidas, sino también en las vidas de sus familias, de sus amigos o de sus socios comerciales.

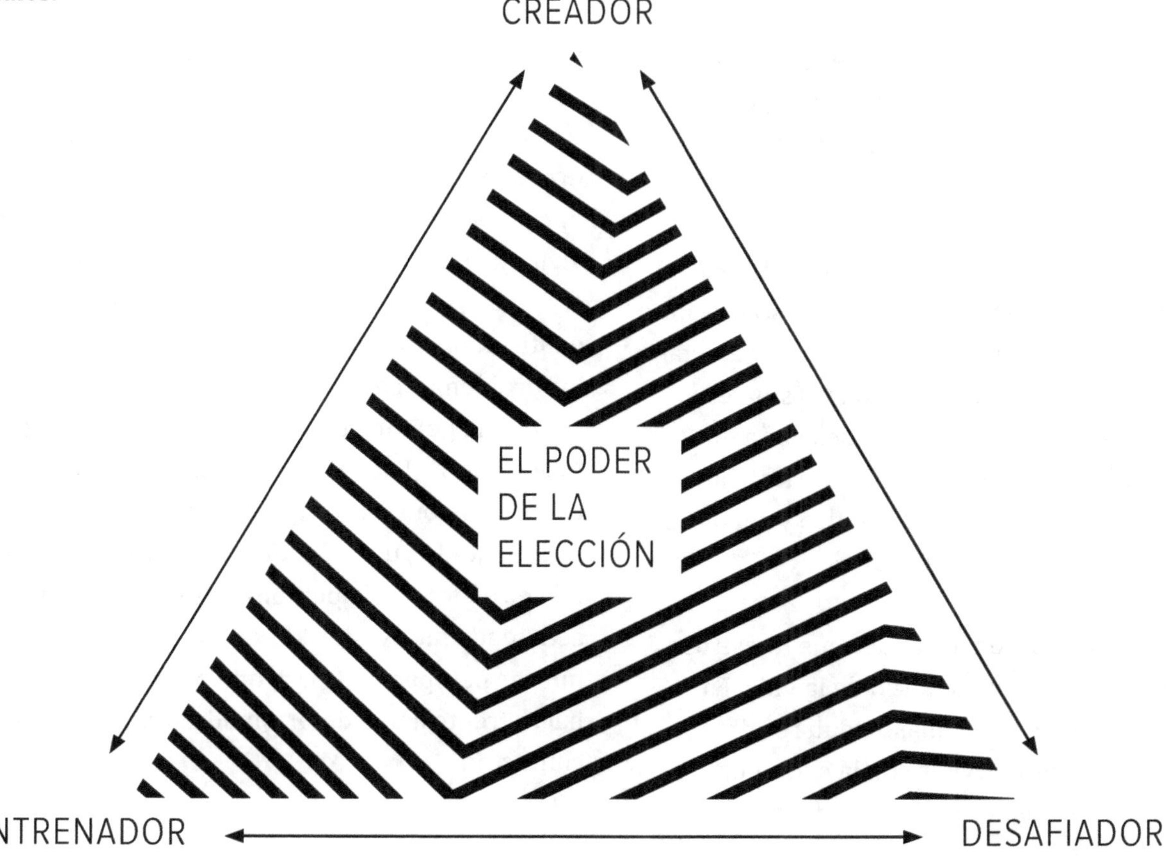

El Dr. Meier dice que las personas cuando son diagnosticadas generalmente preguntan: "¿Alguna vez volveré a ser normal?" Su respuesta generalmente es: "Espero que no". Continúa: "¡Usted puede ser mejor de lo normal!" Él dice: "En docenas de años de tratar a miles de personas con enfermedad bipolar, no hemos sabido de un solo caso que Dios haya elegido sanar. Pero una gran cantidad de estos pacientes están teniendo un gran impacto en el mundo para Cristo mientras toman medicamentos para equilibrar su balance químico cerebral" (pp. 124 y 197, *Blue Genes*).

Para cualquier persona experimentando trastornos neuroquímicos del funcionamiento de su cerebro, el resultado podría ser la desesperación. Si actualmente usted está experimentando emociones adormecidas o fuera de control, cambios de humor, ideas suicidas, aislamiento de otras personas, episodios maníacos o si se auto medica con drogas, alcohol, sexo u otras conductas adictivas, ¿por qué no consultar con un experto? ¿Por qué no buscar ayuda? Si usted o las personas cercanas a usted sienten que su balance químico puede estar desequilibrado, usted podría beneficiarse de buscar asistencia profesional para sus inquietudes.

Por favor lea *Blue Genes* [Genes Azules] del Dr. Paul Meier para obtener información adicional sobre como "liberarse de los desequilibrios químicos que afectan su estado de ánimo, su mente, su vida y a sus seres queridos". Luego, puede decidir si desea ver a un profesional médico como un psiquiatra para obtener ayuda específica con el estrés traumático y / u otras preocupaciones mentales o emocionales.

Hay una gran esperanza en aprender que nuestros cerebros pueden cambiar a lo largo de la vida. La investigación actual en neuroplasticidad resalta la verdad de que podemos vivir con la confianza de que *"Todo lo puedo en Cristo que me fortalece"* (Filipenses 4:13). Sin embargo, si a usted le faltan neuroquímicos esenciales, su lucha no se trata de un fracaso de fe, podría significar que los químicos de su cerebro necesitan ser ajustados, ya sea a través de medicamentos, dieta, ejercicio, pensamientos positivos o relaciones saludables, etc. Somos personas multifacéticas, somos seres emocionales, intelectuales, físicos, sociales y espirituales y es vital que aprendamos a descubrir sabiamente el equilibrio en todas las áreas de nuestra vida. En lugar de sentirse avergonzado o atrapado por un trauma, la ayuda profesional adecuada puede ayudarle a descubrir cómo comenzar a vivir la vida sobreabundante que Jesús prometió en Juan 10:10.

Nuevas Opciones de Vida

Para salir del Juego de la Víctima, usted puede tomar nuevas decisiones sanadoras y aprender a avanzar con nuevas perspectivas. En lugar de verse a usted mismo como una Víctima, puede aprender a verse como un Creador. Esta distinción ha sido ofrecida por David Emerald, autor de *The Power of TED* (*The Empowerment Dynamic)* [El Poder de LDE * (* La Dinámica de Empoderamiento)].

Una diferencia significativa entre una Víctima y un Creador es que un Creador se da cuenta de que tiene opciones y de que puede tomar decisiones sobre cómo vivir su vida. Una Víctima y un Creador pueden estar enfrentando problemas, miedos, preocupaciones o dificultades similares, pero el creador elige ver a los problemas como desafiadores en lugar de verlos como una persona o evento que lo está persiguiendo o "acechando". ¡Esta es una diferencia profunda! Además, en lugar de buscar a alguien (o algo) para que sea su Rescatador, un Creador encuentra un Entrenador, tal vez en forma de persona, libro, curso, grupo o actividad, que ayude al Creador a descubrir y a aplicar nuevas perspectivas para que pueda aprender a hacer frente a una determinada situación, problema o conflicto.

En otras palabras, un Creador cree que tiene la responsabilidad y la oportunidad de decidir qué hacer ante situaciones difíciles, personas difíciles y ante problemas genuinos. Cuando un Creador no sabe cómo abordar un problema o cuando quiere aprender nuevas formas de crecer, encuentra un "Entrenador" para que lo acompañe, con la suposición implícita de que el creador es un ser humano capaz de tomar decisiones acertadas, sin importar cuán difícil sea la situación o la preocupación.

El papel de un Entrenador es muy diferente al del Rescatador. En lugar de hacer por un individuo lo que este puede hacer o aprender a hacer, un Entrenador ayuda al Creador a crecer y hacer frente a una situación, a un problema o a una preocupación. El proceso de crecimiento de una persona puede involucrar varios entrenadores, cada uno de los cuales demuestra respeto por el creador al darle su aporte, pero no asumiendo su vida.

Un Entrenador ayuda al Creador a ver que vivir con desafíos es una parte positiva de la vida y del crecimiento, cada vez que los desafíos se presentan en cualquiera de sus formas, ya sea como incidentes traumáticos, como personas, circunstancias, eventos u otras preocupaciones tangibles. Un Creador aprende a ver a los desafíos como catalizadores para el cambio y para el crecimiento, en lugar de verlos como Perseguidores que producen incapacidad, derrota y miseria. Una búsqueda en Internet, un viaje a la biblioteca, la participación en un estudio bíblico, participar en un gimnasio, en un grupo de música o en un club de lectura, o una llamada a un amigo podrían brindar información positiva para un creador.

Si usted se identifica en el papel de Víctima y siente que no tiene un solo amigo, este es un momento maravilloso para que usted decida convertirse en una persona que puede hacer y mantener amigos. Con el entrenamiento y con los estímulos adecuados, usted puede pasar de Víctima a Creador. Desde participar en grupos de crecimiento a través de organizaciones comunitarias, iglesias y otras áreas de la sociedad, hasta leer algunos de los miles de libros disponibles, usted puede encontrar formas específicas de expandir su mundo. Leer la Biblia puede ayudarle a tener sabiduría para saber qué hacer, a dónde ir o qué leer.

En el primer libro de la Biblia, Dios estableció el rol del Creador al establecer que *Dios creó al ser humano a su imagen; lo creó a imagen de Dios. Hombre y mujer los creó, y los bendijo con estas palabras: «Sean fructíferos y multiplíquense; llenen la tierra y sométanla; dominen a los peces del mar y a las aves del cielo, y a todos los reptiles que se arrastran por el suelo».* (Génesis 1:27-28, NVI). A veces denominado el "Mandato de Dominio", este pasaje describe a cada ser humano como creado notablemente en la imagen de Dios para someter, gobernar o administrar un dominio específico. Una Víctima se rinde, cede o deja que otros tomen control o decidan por él o ella, mientras que un Creador cree que hay un propósito para su existencia. Revise el Salmo 139 para recordar su increíble valor y diseño.

Cada uno de nosotros tiene opciones sorprendentes cuando consideramos que las dificultades de la vida son desafíos, en lugar de Perseguidores que debilitan o nos dejan en derrota. Aceptar los desafíos como parte de la vida, abre su mente para que pueda descubrir nuevas formas de enfrentar cada desafío, en lugar de darse por vencido o de sentir que no hay forma de enfrentarlo.

El poeta inglés John Milton dijo: "La mente es un lugar característico, en sí misma puede crear el cielo en el infierno y puede hacer un infierno del cielo". Describa cómo la declaración de Milton se aplica a los conceptos de víctima y creador.

____

____

Yo les he dicho estas cosas para que en mí hallen paz. En este mundo afrontarán aflicciones, pero ¡anímense! Yo he vencido al mundo.

JUAN 16:33

Describa varias diferencias entre los roles en el Juego
de la Víctima (Triángulo de Karpman) y el Triángulo de
la Elección.

Compare y haga un contraste entre los roles de Víctima
y de Creador.

Compare y haga un contraste entre los roles de
Rescatador y de Entrenador

Compare y haga un contraste entre los roles de
Perseguidor y Desafiador

¿Está usted viviendo actualmente como una Víctima o
como un Creador? ¿Cómo preferiría vivir?

DÍA CUATRO
Viviendo en Paz

Jesús dijo estas palabras a sus discípulos: *Yo les he
dicho estas cosas para que en mí hallen paz. En este
mundo afrontarán aflicciones, pero ¡anímense! Yo he
vencido al mundo.* (Juan 16:33, NVI).

Al pensar en las palabras de Jesús, ¿qué elecciones
tomara hoy para vivir como una persona Victoriosa en
lugar de una Víctima?

DESARROLLAR UN SENTIDO DE INTEGRIDAD Y DE RESPETO HACIA LOS DEMÁS REQUIERE TOMAR DECISIONES CONSISTENTES DE VICTORIOSO / CREADOR A LO LARGO DE LA VIDA.

Describa un Entrenador que puede ayudarle a vivir como un Creador:

____

____

____

El pensamiento de Víctima es a menudo evidente en películas y en programas de televisión en donde se burlan de las personas, le faltan el respeto a los valores o al bienestar de los demás. Para desarrollar elecciones positivas en los hábitos de ver televisión o películas, considere esto: ¿las personas que estoy viendo en la televisión o en las películas presentan valores consistentes con la Palabra de Dios? ¿Son personas a las que invitaría a mi casa para enseñarme a mí, a mi familia o a mis amigos cómo vivir? ¿Están sus ideas construyendo a la humanidad o destruyéndola?

Desarrollar un sentido de integridad y respeto hacia los demás requiere tomar decisiones consistentes de Creador a lo largo de la vida. ¿Qué elecciones tomará hoy para demostrar respeto hacia los demás?

____

____

____

El continuar viviendo como Creador durante toda la vida puede ayudarle a evitar lo que se conoce como "el magnetismo de la mediocridad". El Dr. Joseph McFadden describió al magnetismo de la mediocridad como lo que sucede cuando las personas que no quieren sobresalir intentan hacer para traer a otras personas a su nivel. Él dice que las personas que consiguen un trabajo y se presentan a trabajar todos los días se encuentran en el 50% superior de la lista de todos los trabajadores. McFadden dice que aquellos que "deciden hacer más de lo que se espera de ellos, aquellos que tienen un sentido de visión y de responsabilidad y hacen lo que NECESITAN hacer más allá de lo que se les exige por contrato ... se encuentran en el 10% superior de todos los trabajadores!

YO LES HE DICHO ESTAS COSAS PARA QUE EN MÍ HALLEN PAZ. EN ESTE MUNDO AFRONTARÁN AFLICCIONES, PERO ¡ANÍMENSE! YO HE VENCIDO AL MUNDO. (JUAN 16:33)

El Dr. McFadden dice que nuestros principales problemas provienen de aquellas personas "que no han hecho ni tienen la intención de comprometerse con la excelencia. Estos "niveladores" intentarán llevarte a su nivel. ¡El 10% superior hace que la mayoría de los trabajadores sobresalgan! La presión proveniente de la mayoría, es decir, de los niveladores, es lo que denomino el "magnetismo de la mediocridad". ¡Cuidado con los niveladores! ", Insta el Dr. McFadden. Él dice: "Hay una poderosa fuerza magnética hacia el centro, hacia la mediocridad".

Describa las formas en que notó o experimentó el "magnetismo de la mediocridad", empujándolo hacia varios efectos de su trauma.

____

____

____

____

Filipenses 3:14 (NVI) ofrece una alternativa para la mediocridad: *sigo avanzando hacia la meta para ganar el premio que Dios ofrece mediante su llamamiento celestial en Cristo Jesús.*

Al pensar en el objetivo superior que Dios ofrece en Filipenses 3:14, ¿se comprometerá usted a seguir creciendo y aprendiendo durante toda su vida? Sí. _____ No._____ Si su respuesta es "sí", escriba cómo evitará continuamente a los "niveladores" como circunstancias, personas o eventos, al elegir vivir como un Creador.

____

____

____

____

DÍA CINCO

Imagine la Transformación

Al comienzo de este capítulo, le animé a decir: "¡Soy un VENCEDOR!" ¿Se ve más como un Vencedor ahora que antes? Los sinónimos de la palabra "vencedor" incluyen "victorioso, conquistador, campeón, triunfador y ganador". Usted, en Cristo, es más que un vencedor (revise Romanos 8:37).

Al darse cuenta de que puede vivir como un Creador ahora y por el resto de su vida, usted puede enfocarse repetidamente en la sanidad, imaginando un futuro positivo y esperanzador. La aplicación de nuevos patrones de pensamiento puede ayudarle a ir más allá de las heridas de su núcleo hacia nuevas formas de vida.

Dios tiene planes de bien para su vida. No permita que sus creencias sobre su futuro sean limitadas por su pasado o incluso por la perspectiva distorsionada acerca de lo que el mundo considera que es bueno. Cada cultura enfatiza diferentes características relacionadas con la belleza, cada cultura tiene diferentes estándares socioeconómicos, cada cultura tiene sus propios defectos y formas. Pero donde quiera que se encuentre en el mundo, la suma total de su existencia terrenal se describe en las Escrituras como una "niebla que se desvanece" o un "vapor". A pesar de la brevedad de nuestras vidas terrenales, los escritores del Nuevo Testamento, Santiago y Pedro, nos exhortan a que consideremos nuestra existencia llena de propósito eterno.

¡Y eso que ni siquiera saben qué sucederá mañana! ¿Qué es su vida? Ustedes son como la niebla, que aparece por un momento y luego se desvanece. Más bien, debieran decir: «Si el Señor quiere, viviremos y haremos esto o aquello». (Santiago 4:14-15, NVI)

¡Qué Dios tenemos! ¡Y qué afortunados somos de tenerlo, el Padre de nuestro Maestro Jesús! Debido a que Jesús resucitó de entre los muertos, se nos ha dado una vida completamente nueva y tenemos todo lo necesario para vivirla, incluido un futuro en el cielo, ¡y el futuro comienza ahora! Dios está cuidando detalladamente de nosotros y de nuestro futuro. Llegará el día en que lo tendrás todo: una vida sana y restaurada. Sé lo bien que esto te hace sentir, a pesar de que tienes que soportar todo tipo de molestias mientras tanto. El oro puro puesto en el fuego sale probado puro; La fe genuina puesta a través del sufrimiento sale probada como genuina. Cuando Jesús finalice todo, es tu fe, no tu oro, lo que Dios exhibirá como evidencia de su victoria. Nunca lo viste, pero lo amas. Todavía no lo ves, pero confías en él, con risas y cantos. Debido a que seguiste creyendo, obtendrás lo que estás esperando: la salvación total. (1 Pedro 1:3-9, El Mensaje)

Imagine y describa los beneficios positivos de confiar en Dios para que Él lo guíe hacia su diseño creativo para cada día.

____

____

____

____

____

Dios promete esperanza para su futuro. *Porque yo sé muy bien los planes que tengo para ustedes —afirma el Señor—, planes de bienestar y no de calamidad, a fin de darles un futuro y una esperanza. Entonces ustedes me invocarán, y vendrán a suplicarme, y yo los escucharé. Me buscarán y me encontrarán cuando me busquen de todo corazón.* (Jeremías 29:11-13, NVI)

Escriba una oración de acción de gracias en respuesta a Dios.

____

____

____

____

____

____

____

____

____

____

____

____

CAPÍTULO CINCO

Cuando MID Erosiona la Competencia

El enfoque de esta semana es la Competencia, otra área del núcleo afectada por el trauma. Todas las personas luchan con sentirse incompetentes en algún momento de sus vidas, cuando no reciben una promoción laboral, cuando son traicionados por un amigo, cuando un curso parece demasiado difícil de completar o después de que una relación se termina. La lucha que enfrentamos al tratar de sentirnos competentes en el centro de nuestro núcleo, es diferente a los desafíos circunstanciales y relacionales que experimentamos. Es una sensación permanente de sentirse menos que los demás, es la creencia de que uno no es inherentemente tan valioso o capaz como las personas con educación, con fortalezas o con habilidades similares.

> OBJETIVO DE SANIDAD DE NÚCLEO: DESARROLLAR CREENCIAS QUE RESULTEN EN UNA AUTOESTIMA Y UNA COMPETENCIA ACORDE A LA VERDAD DE DIOS.

Ejercicio de Conexión a Tierra: al comenzar la lección de esta semana usted podría tomarse unos minutos para escuchar música reconfortante, como "Muéstrame" de Audrey Assad (una porción de sus letras se presenta a continuación, de Sparrow Records):

Podrías plantarme como un árbol al lado de un río
Podrías enredarme en el suelo y dejar que mis raíces corran salvajemente
Y florecería como una flor en el desierto.
Pero por ahora solo déjame llorar
Déjame enfrentar las corrientes salvajes que fluyen hacia el mar
Y voy a desaparecer en una belleza más profunda.
Pero por ahora solo quédate conmigo Señor, por ahora solo quédate conmigo.

DÍA UNO
El Rol de MID en la Erosión de la Competencia

Cuando el trauma sacude la vida con ondas de confusión, esto puede dar lugar a una abrumadora sensación de impotencia, iniciando el erosivo trío de MID caracterizado por Miedo, Incertidumbre y Duda. Incluso en áreas donde alguna vez se sintió competente, los sentimientos de incompetencia casi inexplicables pueden invadir la vida en el trabajo, en la escuela o en el hogar. Cuando las emociones dolorosas provocan dudas paralizantes, los sobrevivientes de trauma a menudo intentan silenciar la confusión resultante con drogas, actividades y diversos mecanismos de defensa, como la negación. El problema con cualquier intento de silenciar las emociones complejas es que el dolor que están tratando de expresar todavía está ahí. Hasta que se produzca la sanidad, especialmente cuando surgen otros factores estresantes en la vida diaria, el dolor emocional ignorado puede aparecer incluso como enfermedades físicas, trastornos emocionales o como variados comportamientos ineficaces.

Podemos entrenarnos para ver a las emociones como indicadores de cosas que debemos identificar. Por ejemplo, la ansiedad podría ser un recordatorio de la necesidad de vivir en el presente en lugar de en el futuro, o podría indicar que usted ha experimentado un evento traumático severo y que necesita moverse consciente y repetidamente al sistema nervioso parasimpático "frío" (vea el capítulo uno) en lugar de vivir bajo el dominio del sistema Simpático impulsado por el trauma.

EL TRAUMA PUEDE DESENCADENAR EL TRÍO DE MID: MIEDO, INCERTIDUMBRE Y DUDA.

Muchas veces, la depresión indica que usted se está centrando en el pasado en lugar de vivir en el presente, posiblemente incluso usted esta atrapado en el dolor de una pérdida profunda. Jesús dice *dichosos los que lloran, porque serán consolados* (Mateo 5:4, NVI). ¿Se ha permitido lamentar su pérdida, ya sea de una persona, de su salud o de cualquier otra cosa? Después de eso, para poder ir más allá del dolor, es vital que usted acepte el regalo de paz y el consuelo de Dios. [Vea Isaías 26: 3; Salmo 46: 1] ¿Cómo podría permitir que Jesús lo consuele en sus pérdidas?

____

____

____

____

____

[Si usted no está seguro de cómo transitar por la vida en medio de la magnitud de la pérdida de un ser querido o de un amigo, usted puede reunirse con un pastor, un consejero o un grupo para obtener apoyo [GriefShare es un grupo de apoyo que está disponible en cientos de ubicaciones].

Considere que impacto, si es que tiene alguno, MID esta generando en su vida en la actualidad. Tómese unos minutos para describir lo que cree que sus emociones están tratando de decirle.

____

____

____

____

A veces, la presencia de MID indica la necesidad de modificar su estilo de vida, tal vez en el área de la dieta, del ejercicio, del manejo de sus pensamientos o de alguna otra cosa. Es importante que usted preste atención a lo que le dicen sus emociones. Después de que el estrés traumático ocurre, el silenciar las advertencias legítimas de sus emociones podría retrasar su proceso de sanidad.

Después de haber presenciado o experimentado un trauma, observe si alguna de estas preocupaciones persiste: ansiedad o terror desestabilizador, sensaciones de asfixia que son tan intensas que siente que no puede respirar o comer, dolores en el pecho, días y noches que se colapsan en una sensación de fatalidad inminente, insomnio severo, entumecimiento repetitivo en los dedos u otras extremidades, depresión debilitante, ideación suicida o trastornos alimenticios. Si se encuentran presentes, programe una evaluación profesional con un médico y / o profesional de salud mental.

Tener una evaluación médica no significa darse por vencido. En cambio, se trata de evaluar cuidadosamente su mente y su cuerpo y de saber que usted es lo suficientemente valioso para que sus necesidades sean satisfechas. Un psiquiatra o médico puede ayudarle a determinar con cuidado si la medicación es indicada para usted y puede ayudarle a discernir la presencia de desequilibrios neuroquímicos, etc. Aquellas personas que sí necesitan medicación, también pueden beneficiarse de reunirse con un consejero para aprender a cómo manejar problemas fundamentales como lo son la ansiedad o la depresión. Si sus inquietudes son lo suficientemente graves como para justificar la participación de un profesional, por favor no se evalúe a usted mismo, ¡por favor encuentre a alguien capacitado para que le pueda ayudar!

Para avanzar, usted puede mirar más allá de lo que alguna vez conoció como normal y buscar un nuevo tipo de vida saludable. Esto incluye encontrar el equilibrio en la vida emocional, física, mental, espiritual y social. Usted puede desarrollar continuamente habilidades que lo ayuden a ir más allá de las ramificaciones del trauma.

Para alejarse del traicionero trío de MID:

1. Paso uno: **reconozca** cada momento que MID busca su atención generando turbulencias no deseadas en su mente, en sus emociones o en su cuerpo.
2. Paso dos: **elija inmediatamente pensamientos sanadores** tan pronto el miedo, la incertidumbre y la duda comienzan a infiltrarse en su mente. [Si no está seguro de cómo elegir nuevas ideas, revise

el segundo día del capítulo dos]. Usted puede aprender a manejar sus emociones, su cuerpo y su mente, pero deberá mantenerse alerta frente a lo que el Dr. Daniel Amen llama "PNA" (pensamientos negativos automáticos). Solo usted puede prevenir una infestación por alguna de estas plagas mortales.

Usted puede comenzar a dudar de sus dudas en lugar de creerlas, saliendo constantemente de la casa de MID hacia una nueva conciencia del valor que usted tiene. A medida que nos entregamos a Él, Dios mismo *nos hace competentes: No es que nos consideremos competentes en nosotros mismos. Nuestra capacidad viene de Dios. Él nos ha capacitado para ser servidores de un nuevo pacto, no el de la letra, sino el del Espíritu; porque la letra mata, pero el Espíritu da vida.* (2 Corintios 3:5-6, NVI).

SI USTED SE ENTREGA FÍSICAMENTE POR COMPLETO, SE CANSARÁ. CUANDO USTED SE ENTREGA ESPIRITUALMENTE, OBTIENE MÁS FUERZAS. DIOS NUNCA DA FUERZAS PARA MAÑANA O PARA LA PRÓXIMA HORA, SINO SOLO PARA LA NECESIDAD DEL MOMENTO (OSWALD CHAMBERS).

En lugar de quedar atrapado en emociones congeladas y adormecidas, usted puede permitir que Dios le ayude a sentirse con seguridad para que pueda sanar profundamente. ¿Cómo se ve a usted mismo después de leer 2 Corintios 3: 5-6? ¿Y a qué lo está llamando Dios?

____

____

____

Cualquier persona que se haya sentido incompetente después de enfrentar un trauma puede reemplazar los sentimientos de incompetencia con un nuevo reconocimiento de su valor personal. En lugar de quedar atrapado en un patrón interminable de culpa falsa, usted puede seguir adelante. Describa cómo se vería esto en su vida:

____

____

____

____

Para el soldado que fue el único sobreviviente cuando todos sus compañeros murieron, en lugar de vivir bajo la abrumadora sensación de falta de valor, vergüenza o culpa, se tata de descubrir que la vida tiene sentido, esperanza y valor ahora. Se tata de ganar conciencia de que su presente no está definido por lo que sucedió en el pasado.

Para la hermana que no pudo evitar que su propio abusador molestara a un hermano menor, la desesperanza se puede transformar en esperanza para el día de hoy y una nueva vida para el mañana. En lugar de permitir que las mentiras burlonas de la culpa falsa sigan destruyendo su vida, se trata de reconocer que Dios puede liberar a las personas del cruel control de ese tirano.

¿Qué identifica en los siguientes versículos sobre cómo descubrir una nueva esperanza?

¿Por qué voy a inquietarme? ¿Por qué me voy a angustiar? En Dios pondré mi esperanza, y todavía lo alabaré. ¡Él es mi Salvador y mi Dios! (Salmo 42:11 NVI).

Usted puede comenzar a dudar de sus dudas.

Yo soy la puerta; el que entre por esta puerta, que soy yo, será salvo. Se moverá con entera libertad, y hallará pastos. El ladrón no viene más que a robar, matar y destruir; yo he venido para que tengan vida, y la tengan en abundancia. (Juan 10:9-10 NVI).

____

____

____

____

____

La verdadera culpa, mejor conocida como convicción, no es nuestro trabajo, es el trabajo de Dios realizado a través de su Espíritu Santo. Cuando Jesús estaba preparando a sus discípulos para su muerte y posterior resurrección, el explicó, *les digo la verdad: Les conviene que me vaya porque, si no lo hago, el Consolador no vendrá a ustedes; en cambio, si me voy, se lo enviaré a ustedes. Y, cuando él venga, convencerá al mundo de su error en cuanto al pecado, a la justicia y al juicio; en cuanto al pecado, porque no creen en mí* (Juan 16:7-9, NVI).

PUEDE COMENZAR A DUDAR DE SUS DUDAS.

Dios no solo nos ayuda a identificar nuestras actitudes y acciones pecaminosas, sino que también nos limpia de ellas. Él nos instruye a confesar primero nuestros pecados, lo que simplemente significa estar de acuerdo con Dios en que estaban equivocados, ya sea que fueran perjudiciales para nosotros o para otra persona. *Si confesamos nuestros pecados, Dios, que es fiel y justo, nos los perdonará y nos limpiará de toda maldad. Si afirmamos que no hemos pecado, lo hacemos pasar por mentiroso y su palabra no habita en nosotros* (1 Juan 1:9-10, NVI).

Fue la muerte de Jesús en la Cruz la que pagó por nuestros pecados y es por eso que ya no tenemos que llevar la carga de ellos. El ya lo hizo. Y es aquí donde la culpa falsa y la "culpa real" o la convicción toman caminos diametralmente diferentes. La convicción lleva al cambio y al crecimiento, logrado en la fuerza y en el poder de Dios. La falsa culpa, por otro lado, nos obliga a permanecer en una cinta caminadora de angustia sin fin. Si usted se encuentra en ese tipo de viaje, puede bajarse inmediatamente de la "cinta caminadora", confiando en aquel que lo ama tanto que murió por usted.

Porque tanto amó Dios al mundo que dio a su Hijo unigénito, para que todo el que cree en él no se pierda, sino que tenga vida eterna. Dios no envió a su Hijo al mundo para condenar al mundo, sino para salvarlo por medio de él. El que cree en él no es condenado, pero el que no cree ya está condenado por no haber creído en el nombre del Hijo unigénito de Dios (Juan 3:16-18, NVI).

Muchos sobrevivientes de trauma descubren que obtener una revelación del amor de Dios les ayuda a descubrir su valor y a construir confianza. Sin embargo, la dificultad de esto es que a menudo es difícil para los sobrevivientes de toda clase de estrés traumático poder confiar en alguien, especialmente en Dios.

La incapacidad de confiar, a menudo puede ocurrir como resultado directo de la interrupción que el estrés traumático causó en el proceso de desarrollo. No poder confiar en nadie (ni siquiera en usted mismo), no sentirse digno o creer que usted no le gusta a los demás o no lo respetan, podría ser el resultado directo del trauma que ha experimentado. Por lo tanto, es importante identificar la relación de sus emociones con el trauma pasado o presente y comenzar a elegir activamente pensamientos que le ayuden a desarrollar un sentido saludable de autoestima y de competencia ahora en el presente.

Describa una situación en la que haya experimentado sentimientos de incompetencia o de impotencia.

____

____

____

¿Puede recordar la primera vez que experimentó este

tipo de emoción? Explique.

____

____

____

¿Alguna vez alguien le ha tratado con imprudencia y sin respeto, ya sea hablándole o actuando groseramente con usted, como si de alguna manera usted valiera menos que las demás personas? Sí____ No____ Si es así, describa lo que sucedió:

____

____

Escriba cualquier nombre cruel o vergonzoso que recuerde que otras personas le han llamado. (Ser intimidado emocionalmente es una forma de estrés traumático).

____

____

Aunque no podemos obligar a otras personas a tratarnos con amabilidad, nosotros podemos tratarnos amablemente a nosotros mismos. ¿De qué manera puede usted establecer un límite que ayude a contener la falta de respeto de los demás?

____

____

Encierre con un círculo cualquier palabra que puede usar para describirse a usted mismo, que le ayudaría a vivir de una nueva manera ahora en su vida.

LLENO DE ESPERANZA CAPAZ AMABLE

COMPASIVO GENEROSO CONSIDERADO ATENTO

HIJO DE DIOS AMADO DESEADO

HECHO NUEVO PERDONADO ESCOGIDO

AMOROSO PROTEGIDO CONSOLADO FIEL

PERSEVERANTE DETERMINADO DILIGENTE

ES IMPORTANTE IDENTIFICAR LA RELACIÓN DE SUS EMOCIONES CON EL TRAUMA PASADO O PRESENTE Y COMENZAR A ELEGIR ACTIVAMENTE NUEVAS CREENCIAS QUE NO ESTÉN CONDICIONADAS POR EL TRAUMA.

DÍA DOS
Descubriendo la Verdad

Lea el Salmo 139 y busque palabras o frases que describan el amoroso diseño que Dios ha hecho en usted. Escriba el punto de vista de Dios sobre usted en la columna "La opinión de Dios sobre mí". Registre su respuesta al diseño que Dios hizo de usted en "Mi respuesta al amor de Dios".

VERSO	LA OPINIÓN DE DIOS SOBRE MI	MI RESPUESTA AL AMOR DE DIOS

Pues somos la obra maestra de Dios. Él nos creó de nuevo en Cristo Jesús, a fin de que hagamos las cosas buenas que preparó para nosotros tiempo atrás. (Efesios 2:10, NTV).

MID INTERRUMPIDO

En la siguiente historia, donde se presenta la experiencia traumática de una familia, usted sentirá su angustia y notará también sus respuestas cuidadosamente elegidas después de una horrible tragedia. Esta historia ilustra el impacto del trauma tanto en las personas que lo experimentaron directamente, como en la vida de quienes los conocen y los aman. Si bien su historia podría haber tenido un final diferente, un final en el que todos los miembros de la familia experimentaron el trastorno de estrés postraumático [TEPT], esto no fue lo que sucedió.

El Manual Diagnóstico y Estadístico de los Trastornos Mentales [DSM-5] describe varios factores contribuyentes para el desarrollo de TEPT, que usted reconocerá fácilmente en la narración que se presenta a continuación: Exposición a muerte real o a una amenaza de muerte, lesiones graves o violencia sexual en una (o más) de las siguientes formas:

1. Experimentar directamente los eventos traumáticos.

2. Presenciar en persona, los eventos traumáticos que le ocurrieron a otras personas.

3. Enterarse y descubrir los eventos traumáticos que le ocurrieron a un familiar cercano o amigo cercano.

El 16 de enero del 2017 la familia Henderson (sus nombres han sido cambiados) no tenía idea de cuánto un día podría cambiar sus vidas. Carlos Henderson es un padre compasivo que siempre ha estado atento en proteger y cuidar a su única hija. María, la hija de Carlos, es una estudiante de secundaria talentosa, segura y madura. Su historia de trauma comenzó poco después de que María llegó al aeropuerto internacional de Fort Lauderdale-Hollywood para emprender un viaje con su clase que había sido esperado por mucho tiempo. Aquí, María y Carlos cuentan lo que sucedió ese día con sus propias palabras:

María: "Entré en el baño muy alegre, sin pensar en los eventos que pronto ocurrirían y alterarían mi vida para siempre.

La conversación de las personas que estaban en el baño fue rápidamente interrumpida por gritos de terror penetrantes, que todavía resuenan claramente en mi mente hoy. Las personas corrían frenéticamente, lloraban histéricamente y se escondían mientras esperaban y oraban por su seguridad. El sonido de la alarma aumentó mi pánico mientras ahogaba el sonido de mis propios pensamientos. Me sentí paralizada por el miedo, mientras mi amiga y yo nos agachamos alrededor de un inodoro, sabiendo muy bien que las endebles paredes de metal del baño no podrían salvarnos.

Estábamos en medio de un tiroteo y los minutos parecían horas mientras mi amiga y yo esperábamos ansiosamente en el baño. Después de unos quince minutos, los gritos disminuyeron y tuve la sensación de que estábamos solos y de que necesitábamos salir del baño. De repente, un guardia de seguridad entró en el baño y nos gritó que corriéramos. Corrimos por nuestras vidas a través de una terminal vacía. Era un laberinto de equipaje y objetos personales esparcidos al azar por el suelo. Cuando salí de la terminal hacia la calle, las lágrimas comenzaron a fluir. Hasta que logramos salir, sentí que estaba en una trampa mortal y no tuve tiempo para liberar mis emociones. Salir me dio un rayo de esperanza de que viviría y de que volvería a ver a mi familia.

Cuando comenzamos la larga caminata hacia el otro lado del estacionamiento, dos amables desconocidos vieron nuestro estado de temor y nos rodearon con sus brazos e hicimos esa terrible caminata juntos. En un momento, tuvimos que caminar en una sola fila con nuestras manos en el aire mientras los policías apuntaban sus armas hacia nosotros en busca del tirador. Después de que un policía me tirara al piso con una palmada agresiva, finalmente vi al grupo de estudiantes con el que estábamos viajando y pude unirme a ellos. El 16 de enero de 2017 estuve en el tiroteo masivo que dejó cinco muertos y seis heridos en el aeropuerto de Fort Lauderdale.

Cuando llegué a casa y me reuní con mi familia, no podía evitar la sensación de agitación dentro de mi estómago y de temblor en todo mi cuerpo. Me sentía vulnerable y asustada, estaba traumatizada. Mis padres me llevaron a ver a una consejera al día siguiente del evento. Al principio yo estaba reacia a la idea, no quería revivir el trauma al hablar sobre lo sucedido y sentía que yo debía ser capaz de manejar la ansiedad por mi cuenta.

La experiencia que tuve con mi consejera me cambió la vida. Para empezar, aprendí que buscar ayuda no es una señal de debilidad, sino una señal de coraje. Más importante aún, aprendí cuán poderosa es mi mente y que tengo la capacidad de controlar mis pensamientos y mis miedos. El trauma que experimenté se convertiría en parte de mi vida, pero eso no me definiría. Mi consejera me dio herramientas prácticas para combatir mi ansiedad y finalmente convertir mis debilidades en fortalezas.

EL TRAUMA QUE EXPERIMENTÉ SE CONVERTIRÍA EN PARTE DE MI VIDA, PERO NO ME DEFINIRÍA (MARÍA).

Experimentar un trauma severo y aprender a enfrentar las consecuencias mentales de tal evento, no se han llevado el temor de mi vida. En cambio, he aprendido que el miedo, sin importar la causa, es parte de la vida y es importante aprender a cómo superarlo y a prosperar en medio de él. Aprendí a ser resistente mentalmente y esta es una habilidad que usaré en todos los aspectos de mi vida. Desearía no haber estado en ese aeropuerto aquel día. Desearía no tener que enviarle mensajes desgarradores a mi padre. Sin embargo, debido a todas estas cosas terribles, hoy soy más fuerte que nunca. Un mes y medio después del tiroteo en el aeropuerto, fui capaz de volar desde el aeropuerto de Fort Lauderdale en otro viaje, esta vez para una conferencia académica en Boston. ¡Y estuve tranquila!

Carlos (Padre de María): "Estaba escuchando un programa de noticias en la radio mientras salía de mi vecindario para recoger el almuerzo. El locutor dijo que estaban recibiendo reportes de una estación local de que había un tiroteo en un aeropuerto. Mis oídos se enfocaron porque mi hija estaba en un aeropuerto ese día viajando fuera del país con su clase. Recuerdo haberme dicho a mí mismo que no debía preocuparme ni asustarme. ¿Cuáles eran las probabilidades de que, de todos los aeropuertos en este país, estuvieran hablando de aquel desde donde ella viajaría? Unos segundos después escuché las letras de la estación local de WPBT.

Estaban hablando del aeropuerto donde estaba mi hija.

Cuando volví corriendo a la casa, mi esposa ya estaba hablando por teléfono con ella. Intentamos asegurarle que lo peor ya había pasado, que el tirador había sido detenido, pero estábamos equivocados.

Estaba siguiendo las noticias en la televisión, cuando de repente mi hija me envió un mensaje de texto: "Papá, ora por mí, hay un segundo tirador ". En ese momento, las noticias comenzaron a mostrar a miles de personas saliendo desde todas las terminales. El locutor dijo que había reportes de un segundo tirador. Mi hija, en ese momento, me envía un mensaje de texto diciendo que estaba separada del grupo y que se estaba escondiendo con una amiga en el baño. Ella me preguntó si debía salir corriendo o permanecer escondida. Yo estaba en agonía, no sabia qué decirle. Sus mensajes de texto de pronto se detuvieron y no pude contactarla.

Yo temblaba sin control, me encontraba a 25 millas del aeropuerto y necesitaba llegar a ella de alguna manera. Sabía que no estaba en condiciones de conducir y no sabía qué tan cerca la policía me permitiría llegar al aeropuerto. Llamé a un amigo para que se apresura a mi casa y me llevara al aeropuerto. Durante ese viaje, mi hija frenéticamente me enviaba mensajes de texto y de repente se quedó en silencio. Después de casi 30 minutos, me enteré de que ella había salido de la terminal y ahora estaba a salvo con sus compañeros y lejos de la amenaza.

Todavía puedo ver a mi hija cruzando la cinta amarilla del crimen policial y derrumbándose en mis brazos. Ella estaba físicamente segura. Sin embargo, su madre y yo estábamos profundamente preocupados por su bienestar mental. No era necesario un profesional para comprender que ella estaba traumatizada, pero sabíamos que se necesitaría de un profesional para ayudarle a recuperarse. Pocas horas después de que la lleváramos a casa, contacté a Marti Wibbels, una especialista certificada en trauma. En menos de 24 horas, mi hija tuvo su primera sesión de consejería.

La Sra. Wibbels me permitió asistir a la primera sesión con mi hija. Muchas lágrimas se derramaron y muchos temores se expresaron. Durante esta primera sesión, la Sra. Wibbels nos explicó las razones biológicas y psicológicas de las emociones de mi hija. Luego comenzó a darle herramientas de comportamiento a mi hija para hacer frente y reducir las manifestaciones físicas del trauma. En una sesión posterior, mi hija también participó en la terapia DRMO [desensibilización y reprocesamiento por medio del movimiento ocular] con la Sra. Wibbels. Si bien dejaré que los profesionales expliquen la teoría detrás de DRMO, los resultados positivos para mi hija fueron innegables.

La hija de un amigo también estaba en el aeropuerto ese día y ella también resulto traumatizada. Sin embargo, recuerdo que el me dijo que los niños son resistentes y que simplemente ella lo superaría. Él ama a su hija tanto como yo amo a la mía, pero por alguna razón, él y otras personas como él, no comprenden el daño a corto y largo plazo que un evento traumático puede generar en cualquier persona a cualquier edad. Hoy mi hija es más fuerte que nunca y no veo ningún efecto negativo persistente relacionado con el incidente traumático. De hecho, desde mi punto de vista, no solo creo que sus sesiones de consejería le ayudaron a superar su trauma, sino que al igual de importante, la han hecho más sabia y mejor equipada para enfrentar el estrés y los temores de su vida cotidiana".

La Perspectiva de un consejero: el hecho de que Carlos, su esposa y su hija María buscaran ayuda terapéutica inmediatamente después del tiroteo en el aeropuerto, probablemente redujo la intensidad y la duración de las ramificaciones del estrés agudo en sus vidas. Para María, la utilización del tratamiento DRMO poco después de su incidente traumático evitó el desarrollo del trastorno de estrés postraumático (TEPT). Aunque los recuerdos del trauma inevitablemente se almacenan en las amígdalas de sus cerebros, los miembros de la familia saben cómo "conectarse a tierra" cada vez que se repite un recuerdo del trauma, reduciendo así su impacto continuo.

¿Qué sucede si usted experimentó un evento traumático, pero no pudo recibir ayuda inmediata? A veces, no siempre, las experiencias de trauma resultan en el desarrollo de TEPT. El DSM-5 señala varias ramificaciones posibles de TEPT, que incluyen:

1. "Recuerdos angustiantes recurrentes, involuntarios e intrusivos de los eventos traumáticos. Nota: En niños mayores de 6 años puede ocurrir el juego repetitivo, en el que se expresan temas o aspectos del evento o de los eventos traumáticos.

2. Sueños angustiantes recurrentes en los que el contenido del sueño puede estar relacionado con el evento o con los eventos traumáticos. Nota: En los niños puede haber sueños aterradores sin contenido reconocible.

3. Reacciones disociativas (por ejemplo, recuerdos intrusivos y rápidos) en las que el individuo siente o actúa como si los eventos traumáticos fueran recurrentes. Nota: En los niños la recreación específica del trauma puede ocurrir en el juego.

4. Angustia psicológica intensa o prolongada ante la exposición a señales internas o externas, que simbolizan o que se asemejan a un aspecto de los eventos traumáticos.

5. Reacciones fisiológicas marcadas como respuesta a señales internas o externas, que simbolizan o se asemejan a un aspecto de los eventos traumáticos ".

El DSM-5 enumera otros desafíos que pueden ocurrir después de un trauma, incluidos entre ellos: "una evitación persistente de cualquier cosa asociada con el evento o con los eventos traumáticos; alteraciones cognitivas negativas y del estado de ánimo asociadas con los eventos traumáticos; creencias o expectativas negativas sobre uno mismo, sobre los demás o el mundo; un estado emocional negativo persistente; interés o participación notablemente disminuidos en actividades significativas para la persona; sentimientos de desapego o de alejamiento de los demás; incapacidad persistente para experimentar emociones positivas; comportamiento irritable y arrebatos de enojo (con poca o ninguna provocación); comportamiento imprudente o autodestructivo; hipervigilancia; respuesta de sobresalto exagerada; problemas de concentración y /o del sueño ", etc.

Si usted experimenta síntomas relacionados con el estrés postraumático, no se diagnostique con TEPT. Sin embargo, busque la ayuda de un consejero o de un psicólogo con licencia capacitado para ayudar a los sobrevivientes de trauma a sanar. Si un terapeuta le dice que no hay ayuda para el estrés postraumático, sería aconsejable encontrar un consejero que tenga una perspectiva diferente. ¿Por qué? Es importante saber que hay ayuda y sanidad disponibles para las ramificaciones del trauma. ¡La investigación actual en neurociencia nos dice que estas preocupaciones no necesitan continuar definiendo la vida de una persona! Además, no busque ayuda de alguien que quiera que usted "reviva" su experiencia traumática. Aunque usted debe enfrentar las preocupaciones relacionadas con lo que le sucedió, ¡esto tiene el propósito de liberarlo de su trauma, no de revivirlo! Con aproximadamente 600 métodos terapéuticos actualmente disponibles, usted se beneficiará al realizar una investigación para asegurarse de que está recibiendo el tratamiento adecuado para sus inquietudes.

LOS SENTIMIENTOS DEBEN SER ENFRENTADOS. ESTÁN DESTINADOS A SER CONFRONTADOS. SIN EMBARGO, EL PELIGRO ES SOMETERNOS A NUESTROS SENTIMIENTOS Y PERMITIR QUE ESTOS NOS GUIEN, GOBIERNEN, DOMINEN Y CONTROLEN TODA NUESTRA VIDA (MARTYN LLOYD-JONES).

La influencia del trauma en su vida actual puede disminuir al meditar regularmente (al pensar) en la Palabra de Dios (la Biblia), mediante la terapia cognitiva conductual, la terapia centrada en la solución o a través de otras formas de tratamiento, como lo son la Desensibilización y el Reprocesamiento por medio del Movimiento Ocular (DRMO), el cual es un método altamente efectivo para tratar el trauma. Su fundadora, la Dra. Francine Shapiro, dice que "DRMO ayuda a los sobrevivientes de trauma a reprocesar pensamientos y recuerdos perturbadores, proporcionando efectos de tratamiento profundos y estables en un corto período de tiempo". Afortunadamente, para aquellas personas cuyo trauma ocurrió meses o años antes de recibir el tratamiento DRMO, estas pueden experimentar una gran mejoría y reducción de los síntomas del trauma.

Los familiares de los sobrevivientes del trauma deben ser conscientes de que los desafíos de la sanidad del trauma a menudo requieren ayuda adicional. Inclusive, los sobrevivientes de trauma que aman a Dios, que conocen Su Palabra y que buscan caminar con Él, a menudo se sienten abrumados por la frecuencia, la intensidad y la duración de las diversas ramificaciones físicas, mentales, emocionales, espirituales y sociales del trauma. Dele a sus amigos y a sus seres queridos el tiempo, la gracia y el aliento que necesitan para sanar.

DÍA TRES
Examinando de la Competencia desde la Perspectiva de Dios

No es que nos consideremos competentes en nosotros mismos. Nuestra capacidad viene de Dios. Él nos ha capacitado para ser servidores de un nuevo pacto, no el de la letra, sino el del Espíritu; porque la letra mata, pero el Espíritu da vida (2 Corintios 3:4-6, NVI).

Al leer 2 Corintios 3: 4-6, describa como puede comenzar a vivir en la fuerza de Dios en lugar de su fuerza.

____

____

____

Según estos versículos, ¿qué le proporciona el Espíritu Santo?

____

____

____

Dios provee vida nueva, una en la cual puede caminar en gracia y en misericordia: *Pero Dios, que es rico en misericordia, por su gran amor por nosotros, nos dio vida con Cristo, aun cuando estábamos muertos en pecados. ¡Por gracia ustedes han sido salvados!* (Efesios 2:4-5, NVI). En Él, usted puede ser libre para experimentar su amor y el plan que el tiene para su vida. Usted es una obra maestra creada por Dios para hacer buenas obras que Él ha preparado para que usted haga (ver Efesios 2:10).

La rebelión de Adán y Eva en el Jardín del Edén desató el mal generalizado, que ha impactado a toda la creación desde ese momento hasta ahora. Actuando como nuestros representantes, Adán y Eva eligieron pecar y su pecado abrió una caja metafórica de Pandora, liberando el mal y la miseria en todo el mundo. Desde entonces, el trauma ha aumentado en frecuencia, en intensidad y en duración. Pero el estrés traumático nunca fue parte del diseño de Dios para su creación. Cada forma de sufrimiento, ya sea enfermedad, traición, enfermedad mental, asesinato, guerra, terrorismo, desastre natural o muerte trágica, es una triste consecuencia del pecado humano. Quizás recuerde que Dios desalojó a Adán y Eva del Jardín del Edén después de su pecado (véase Génesis 3: 22-24) para que no comieran inadvertidamente del árbol de la vida y posteriormente vivieran para siempre en su estado pecaminoso. Entonces, incluso después de la rebelión de la humanidad, Dios proporcionó protección y esperanza.

El plan de Dios para usted ahora y para su futuro es bueno. Su pasado no puede destruir su futuro, a menos que elija dejar que lo defina. Hoy, usted puede comenzar a confiar en Dios, a avanzar con fe, en lugar de continuar viviendo bajo el control destructivo de los miedos y las dudas.

Dios no lo ha abandonado ni le ha hecho daño. En cambio, El envió a su único Hijo a la tierra para darle

Imagine a Dios como su pastor.

nueva vida y la fuerza para vivirla. Pero las emociones y las experiencias pueden descarrilar fácilmente nuestras vidas. Como Henri Nouwen explicó: "Un poco de crítica me enoja y un poco de rechazo me deprime. Un pequeño elogio me levanta el ánimo y un pequeño éxito me emociona. Se necesita muy poco para levantarme o empujarme hacia abajo. A menudo soy como un pequeño bote en el océano, completamente a merced de sus olas. Todo el tiempo, la energía que gasto para mantener algún tipo de equilibrio, evitar que me caiga y me ahogue, muestra que mi vida es principalmente una lucha por la supervivencia, no una lucha santa, sino una lucha ansiosa como resultado de la equivocada idea de que el mundo es el que me define".

Describa las dudas o luchas que tenga sobre su capacidad actual de vivir en libertad y esperanza.

____

____

____

¿Está dispuesto a confiar sus dudas y luchas a Dios y comenzar a dudar de ellas, en lugar de dudar de Dios? Sí____ No____ ¿Por qué?

____

____

____

DÍA CUATRO
Viviendo en Competencia Hoy
Dios promete restaurar su alma, renovar su fuerza y su esperanza.

En el Salmo 23 (NTV), el rey David describe las promesas de Dios:

El Señor es mi pastor; tengo todo lo que necesito. En verdes prados me deja descansar; me conduce junto a arroyos tranquilos. Él renueva mis fuerzas. Me guía por sendas correctas, y así da honra a su nombre. Aun cuando yo pase por el valle más oscuro, no temeré, porque tú estás a mi lado. Tu vara y tu cayado me protegen y me confortan. Me preparas un banquete en presencia de mis enemigos. Me honras ungiendo mi cabeza con aceite. Mi copa se desborda de bendiciones. Ciertamente tu bondad y tu amor inagotable me seguirán todos los días de mi vida y en la casa del Señor viviré por siempre.

A medida que lee y considera el Salmo 23, imagine a Dios como su Pastor. (A menudo, los sobrevivientes de trauma, especialmente el abuso, tienen dificultades para ver a Dios como Padre, debido a cómo han sido heridos. Si eso es cierto para usted, puede ser útil cambiar su perspectiva de Dios hacia el Buen Pastor, hasta que se sienta seguro de poder verlo como su Padre Celestial.) Un buen pastor protege a sus ovejas y se asegura de que tengan un lugar seguro para vivir. De hecho, un pastor digno se asegura de que sus ovejas tengan absolutamente todo lo que necesitan. ¿Qué identifica en el salmo acerca de la promesa que el Buen Pastor hace de cuidarlo hoy?

____

____

____

____

____

IMAGINE A DIOS COMO SU PASTOR

Su Pastor quiere lograr el magnífico diseño que Él tiene para su vida, pero no lo obligará a cambiar ni a crecer. Él espera que usted le permita que Él le ayude a sanar.

"Todos los que te devoren serán devorados; todos tus enemigos serán deportados. Todos los que te saqueen serán saqueados; todos los que te despojen serán

despojados. Pero yo te restauraré y sanaré tus heridas —afirma el Señor— porque te han llamado la desechada, la pobre Sión, la que a nadie le importa". (Jeremías 30:16-17, NVI)

"Sin embargo, les daré salud y los curaré; los sanaré y haré que disfruten de abundante paz y seguridad" (Jeremías 33:6, NVI).

El Señor cumplirá en mí su propósito. Tu gran amor, Señor, perdura para siempre; ¡no abandones la obra de tus manos! (Salmo 138:8, NVI).

Porque somos hechura de Dios, creados en Cristo Jesús para buenas obras, las cuales Dios dispuso de antemano a fin de que las pongamos en práctica (Efesios 2:10, NVI).

Al considerar las promesas de Dios (arriba), imagine cómo podría ser su sanidad. Tómese el tiempo ahora para escribirle una carta a Dios, agradeciéndole que Él quiere sanar su alma.

____

____

____

____

____

____

DÍA CINCO
Imagine la Transformación
Continúe escribiendo en su diario (revise el capítulo dos para obtener ideas prácticas), enfocándose en cómo se desarrolla la competencia en su vida. Escribir un diario es una forma tangible de cambiar su enfoque, desde viejos patrones de pensamiento a otros nuevos.

Aquí hay un ejemplo de un registro de diario que usa la COMPETENCIA como enfoque.

Pensamientos Negativos Automáticos:

Me siento ansioso cada vez que entro en una habitación. Si hablo, me veo estúpido. Todos los demás están bien ... y yo no.

Tipo de Distorsión Cognitiva (s)

Razonamiento emocional; Saltando a Conclusiones; Filtrado.

Nuevos pensamientos Sanadores: después del ejemplo, escriba sus propias ideas para nuevos pensamientos sanadores que reemplacen los pensamientos distorsionados:

¡Puedo entrar a una habitación, disfrutar de la gente allí, notar sus necesidades y permitir que Dios trabaje a través de mí de nuevas maneras! Estoy eligiendo creerle a Dios y darme cuenta de que no soy inferior a nadie más.

Tómese el tiempo para permitirse simplemente imaginar estar seguro bajo el cuidado amoroso del Buen Pastor. El Salmo 23 describe a Dios, a su Buen Pastor, guiándolo junto a pastos verdes. Eso indica la provisión de Dios de alimento adecuado y excelente para las ovejas bajo su cuidado. ¿Cómo ve a Dios cuidando de usted hoy?

____

____

____

____

____

Las "aguas tranquilas" del Salmo 23 representan el cuidado amoroso del Pastor por sus ovejas temerosas, que se niegan a beber de las aguas "turbulentas". En lugar de descartarlas como incompetentes debido a sus debilidades, el pastor les brinda ayuda en medio de sus necesidades básicas. ¿Cómo le da aliento esto?

____

____

____

____

Mirando el resto del Salmo 23, ¿qué otra evidencia puede encontrar sobre la bondad y el amor inagotable del Pastor?

____

____

____

____

____

____

____

____

CAPÍTULO SEIS

Perdona y Olvida: Tiempo para la Sustitución

Cuando una persona en un equipo deportivo se lesiona, un jugador sustituto ingresa al juego. Este capítulo ofrece alternativas, "sustitutos", para el concepto equivocado, pero popular, de que una persona debería ser capaz de "perdonar y olvidar" lo que le sucedió en el pasado y de alguna manera entrar en un nuevo comienzo en el presente. Debido a que fisiológicamente es imposible eliminar (olvidar) por completo los recuerdos traumáticos almacenados en el cerebro y en el cuerpo humano, Sanidad del Núcleo ofrece pasos prácticos para ayudarle a descubrir la libertad del sufrimiento relacionado con el trauma. El trabajo de esta semana puede ayudarle a evitar intentos inútiles de dejar el pasado en el olvido, mientras comienza a descubrir la libertad del trauma pasado.

A veces se evita el tema del perdón, incluso por parte de los consejeros, ya que puede ser tan complicado como las propias fuentes del trauma. Algunos sobrevivientes evitan este tema si no pueden entender por qué parecen estar atrapados en el sufrimiento pasado. Otros lo evitan cuando se sienten incomprendidos, marginados o minimizados por las personas a las que aman.

¿Qué pasa con usted? ¿Sus emociones oscilan desde la furia a la depresión, de sentirse abrumado a totalmente adormecido, de la confusión a sentirse paralizado, especialmente si alguien le dice que "perdone, olvide y siga adelante"? Algunas emociones complejas o reprimidas pueden incluso surgir en forma de dolor físico, de problemas gastrointestinales, de dolor de cabeza, dolor de espalda o dolor en el pecho, como* trastorno alimenticio, como arrebatos de ira u otra cosa. En lugar de ignorar este tema, haga una pausa y considere lo que su mente, su cuerpo y sus emociones están tratando de decirle. [* Por favor, haga que un médico evalúe sus inquietudes médicas.]

OBJETIVO DE SANIDAD DEL NÚCLEO: REEMPLAZAR LAS MENTIRAS SOBRE EL PERDÓN Y DESCUBRIR LO QUE ES VERDAD.

Ejercicio de Conexión a Tierra: la conexión a tierra de esta semana es física, es un ejercicio simple conocido como 4-D [cuatro direcciones], que le permite moverse rápidamente hacia su SNP (sistema nervioso parasimpático). Puede elegir numerosas formas de implementar 4-D: un 4-D "completo" se realiza de pie, tomando tiempo para estirar completamente su cuerpo hacia el norte, sur, este y luego hacia el oeste. Pero este ejercicio puede modificarse fácilmente para que otros ni siquiera se den cuenta de que lo está haciendo: cuando se sienta ansioso en el trabajo o en una situación social, pruebe un 4-D "debajo del escritorio" o "debajo de la mesa", moviendo suavemente un pie, una mano o un dedo ligeramente en cada una de las cuatro direcciones. Tomarse el tiempo para concentrarse en movimientos específicos le ayuda a hacerse cargo de su cuerpo, moviéndose rápidamente del "desorden" del dominio del SNS (Sistema Nervioso Simpático) de regreso a su SNP frío y tranquilo.

DÍA UNO
Lo que NO es el Perdón

¿Alguien le ha dicho algo como "tienes que perdonar, olvidar y seguir adelante"? ¿Cuál fue su respuesta?

____

____

____

Cuando usted piensa en el perdón, ¿lo quiere para usted o para los demás? ¿Es el objeto del perdón un incidente, una persona que causó un accidente, alguna cosa u otra persona o preferiría no pensar en ello?

____

____

____

____

Describa las dificultades que ha tenido con intentos anteriores de perdonar, olvidar o superar las complicaciones relacionadas con su trauma:

____

____

____

____

Perdonar no es olvidar. Aunque usted puede aprender a perdonar, olvidar lo que sucedió es imposible por varias razones. Una de las cuales es debido a como funciona su cerebro. Los recuerdos almacenados allí pueden ser activados por cualquiera de sus cinco sentidos, donde los recuerdos fragmentados almacenados pueden evocar una sensación de temor sin un recuerdo claro de lo que realmente sucedió. Al igual que las acciones reflejas de un músculo, su subconsciente puede desencadenar recuerdos emocionales del pasado, incluso cuando no tiene idea de lo que esas emociones están tratando de expresar.

Cada vez que no podemos olvidar el pasado, es reconfortante pensar en la conclusión de Corrie ten Boom: "El perdón es un acto de la voluntad y la voluntad puede funcionar independientemente de la temperatura de nuestro corazón".

Los recuerdos persistentes no deseados de traumas pasados o recuerdos intrusivos, pueden ocurrir cuando los factores estresantes de la vida aumentan o cuando se le trae a memoria un trauma específico. Cada vez que surjan recuerdos reprimidos en su mente, en sus emociones o en su cuerpo, simplemente identifíquelos y entrégueselos a Dios para que no continúen controlando su existencia durante meses, años o décadas. Sin embargo, el objetivo no debería ser descubrir cada recuerdo reprimido, porque no es humanamente posible hacer frente a tal intensidad. Obligar a alguien a volver a experimentar un trauma podría ser tan debilitante emocionalmente como el trauma físico de ir a la escena de un accidente de tráfico y elegir ser golpeado por un camión por segunda vez.

En lugar de analizar repetidamente los eventos traumáticos, es vital utilizar estrategias para que usted pueda hacer frente a su dolor de manera apropiada, moviéndose continuamente del dominio del SNS al SNP, a veces cientos de veces por día (revise y aplique el capítulo uno tan a menudo como sea necesario). Para cualquier persona que no sepa cómo escapar del dominio del Sistema Simpático, el concepto de perdón representa una meta imposible. ¿Por qué? Esa persona podría estar viviendo en un estado recurrente de angustia, agitación mental, emocional, física o incluso espiritual, con tanta frecuencia que incluso la idea de perdonar parece insoportable, especialmente si tener que "olvidar" se considera como parte del proceso. Si bien la realidad fisiológica indica que es imposible "olvidar", es completamente posible perdonar, lo que continuaremos explorando en este capítulo y en el siguiente.

Perdonar no es entender por qué "sucedió" lo que sucedió. Quizás aquellas personas que afirmaron con confianza que usted debería "perdonar, olvidar y seguir adelante" simplemente no comprenden las complejidades involucradas en la sanidad del trauma. Aunque el perdón es posible y es esencial para la sanidad, compararlo con la capacidad de "entender" lo que sucedió, puede mantener a los sobrevivientes atrapados en una arena movediza de angustia.

Muchas personas creen erróneamente que de alguna manera pueden entender los horrores de su experiencia traumática y que, después de lograrlo, pueden perdonarse a sí mismos o a otras personas. Esta creencia errónea puede retrasar el proceso de perdón por tanto tiempo que el mismo nunca comienza. Es importante enfrentar los desafíos del perdón con la certeza de que algo bueno existe más allá de esos desafíos. Esos desafíos se convierten en nada más que obstáculos que detienen temporalmente su progreso. No tienen el poder de mantenerlo atrapado, a menos que usted se lo permita.

Piénselo. ¿Existe realmente alguna forma de que usted pueda entender el mal involucrado en eventos traumáticos tales como el abuso sexual, los crímenes violentos, la guerra o las enfermedades debilitantes? ¿Hay alguna manera de entender la brutalidad de alguien que intencionalmente hiere a otro ser humano, dañándolo tan profundamente que el núcleo de esa persona está salvajemente e invisiblemente dañado? Ni estas ni otras fuentes de estrés traumático ofrecen explicaciones fáciles. Tratar de encontrar significado en algo inherentemente sin sentido es un ejercicio inútil. En cambio, podemos encontrar significado en nuestro Creador, podemos experimentar sanidad en su amor.

El sobreviviente del Holocausto, Elie Wiesel, experimentó un mal horrible cuando fue encarcelado por los nazis en Auschwitz. Él dijo: "A veces me preguntan si tengo la respuesta a lo que sucedió en Auschwitz y yo respondo que no solo no lo sé, sino que ni siquiera sé si una tragedia de tal magnitud tiene una respuesta. Lo que sí sé es que hay "respuestas" en la responsabilidad. Cuando hablamos de esta era de maldad y oscuridad, tan cercana y a la vez tan distante, "responsabilidad" es la palabra clave ".

PÍDALE A DIOS QUE LE AYUDE A CONSIDERAR LA POSIBILIDAD DE PERDONAR.

Observe lo que está pensando y sintiendo. Pídale a Dios que le ayude mientras considera cómo perdonar y a quién perdonar. Haga una pausa para preguntarse si perdonar a sus ofensores o a usted mismo podría ser su respuesta al amor sacrificial de Cristo.

A continuación, encierre en un círculo todas las palabras o frases que describen su estado emocional actual.

Confundido   Asustado   Desesperado

   Entumecido   Derrotado   Preocupado

Indefenso   Herido   Triste

   Asustado   Paralizado   Débil

Calmado   Enojado   Conmocionado

   Vulnerable   Indefenso   Culpable

Aterrorizado   Comprendido

   Confiado   Engañado   Emocionado

Destruido   Nervioso   Intimidado

Con necesidad de rescatar a alguien

   Con necesidad de proteger a alguien

¿Está experimentando otros sentimientos que no están en la lista? Si es así, agréguelos a continuación.

____

____

____

Una amplia gama de emociones está representada en estas descripciones. Revise los sentimientos que marcó con un círculo o que agregó a la lista y considere si desea que las emociones del pasado definan su futuro. ¿Qué piensa acerca de esto?

____

____

____

____

Recuerde que usted está aprendiendo a sentir para poder sanar. ¿Porqué es esto importante? Los sentimientos reprimidos son como un cáncer que constantemente y silenciosamente destruye sin ser detectado. Incluso, si de alguna manera se siente poco sincero al liberar el dolor y el sufrimiento antes de "procesar" por completo las ramificaciones del mismo, usted puede continuamente liberar viejas cargas, ya sea que estén alimentadas por un trauma pasado indefinido o por un sufrimiento presente agudo. De esta manera, usted puede comenzar a experimentar nuevas emociones sanadoras. En lugar de permitir que su "proceso" de perdón se descarrile siempre que aparezcan nuevos recuerdos o que los viejos recuerdos alimenten el dolor emocional, usted puede descubrir un comienzo y un final para su proceso único de perdón.

ES IMPORTANTE ENFRENTAR LOS DESAFÍOS DEL PERDÓN CON LA CERTEZA DE QUE ALGO BUENO EXISTE MÁS ALLÁ DE ESOS DESAFÍOS.

A medida que usted continúe creciendo, también puede elegir experimentar nuevas emociones que no están formadas por el trauma. Cada vez que surgen sentimientos imprevistos de tristeza, horror, ansiedad, vergüenza o miedo en la vida cotidiana, usted puede implementar el ejercicio 4D o cualquier otro ejercicio de conexión a tierra para controlar el estrés tan pronto como identifique su presencia. Intente observar dónde usted almacena las tensiones en su cuerpo: ¿están tensos los hombros? ¿Tiene dolores de cabeza frecuentes o experimenta otras molestias físicas no causadas por una afección médica? Describa las elecciones que está haciendo para controlar el estrés de manera efectiva cada vez que aparece, moviendo conscientemente su mente y su cuerpo hacia el presente, en lugar de ser controlados por el pasado:

____

____

____

____

DÍA DOS

El Viaje de Perdón de una Persona

Cuando Elizabeth se enteró de que estaba escribiendo sobre el perdón, me pidió que compartiera su historia con ustedes. Ella es una madre soltera encantadora cuyo trauma complejo comenzó en su primera infancia.

Aquí, Elizabeth cuenta su historia con sus propias palabras:

Cuando nací mi padre fue a prisión por cinco años, así que mi madre se quedó para cuidar de mi hermano de dos años y de mí. Mi madre había sufrido abusos sexuales y físicos durante toda su vida y, como resultado, recurrió a hombres y a drogas para adormecer su dolor. Debido al uso de drogas y a las malas elecciones de mi madre con los hombres, mi infancia estuvo llena de temor. Mi padre salió de prisión cuando yo tenía cinco años y tomó la custodia de mi hermano. El intentó que me fuera con él, pero yo tenía demasiado miedo de que algo le pasara a mi madre si la dejaba. Sentí que era mi trabajo cuidarla.

Mi madre pasó de una relación abusiva a la siguiente. Como resultado de esto nos mudamos varias veces. Experimenté varios eventos traumáticos y parecía que los policías siempre estaban en nuestra casa. Los hombres que mi madre eligió eran traficantes de drogas y abusivos. Recuerdo ir a la escuela y tener tanto miedo de que algo iba a suceder. Estaba muy retraída y aislada.

Cuando tenía unos siete años, mi madre se casó con Alex, quien fue muy abusivo con ella y conmigo. Una noche la golpeó tanto que tuvo que ser trasladada en una ambulancia. Poco después de eso, empacó nuestras cosas y corrió al departamento de este otro tipo, Miguel; Miguel era traficante de drogas.

Al principio, Miguel era muy amable conmigo, pero no pasó mucho tiempo antes de que aparecieran sus verdaderos colores. También se volvió físicamente abusivo con mi madre. Cuando mi madre se iba a trabajar, Miguel inventaba juegos inapropiados que consistían en que él me toque a mí y yo lo toque a él. También había un hombre llamado Julio que dormía en el pasillo del departamento y yo dormía en la sala de estar. Por la mañana, cuando mi madre aún estaba desmayada, yo me levantaba y me quedaba sola. Julio también comenzó a inventar juegos.

Durante ese tiempo un amigo me invitó a la iglesia. No

recuerdo mucho, excepto que las personas cantaban la canción "Jesús me ama" y que podía orar a Jesús cuando tenía miedo. Comencé a orar para que mi mamá y mi papá volvieran a estar juntos y que yo tuviera mi propia habitación. No conocía bien a mi padre, pero mi hermano parecía estar feliz, así que pensé que tenía que ser mejor de lo que yo estaba viviendo.

Poco después de mi visita a la iglesia, mi madre y yo terminamos saliendo de la casa de Miguel, del departamento donde fui abusada sexualmente. Nos quedamos en una cabaña al lado de la casa de mi abuelo. Una tarde, mi madre y yo estábamos sentadas afuera hablando con una amiga. Yo estaba sentada en la parte trasera de un camión con su amiga y mi madre nos estaba mirando de espaldas a la calle. De repente vi al hombre que abusó de mí y que abusó de mi madre caminando enojado hacia mi madre. Traté de advertirle, pero no me salieron palabras. Lo intenté con gran esfuerzo, pero las lágrimas simplemente brotaron y me caí al suelo. Ese hombre apareció detrás de ella y la golpeó.

Todo lo que recuerdo a continuación fue cruzar la calle corriendo hacia un hotel. Cuando entré en el hotel, las personas que estaban allí pudieron ver que algo estaba muy mal por el terror en mi cara. Traté de hablar, pero aún no me salían las palabras. No sé qué pasó después, excepto que los policías estaban allí. Lo siguiente que recuerdo fue estar en el departamento rogándole a mi madre que no me dejara, pero lo hizo.

Esa noche mi madre terminó golpeando a alguien con su auto mientras estaba borracha. Los policías la trajeron de vuelta a la casa, supongo que para verificar que yo estaba ahí. Recuerdo que intentaban despertarme y yo trataba de despertar, pero era como si estuviera drogada. Creo que fue porque mi cuerpo acababa de sufrir un shock y un trauma grande.

UN EJERCICIO DE CONEXIÓN A TIERRA PARA CONTROLAR EL ESTRÉS.

Mi madre terminó yendo a la cárcel y a rehabilitación durante un año. Me quedé con la amiga de mi madre por un tiempo. Después de que mi madre salió de la cárcel, mi madre y mi padre se volvieron a casar. Finalmente conseguí mi propia habitación. Sabía que Dios había respondido mis oraciones. Siempre sentí que Dios estaba allí y a menudo oraba. Las cosas mejoraron, aunque mi madre comenzó a beber de nuevo, pero al menos mi padre nunca la golpeó. Mi padre también bebía, pero era muy trabajador y siempre se aseguraba de que todo este pago. El era frío y poco cariñoso, lo cual me pareció algo bueno teniendo en cuenta de dónde venía.

Creciendo me convertí en un producto de mi entorno. A los doce años fui a la casa de un chico que me gustaba. Pensé que simplemente saldríamos y quizás nos besaríamos, pero él tenía algo más en mente. Terminó poniendo una almohada sobre mi cabeza y tomando mi virginidad. Yo estaba paralizada por el miedo. Fue un largo y vergonzoso camino a casa. Lloré por mucho tiempo. Después de ese incidente comencé a usar drogas. Cubrí mi dolor con ira y drogas. Yo no confiaba en nadie.

Aprendí a muy temprana edad a guardar secretos y a vivir con mucha ansiedad y miedo. Comencé a cortarme a mi misma para aliviar mi dolor. Mi odio hacia mí misma se hizo muy intenso y tomé un camino muy destructivo. No me respetaba a mí misma ni a nadie más. A los dieciséis años, había estado con mi hermano y algunos amigos drogándome, me desmayé y lo siguiente que recuerdo fue despertarme en la cama de un amigo de mi hermano, con él encima de mí. Me sentí traicionada y eso confirmó mis sentimientos de baja autoestima. Sentí que era mi culpa por estar en esa situación, así que lo mantuve en secreto. Perdí el control después de eso y comencé a consumir drogas sin parar. Sin saber que estaba embarazada, seguí usando drogas hasta que tuve un aborto espontáneo.

Mi madre se emborrachaba constantemente y trataba

de suicidarse. Yo siempre huía o me echaban de todos lados. Terminé yendo a un refugio cuando tenía dieciséis años y estuve en el refugio por intervalos de tiempo hasta los dieciocho años. Completé el programa de drogas allí un par de veces, tuve algunos trabajos y eventualmente ahorré suficiente dinero para conseguir mi propio lugar. Después de dejar el refugio, seguí consumiendo drogas, pero esta vez era una adicta funcional. Larga historia corta: terminé quedando embarazada y teniendo una niña sana.

A través de algunas pruebas y tribulaciones muy traumáticas llegué a conocer al Señor Jesucristo. En pocas palabras mi padre terminó muriendo inesperadamente a la edad de 49 años por una sobredosis de drogas, mi madre fue internada en un hospital psiquiátrico y mi hermano fue sentenciado a diez años de prisión por homicidio por conducir estando alcoholizado.

El Señor sabía lo que era necesario para yo poder rendirme por completo. El Señor trajo a mi vida a un pastor asombroso y a su esposa, ellos nos llevaron a mí y a mi hija a su casa y me guiaron.

Cuando recibí salvación por primera vez, yo había sufrido tanto trauma que el Señor tuvo que ayudarme a superar eso primero. Sin embargo, después de haber caminado con el Señor por unos años, no podía entender por qué todavía seguía luchando con la depresión, la ira y los pensamientos suicidas. Iba a consejería y me decían que solo necesitaba pasar más tiempo en la Palabra y orar. Esto solo me hacía sentir más frustrada, así que dejé de ir a terapia y traté de manejarlo por mi cuenta.

Después de un tiempo, el Señor comenzó a revelarme, a través de otras personas y de Su Palabra, que había algunos problemas muy arraigados en mi que habían sido escondidos debajo de la alfombra y que debían ser abordados. He estado en mi viaje de sanidad por un par de años. Gracias al asesoramiento, me di cuenta de que mis patrones de pensamiento autodestructivos comenzaron a muy temprana edad. Me di cuenta de que tenía que comenzar a cambiar la forma en que me veía a mi misma y comenzar a verme como una nueva creación. Luché durante mucho tiempo con el concepto de "nueva creación" debido a lo que sentía por mí misma y a la falta de perdón que tenía hacia mí. Creo que me culpé más que a nadie por el abuso que había recibido y por no haber podido proteger a mi madre.

Esa fue una de las primeras mentiras que reconocí, el descubrir que no era mi trabajo proteger a mi madre; era su trabajo protegerme a mi. La otra mentira era que soy desagradable y sucia. Nunca culpé a Dios por lo que me pasó, porque sabía que vivimos en un mundo caído. Pero hubo un punto durante este proceso de sanidad donde lloré por la inocencia y la pureza que perdí a tan temprana edad.

Estaba enojada con el Señor porque sentía que nunca se me había dado una oportunidad. Siempre hubo algo desde muy joven que me hacía sentir sucia y me di cuenta de que nunca supe lo que realmente era sentirme limpia. Esa noche, mientras lloraba, abrí mi Biblia en el Salmo 103: 2-5 *Alaba, alma mía al Señor y no olvides ninguno de sus beneficios. Él perdona todos tus pecados y sana todas tus dolencias; él rescata tu vida del sepulcro y te cubre de amor y compasión; él colma de bienes tu vida y te rejuvenece como a las águilas.*

El Señor también me recordó esa noche acerca de Lucas 7:47, donde Jesús habla acerca de la prostituta, *si ella ha amado mucho, es que sus muchos pecados le han sido perdonados. Pero a quien poco se le perdona, poco ama.* Esa noche sentí que el Señor le habló a mi espíritu diciéndome que necesitaba verme a mí misma y al dolor que he soportado como una joya preciosa, y [ver] que Él me ama incondicionalmente. Necesito aprender a amarme incondicionalmente y creer que soy una nueva creación suya. Independientemente de cómo las personas puedan juzgarme, necesito mantenerme firme en mi nueva identidad en Cristo.

PERDONAR ES LA ÚNICA FORMA DE SANAR LAS HERIDAS DE UN PASADO QUE NO PODEMOS CAMBIAR Y   QUE NO PODEMOS OLVIDAR. EL PERDÓN

Otra mentira que reconocí fue que mágicamente sería sanada de toda mi pesada carga. No me deprimo ni me enojo como solía hacerlo y me he dado cuenta de cuáles son mis banderas rojas. Por ejemplo, cuando empiezo a sentirme deprimida ya no me aíslo, en cambio, busco consejo e intento escribir en un diario, lo cual es muy útil para ayudarme a procesar mis sentimientos y descifrar la verdad sobre las mentiras.

También tengo cuidado de la compañía que me rodea y me aseguro de que sean personas positivas y que me guíen al Señor. Todavía estoy trabajando en el perdón con mi madre. Ella ha estado en un programa de drogas durante los últimos ocho meses y la veo un par de veces al mes. Le he dicho que la he perdonado; sin embargo, cuando surgen nuevos recuerdos, tengo que seguir perdonándola.

Me doy cuenta de que este será un proceso, pero sé que hay una libertad y esa libertad viene cuando elijo perdonar. La historia sobre José realmente me ministró al conocer cómo él pudo perdonar a sus hermanos por venderlo como esclavo y cómo pudo perdonar a Potifar, quien lo arrojó a la cárcel. José dijo en Génesis 50:20: *Es verdad que ustedes pensaron hacerme mal, pero Dios transformó ese mal en bien para lograr lo que hoy estamos viendo: salvar la vida de mucha gente.* (NVI). Encontré que esto es cierto en mi propia vida. Lo que el enemigo hizo para destruirme, Dios lo está usando para atraer a otras personas a sí mismo a través de mi testimonio de esperanza. Ya no me veo como una víctima, sino que me veo como una vencedora y como una mujer nueva y segura en Cristo.

Al leer la historia de Elizabeth, ¿qué emociones experimentó usted?

____

____

____

____

¿Qué formas de trauma puede identificar en su historia?

____

____

____

____

¿De qué manera usted se relaciona con las experiencias de Elizabeth?

____

____

____

Quizás usted, al igual que Elizabeth ha intentado cortarse para liberar su dolor. El libro "Inside a Cutter's Mind," [*Dentro de la Mente de alguien que se corta*] de Jerusha Clark y del Dr. Earl Henslin (NavPress) puede ayudarle a comprender las autolesiones y a descubrir alternativas para aliviar su dolor.

DÍA TRES
El Perdón no Necesariamente incluye la Reconciliación

Después de leer la historia de Elizabeth, es obvio que no sería seguro para ella contactar a los traficantes de drogas y a las otras personas que la abusaron durante su infancia. Aunque Elizabeth perdonó a su madre y se reconcilió con ella, la lucha constante de su madre con las adicciones ha hecho que sea inseguro que Elizabeth confíe su hija al cuidado de su abuela.

Las personas que insisten en que el perdón incluye la "reunión" no entienden que las consecuencias reales del abuso incluyen el derecho del sobreviviente a estar a salvo de más daños emocionales, físicos, espirituales o mentales. Mantenerse a salvo puede significar que los sobrevivientes estén alejados de quienes cometieron los crímenes en su contra, incluso si son familiares cercanos. Perdonar a sus agresores no elimina sus consecuencias legales o relacionales.

A muchos sobrevivientes de actos criminales se les ha dicho que no son "buenos cristianos" si no se reconcilian completamente con su agresor porque "la Biblia dice que debemos olvidar lo que queda detrás'". No solo ese tipo de razonamiento podría exponer un individuo a más abuso, sino que tergiversa lo que el apóstol Pablo escribió en Filipenses 3: 10-14 (NVI) *Lo he perdido todo a fin de conocer a Cristo, experimentar el poder que se manifestó en su resurrección, participar en sus sufrimientos y llegar a ser semejante a él en su muerte. Así espero alcanzar la resurrección de entre los muertos. No es que ya lo haya conseguido todo, o que ya sea perfecto. Sin embargo, sigo adelante esperando alcanzar aquello para lo cual Cristo Jesús me alcanzó a mí. Hermanos, no pienso que yo mismo lo haya logrado ya. Más bien, una cosa hago: olvidando lo que queda atrás y esforzándome por alcanzar lo que está delante, sigo avanzando hacia la meta para ganar el premio que Dios ofrece mediante su llamamiento celestial en Cristo Jesús.*

Utilizando el lenguaje de competencia atlética, Pablo nos exhorta a olvidar lo que está detrás. Sin embargo, Filipenses 3 no está hablando de borrar el pasado y sus desafíos irreparables. Él no ordena que comparta vacaciones con alguien cuyas conductas dañinas podrían causarle heridas una y otra vez. En cambio, Dios ofrece un regalo de sanidad: la oportunidad de avanzar continuamente hacia la maravillosa libertad e intimidad que Él ofrece para siempre a través de Cristo. El capítulo tres mencionó a la sobreviviente holandesa del Holocausto Corrie ten Boom, quien aprendió a liberar la agonía de su sufrimiento en la comodidad sanadora del amor de Dios. Cuando tuve el privilegio de escucharla hablar en el sur de California en la década de 1970, su profunda alegría me conmovió. Incluso cuando describió el horrible trato que ella y su hermana Betsie experimentaron durante su encarcelamiento en el campo de concentración de Ravensbrück, su actitud fue de gratitud por como Dios las sostuvo allí. Ella habló sobre lo que Betsie dijo antes de su muerte el 16 de diciembre de 1944, en Ravensbrück, cuando instó a Corrie con estas palabras: "debes decirles lo que hemos aprendido aquí. Debes decirles que no hay un pozo lo suficientemente profundo que Él no sea más profundo aún. Nos escucharán, Corrie, porque hemos estado aquí".

¿Fue justo que Corrie y su hermana fueran encarceladas? ¡Por supuesto que no fue justo! El supuesto "crimen" de Corrie estaba salvando la vida de judíos inocentes mientras operaba la resistencia holandesa durante la ocupación nazi. En lugar de exigir una justicia que no existía, ella aprendió a liberar su dolor a través del perdón. En su libro, *The Hiding Place [El Escondite]*, Corrie describe el momento en que, hablando en un servicio religioso en Múnich después de la guerra, vio al hombre que estaba de guardia en la puerta del baño en el centro de detención de Ravensbrück. El verlo desencadenó una avalancha de recuerdos intrusivos: "la habitación llena de hombres burlones, los montones de ropa, la cara pálida de Betsie".

Cuando el hombre se acercó a Corrie después de su charla, fue para agradecerle el haber dicho que Jesús "ha lavado mis pecados". Corrie escribió: "Su mano se extendió para estrechar la mía y yo, que había predicado tantas veces a las personas sobre la necesidad de perdonar, mantuve mi mano a mi lado. Incluso cuando los pensamientos de enojo y venganza hervían en mí, vi el pecado de él. Jesucristo había muerto por este hombre; ¿iba yo a pedirle más? ... Pronuncié una oración silenciosa: Jesús, no puedo perdonarlo, dame tu perdón. Cuando tomé su mano, sucedió lo más increíble. De mi hombro a lo largo de mi brazo y a través de mi mano una corriente parecía pasar de mí hacia él, mientras que en mi corazón surgió un amor por este extraño que casi me abrumaba. En ese momento descubrí que la sanidad del mundo no depende de nuestro perdón ni de nuestra bondad, sino de la de Él. Cuando Jesús nos dice que amemos a nuestros enemigos, Él nos da, junto con la orden, el amor mismo".

En el libro The Final Analysis, [El Análisis Final], el autor Philip Yancey dice "el perdón es un acto de fe. Es la creencia de que Dios puede ocuparse de los problemas de justicia. No es justo fingir que algo no sucede. Todavía duele, todavía molesta. El perdón no es justo, pero el perdón es una forma de quitarnos esa carga y dársela a Dios, quien es justo ". Chris Brauns explica como evitar quedar atrapado en el dolor del pasado: "Cuando hemos sido lastimados profunda e injustamente, es tentador rendirse y convertirte en un ser amargado. Esa es una batalla que no podemos permitirnos perder. Centra tu atención en Dios".

PERDONAR ES UNA EXPERIENCIA PERSONAL QUE OCURRE DENTRO DE UNA PERSONA. LO QUE LE SUCEDE A LA OTRA PERSONA, A LA QUE HEMOS PERDONADO, DEPENDE DE ÉL. (LEWIS B. SMEDES)

A medida que usted aprende a confiar en Dios, quien es justo, puede avanzar hacia la relación de sanidad que Dios le ofrece. Usted puede descubrir lo que Pablo quiso decir cuando describió que conocerlo es tan maravilloso que vale la pena renunciar a cualquier cosa que impida reconocer quién es Él realmente. El increíble regalo de Dios para usted incluye una nueva vida ahora y una nueva esperanza para un futuro de comunión amorosa con Él en su vida diaria. El evangelio de Juan, especialmente el capítulo 3, describe claramente cómo puede comenzar la vida de una persona con Dios. Diariamente, su caminar espiritual con Jesús puede crecer a través del estudio de la Biblia, a través de la oración y simplemente disfrutando de los momentos que Él le brinda. *Este es el día que hizo Jehová; regocijémonos y alegrémonos en él* (Salmo 118: 24). La vida se convierte en una aventura cuando caminamos en el amor inagotable de Dios.

¿De qué maneras puede usted entregarle las heridas del pasado a Dios y permitirse ser transformado a través de la profundización de la intimidad con Él?

____

____

____

____

Aceptar la nueva vida que Dios le ofrece y comenzar a vivirla implicará nuevas actividades, nuevas elecciones, nuevas metas y nuevas esperanzas. Busque pequeños grupos de conexión en su iglesia, como estudios bíblicos; intente con otros grupos, como un club de lectura, gimnasio o, si está indicado, un grupo de recuperación local como Celebrando la Recuperación, Alcohólicos Anónimos o Al-anon. Incluso podría buscar en internet actividades en su área que podrían ayudarle a ampliar sus horizontes. Describa a continuación qué actividades o grupos probará esta semana o la próxima.

____

____

____

Incluso cuando decida "seguir adelante hacia la meta", puede sentir dolor emocional. Haga una pausa y lea los Salmos 42, 43 y 71 buscando el tema repetido de desánimo transformado por Dios en esperanza. ¿Qué ideas notó?

____

____

¿Por qué te abates, oh alma mía, Y por qué te turbas dentro de mí? Espera en Dios; porque aún he de alabarle, Salvación mía y Dios mío (Salmos 42:11, RVR1960).

La Biblia no evita las preocupaciones reales. Dios vio (¡y odió!) cada vez que las malas decisiones de otras personas hacían que se sintiera avergonzado, sin valor, herido o solo. Mientras vuelva a culpar a Dios, no podrá comprender que la culpa no le pertenece. La gente tiene la libertad de elegir hacer el bien o el mal y puede tomar decisiones horribles y destructivas. Dios quiere que usted se sane constantemente de las malas decisiones de los demás, dándose cuenta diariamente de que su vida es importante para Él y que usted le ha importado desde antes de que naciera.

Porque tú, oh Señor Jehová, eres mi esperanza, seguridad mía desde mi juventud. En ti he sido sustentado desde el vientre; De las entrañas de mi madre tú fuiste el que me sacó; De ti será siempre mi alabanza. Como prodigio he sido a muchos, Y tú mi refugio fuerte (Salmos 71:5-7, RVR196).

Cuando usted se sienta desanimado, no tiene que rendirse ni ceder ante el desánimo o la desesperación. Después de pensar en Filipenses 3 y Salmos 42, 43 y 71, ¿qué hará usted para pasar del desánimo a la esperanza auténtica? Use el espacio provisto a continuación para enumerar las causas de desánimo en su vida actual y lo que hará para experimentar la esperanza.

CAUSAS DE DESANIMO	PARA EXPERIMENTAR ESPERANZA VOY A...

Dios dice que Él es ______________ cuando usted está oprimido, un refugio en tiempos de problemas (ver Salmo 9: 8-9). "Oprimido" también puede significar tiranizado, forzado o agobiado.

Piense en cómo Dios le ofrece refugio, un refugio seguro y escriba cómo encontrar protección contra el sufrimiento del pasado y del presente en Él*: Juzgará al mundo con justicia y gobernará a las naciones con imparcialidad. El Señor es un refugio para los oprimidos, un lugar seguro en tiempos difíciles (Salmo 9:8-9, NTV)*

En el Salmo 9: 8-9 ¿qué promete Dios hacer acerca de la injusticia?

El profeta Jeremías, conocido como "el profeta llorón" describió la promesa de Dios a los exiliados de Israel: *Porque yo sé muy bien los planes que tengo para ustedes —afirma el Señor—planes de bienestar y no de calamidad, a fin de darles un futuro y una esperanza. Entonces ustedes me invocarán y vendrán a suplicarme y yo los escucharé* (Jeremías 29:11-12, NVI).

Usted también puede sentirse como un desplazado. Puede sentirse desanimado por los años perdidos, por los sueños desaparecidos, por el impacto salvaje que el mal ha causado en su vida. Haga una pausa y considere: su pasado no necesita continuar definiendo su futuro. Vuelva a leer Jeremías 29: 11-12, considerando que usted es importante para Dios. Comprenda que Él quiere darle un futuro de esperanza, de paz y seguridad, luego responda a las siguientes declaraciones, permitiéndose tener esperanza:

Cuando Dios piensa en mí, Él _____________

____

____

LO QUE SE REPRODUCE EN LA PANTALLA DE NUESTRA MENTE ES COMO UNA IMAGEN DE TELEVISIÓN QUE CONTROLAMOS CON UN CONTROL REMOTO ... CUALQUIERA PUEDE SINTONIZAR UNA QUEJA O ELEGIR CAMBIAR AL CANAL DEL PERDÓN. PREGÚNTESE: "¿QUÉ SE ESTÁ REPRODUCIENDO EN MI TV HOY?" ¿ESTÁ SU SINTONIZACIÓN EN CANALES QUE LE AYUDARÁN A SENTIRSE BIEN? (DR. FRED LUSKIN).

Como sus planes para mí incluyen un futuro y una esperanza, yo

____

____

____

____

Después de considerar las dificultades de olvidar situaciones del pasado, ¿qué piensa usted sobre la opción de perdonar?

____

____

____

DÍA CUATRO
Perdón y Seguridad

Para cualquier persona que ha sido herida por otras personas: no es egoísta estar a salvo. Cuando usted reconozca su necesidad legítima de estar seguro, podrá experimentar resistencia de amigos o familiares. Esto a veces ocurre debido a un concepto denominado "homeostasis", que en latín simplemente significa "permanecer en el mismo estado". Lo que se ve en un sistema familiar es que los miembros de la familia no aceptan cambios. Por lo tanto, un sistema familiar con comportamiento abusivo, destructivo o lleno de critica no suele celebrar a un miembro de la familia que ya no tolera el maltrato. Es importante que tenga en cuenta que, a pesar de que otras personas celebren o no su sanidad, su vida es importante: usted vale tanto que es vital seguir avanzando firmemente en su viaje de sanidad individual, es vital que encuentre un sistema de apoyo saludable y que aprenda a vivir en la libertad que Dios provee.

¿Su familia ha apoyado su viaje de sanidad?

____

____

____

Algunos miembros de su familia que le dijeron que no hablara sobre su trauma, tal como el abuso sexual, podrían haber experimentado algo similar y nunca enfrentaron sus propias experiencias traumáticas. Otros podrían estar en relaciones disfuncionales, eligiendo implícitamente proteger a alguien con quien son co-dependientes en lugar de tomar medidas decisivas para proteger audazmente a su propio hijo. Algunas madres temen ser golpeadas o rechazadas por sus novios abusivos. Sin embargo, eso no es una excusa; NUNCA está bien que un adulto permita que un niño sea víctima de negligencia o de abuso, incluido, entre otros, el abuso emocional, espiritual, físico, mental o sexual.

Un adulto, ya sea un padre, un trabajador social, un maestro, un pastor, un vecino o un amigo, que sepa o sospeche que alguien está siendo abusado debe informarlo INMEDIATAMENTE a la policía local o, en los Estados Unidos, a la línea directa gratuita de abuso (800.96 ABUSE - 800.962.2873). Las llamadas se pueden hacer de forma anónima, así que no permita que el miedo a las repercusiones lo eximan de su responsabilidad de informar.

Es fisiológicamente imposible olvidar el trauma, ya que los recuerdos traumáticos almacenados en el regulador emocional del cerebro, la amígdala, pueden "secuestrar" el pensamiento racional en tan solo 0.08 segundos. Con varias técnicas de conexión a tierra usted está aprendiendo cómo manejar rápidamente los recuerdos del trauma cada vez que lo empujan a las 5 Reacciones de Lucha, Huida, Congelación, Fornicación o Alimentación (consulte el capítulo uno). Tan rápido como ocurra un "secuestro" de la amígdala, usted puede arraigarse conscientemente en el presente diciendo algo como: "No estoy allí ahora; Estoy aquí;

Ahora estoy a salvo ". Usted puede usar cualquiera de las técnicas físicas, mentales o de relajación que hemos discutido en *Sanidad del Núcleo* o puede desarrollar sus propias técnicas.

Describa cómo le ayuda utilizar las técnicas de conexión a tierra para moverse a su SNP cuando se reactivan viejos recuerdos de trauma.

____

____

____

El impacto a largo plazo del trauma puede variar desde conflictos en las relaciones hasta un tsunami organizacional que causa estragos que continúan generando destrucción, especialmente cuando esto se produce en el contexto ministerial. Allí, las personas familiarizadas con la palabra de Dios, que nos exhorta a "amarnos unos a otros" (según Juan 13:34), pueden esperar apropiadamente dar y recibir amor incondicional y el tratarse unos a otros con el respeto que las Escrituras describen. Estas personas son fuertemente desconcertadas ante la aparición de vampiros emocionales, personas que simulan de manera desviada y destructiva ser algo que no son. Estos impostores se abren camino en las iglesias al saber cómo agradar y cómo "ayudar" a otros, pero hiriendo hábilmente a las personas mientras fingen amor.

Muchos ministerios han sido severamente dañados o destruidos por personas que actúan como si estuvieran allí para servir, cuando realmente solo quieren el poder y el control que creen que proporciona el liderazgo del ministerio. Buscando la adulación y la atención de los demás, esas personas mienten de manera inteligente y sutil acerca de los líderes legítimos del ministerio para usurpar su liderazgo. Lamentablemente, estos destructores no tienen idea de que el verdadero ministerio implica decir "no" a controlar egoístamente a los demás y decir "sí" a seguir sacrificialmente a Dios, donde sea que Él lo lleve. Muchos líderes han abandonado el ministerio por completo, devastados cuando la gente cree en las mentiras emocionales de un vampiro, en lugar de creer la verdad sobre ellos. Al haber sido tan heridos por personas a las que han servido fiel y humildemente durante años (o décadas), estos líderes realmente tienen miedo de volver a servir en cualquier forma de ministerio.

Los celos y la sed de poder también son tóxicos en los negocios, cuando un colega destruye sistemáticamente la reputación de otro, cuando se atribuye el trabajo de otra persona o cuando obtiene el ascenso que otra persona merecía. La astucia de un depredador podría incluso resultar en la pérdida de un trabajo, junto con un gran estrés traumático adicional. El hambre de poder ocurre en todas las ocupaciones cada vez que una persona elige dominar, manipular o controlar a otras. Estos buscadores de poder usarán astutamente cualquier cosa para lograr sus objetivos, desde sutiles declaraciones verbales hasta sabotear el trabajo de otros. Incluso, algo tan aparentemente inofensivo como el rodar los ojos con desprecio cuando un compañero de trabajo talentoso comienza a hablar puede ayudar a los "vampiros" a minimizar la credibilidad de otras personas y a construir la suya, destruyendo finalmente la seguridad mental y emocional en todo el ambiente de trabajo, de todas las personas, excepto la de los pocos elegidos que son necesarios para cumplir con su oculta agenda.

Aquellos que han "perfeccionado" el arte tortuoso de la manipulación pueden dañar a otros durante años o décadas sin ser atrapados. Algunas de estas personas son sociópatas, se estima que el cuatro por ciento de la población, la cual no tiene conciencia de ello; otros son narcisistas que creen que solo ellos merecen ser admirados y recompensados; otros simplemente están caminando en un estado de egoísmo pecaminoso que los vuelve ciegos a las necesidades de cualquier persona que no sean ellos mismos. Con el tiempo, estos destructores abruman la capacidad de sus víctimas para hacer frente a la vida cotidiana, debido a que la han distorsionado completamente. Si usted ha sido víctima de uno de estos depredadores, es posible que deba trabajar con determinación para poder recordar quién es usted realmente. No permita que sus pensamientos y su comportamiento sean moldeados por un mentiroso y por favor no trate de "hacer las paces" con esas mentiras. Para cualquiera persona que camine en la verdad eso es imposible.

Lamentablemente, muchas personas creen que estar en contacto con las personas que los lastimaron es siempre la opción correcta y no consideran el daño potencial que podría experimentarse al permanecer en contacto con un abusador no arrepentido o con alguien enfocado en cualquier otro tipo de destrucción. Para aquellos a quienes se les pide un consejo acerca de estas situaciones por favor, cuidadosamente, en oración, considere las posibles ramificaciones en la vida de la persona que habla con usted. El siguiente capítulo ofrece opciones para practicar el perdón cuando no es seguro estar en contacto con la (s) otra (s) persona (s). Si es posible, espere hasta completar el capítulo siete antes de decidir cómo dar sabiamente el siguiente paso en su viaje de sanidad.

Comprender el perdón nos ayuda a darnos cuenta de que la reconciliación no siempre es posible y requiere la restauración de la confianza, incluyendo cambios de comportamiento comprobados y probados con el tiempo. El perdón podría conducir a la reconciliación cuando los sobrevivientes de un trauma saben que pueden estar seguros o cuando un abusador demuestra arrepentimiento a largo plazo, acompañado de evidencia tangible de un cambio de comportamiento. Incluso en esos casos sea cauteloso, ya que el abuso, especialmente el abuso sexual, puede ocurrir rápidamente y en secreto. Nunca es una buena idea aceptar alegremente las promesas de cambio de comportamiento de un abusador o confiarle sus hijos a un abusador sexual "arrepentido".

Cuando usted perdona, no está tolerando lo que hizo su abusador; No está diciendo que aquellos que no le protegieron no hicieron nada malo. Si usted es la persona cuyo comportamiento pasado fue incorrecto [como es el caso de los veteranos de guerra o los sobrevivientes de trafico de personas que sufrieron daños morales cuando hicieron cosas que iban en contra de sus propias convicciones], no está diciendo que no hizo nada malo. Está diciendo que se da cuenta de que Jesús realmente hizo lo que dijo que haría: El pagó por todos los pecados y usted está confiando su alma y su sanidad a su cuidado. Usted puede experimentar su perfecto perdón, sanidad, cambio y crecimiento.

Ya sea que haya sufrido en manos de otros creyentes, amigos, familiares o colegas de trabajo, el perdón puede liberarlo del sufrimiento continuo. El perdón, entonces, es algo que hace por usted mismo, no por ellos. Si no perdona, usted está permitiendo tácitamente que el pecado lo controle innecesariamente. Romanos 6:14 (NVI) *Así el pecado no tendrá dominio sobre ustedes, porque ya no están bajo la ley, sino bajo la gracia.* Hoy, usted puede vivir en

EL PERDÓN IMPLICA SACAR AL
DELINCUENTE DE SU "GANCHO" Y
PONERLO EN LAS MANOS DE DIOS.

la gracia de Dios y dejar de permitir que las acciones malvadas suyas o ajenas le hagan sentir indigno, no amado o como un fracaso. Incluso cuando falle de varias maneras (¿y no lo hemos hecho todos?), puede ser útil considerar la descripción del fracaso de Zig Ziglar, él dijo: "El fracaso es un evento, no una persona". No eres un fracaso y Dios te ama, hoy, ¡justo donde estás!

Muchas personas se resisten a perdonar porque piensan que liberarán al delincuente de la corrección o por temor a que nunca se hará justicia si perdonan. Sin embargo, en un sentido real, el perdón es sacar al delincuente de su "gancho" y ponerlo en el "gancho" de Dios.

En lugar de aferrarse a las ofensas propias o ajenas, que gobiernan encubiertamente sus pensamientos o acciones, usted puede confiar en el cuidado perfecto de Dios. ¿Cómo aplicará Romanos 6:14 a sus preocupaciones?

____

____

____

EL PERDÓN IMPLICA SACAR AL DELINCUENTE DE SU "GANCHO" Y PONERLO EN EL "GANCHO" DE DIOS

Lea los siguientes versículos. En el espacio a continuación escriba sus observaciones sobre su comprensión de la actitud de Dios hacia la justicia.

El Señor ama la justicia y el derecho, llena está la tierra de su amor (Salmos 33:5, NVI).

Tú, Señor, escuchas la petición de los indefensos, les infundes aliento y atiendes a su clamor. Tú defiendes al huérfano y al oprimido, para que el hombre, hecho de tierra, no siga ya sembrando el terror (Salmos 10:17-18, NVI).

____

____

____

DÍA CINCO
Imagine la Transformación

Para ayudarle a imaginar un futuro transformado, escriba su respuesta a esta declaración de Lewis B. Smedes: "Perdonar es la única forma de sanar las heridas de un pasado que no podemos cambiar y que no podemos olvidar. El perdón transforma un recuerdo amargo en un recuerdo agradecido, un recuerdo cobarde en un recuerdo valiente, un recuerdo esclavizado en un recuerdo libre. Perdonar restaura el respeto propio que alguien mató". Creo que el perdón podría ayudarme de las siguientes maneras:

____

____

Jesús explicó un aspecto crítico del Perdón: *Deberían orar de la siguiente manera: "Padre, que siempre sea santificado tu nombre. Que tu reino venga pronto. Danos cada día el alimento que necesitamos y perdónanos nuestros pecados, así como nosotros perdonamos a los que pecan contra nosotros. Y no permitas que cedamos ante la tentación* (Lucas 11:2-4, NTV).

La primera razón para perdonar es porque Jesús perdonó nuestros pecados (ver Romanos 6:23) y nos dice que perdonemos a los que pecan contra nosotros. Una segunda razón para perdonar sigue a la primera. El perdón evita la formación de raíces de amargura que se pudren e infectan mucho después de que haya ocurrido una herida. Esas heridas del alma pueden alimentar el resentimiento en lo profundo del alma; un resentimiento que a veces está oculto y se derrama como "desperdicio tóxico" que hiere la vida y destruye

DIOS
TE AMA,
ERES SU
amada
creación.

las relaciones. Aquellas personas que no perdonan pueden reaccionar fácilmente con sentimientos de ira, frustración, irritación, celos, dolor, pueden también sentirse víctimas en cualquier situación, o pueden sentirse obligados a "rescatar" a cualquier persona que esté sufriendo. Rara vez se detienen para preguntarse por qué están agotados continuamente por cuidar indefinidamente las necesidades de los demás.

Elegir perdonar no es elegir olvidar. Después de elegir perdonar, cada vez que usted recuerde la ofensa, puede decirse a sí mismo: "Recuerdo claramente haber perdonado ese evento". Cuando haces esto, el dolor emocional que sigue al estrés traumático puede desvanecerse gradualmente a medida que elige vivir en el presente, momento a momento, en las nuevas emociones que Dios provee.

Debido a que el trauma a menudo abruma e incapacita a quienes lo sobreviven, puede ser intenso volver a visitarlo, incluso cuando sabe que está revisando lo que sucedió en el pasado para poder ser libre del sufrimiento que genera ahora en el presente. Para aquellas personas que sufren angustia, dolor o vergüenza debido a acciones que hicieron bajo coacción o en circunstancias que ahora los llenan de arrepentimiento y remordimiento: soldados que vivieron mientras sus amigos murieron, personas cuyos cuerpos fueron traficados durante meses o años o personas cuyas acciones causaron sufrimiento a amigos, familiares o extraños, aceptar el perdón de Dios puede liberarlo de la agonía del pasado.

DIOS TE AMA, ERES SU CREACIÓN AMADA.

Tómese un momento e imagine ser liberado de su sufrimiento hoy. ¿Qué sería diferente cuando despierte mañana?

¿Qué experimenta cuando recuerda que Dios lo ama y que usted es su creación amada?

USTED PUEDE ELEGIR VIVIR EN LAS NUEVAS EMOCIONES QUE DIOS PROPORCIONA.

CAPÍTULO SIETE

Perdona y Aranza

¿Qué es el perdón y cómo puede ayudar a que su vida avance? El Dr. Fred Luskin lo define como "la sensación de paz que surge cuando usted toma su dolor menos personalmente, cuando se responsabiliza de cómo se siente y se convierte en un héroe, en lugar de ser una víctima en la historia que usted cuenta. El perdón es experimentar paz en el presente. El perdón no cambia el pasado, pero cambia el presente". Luskin, quien realizó una extensa investigación científica como director del Proyecto de Perdón de la Universidad de Stanford, descubrió que el perdón es esencial para nuestra salud en general.

OBJETIVO DE SANIDAD DEL NÚCLEO: DESCUBRIR EL PERDÓN AUTÉNTICO Y VIVIR CON ESPERANZA Y LIBERTAD.

DÍA UNO

Recordando para Perdonar

Conexión a Tierra: ancle su mente en la paz de Dios en este momento, agradeciéndole por su promesa de darle la fortaleza para liberar sus heridas en su perfecto cuidado y experimentar una vida llena de sentido y valor.

ORE EL SALMO 139:23-24 EXAMÍNAME, OH DIOS, Y CONOCE MI CORAZÓN; PRUÉBAME Y CONOCE LOS PENSAMIENTOS QUE ME INQUIETAN. SEÑÁLAME CUALQUIER COSA EN MÍ QUE TE OFENDA Y GUÍAME POR EL CAMINO DE LA VIDA ETERNA (NTV).

El perdón le ayuda a liberar traumas pasados y a descubrir nuevas oportunidades. Sin embargo, un obstáculo que impide avanzar es el tratar de recordar cada incidente traumático que usted haya experimentado. En lugar de quedar atrapado en la introspección, usted puede confiar en que su Buen Pastor lo guiará a lo que necesita recordar y puede permitirle que le ayude a liberar todo (y a todos) a su perfecto cuidado. Así como las personas heridas en accidentes de tránsito a menudo tienen pocos o ningún recuerdo relacionado con el choque que causó heridas físicas graves; del mismo modo, es a menudo imposible recordar detalles sobre el trauma. Los recuerdos de traumas emocionales, mentales, sociales o espirituales, podrían nunca emerger completamente para formar una imagen completa del pasado.

A medida que continúa orando el Salmo 139: 23-24, pídale a Dios que le revele las personas específicas que necesita perdonar, incluyendo a todos aquellos que le hirieron, traicionaron o abusaron de usted, a cualquier persona que debería haberle dado protección, pero no lo hizo y a aquellos que no le creyeron cuando trató de contarles sus preocupaciones. También puede pedirle que le revele sus propias actitudes o acciones que necesitan ser liberadas a su perfecto perdón.

Personas a las que necesito perdonar por traicionarme, abusarme o herirme de alguna manera:

____

____

____

Si se ha sentido lastimado por personas que lo minimizaron o que no entendieron su sufrimiento, estas personas podrían agregarse a su lista. En una página separada o en su libro de trabajo, escriba el nombre de cada persona (o las iniciales, o algún otro símbolo para ayudarle a recordar a quién está perdonando). A medida que Dios se lo revele, agregue otros nombres y mantenga su lista para el trabajo que haremos más adelante en esta semana.

____

____

____

Otro obstáculo para el perdón es asumir que usted tiene que completar algún tipo de "proceso" sin fin antes de poder perdonar de verdad. Puede ser útil preguntarse como sabrá cuando el proceso se completa. El trabajo de esta semana le ayudará a saber cómo liberar las heridas pasadas para seguir adelante. Al ejercer constantemente el perdón, usted puede experimentar constantemente la libertad del control del trauma. En lugar de esperar hasta tener ganas de perdonar, usted puede elegir permitirle a Dios que transforme su forma de sentir. Liberar sus ofensas y las heridas de otros no es desestimarlas, es ponerlas en el cuidado protector de Dios. Perdonar y avanzar incluye tomar decisiones proactivas todos los días para su crecimiento mental, físico, emocional, espiritual y social.

DÍA DOS

Resentimiento y Rencores o Cambio Constructivo

Si usted no perdona, sus experiencias traumáticas continuarán definiéndolo. Como un hámster que corre en círculos en una rueda todo el día, todos los días; el elegir permanecer en actitudes como el resentimiento, la amargura, el enojo o la frustración no lo llevarán a ningún lado.

El Diccionarios de Oxford define al rencor como "un sentimiento persistente de mala voluntad o de resentimiento como resultado de un insulto o una lesión del pasado", "rencor" también significa "quejarse, murmurar, gruñir". Guardar rencores resulta, entonces, en una actitud de queja, refunfuño, resentimiento o en un estado general de "mala voluntad". William H. Walton dijo: "Cargar rencor es como ser picado hasta la muerte por una abeja".

¿Guarda usted rencor? Sí____ No____ Explique

____

____

¿Cómo el guardar rencor es perjudicial para su bienestar?

____

____

En lugar de enfocarse en el trauma que ha experimentado, imagine liberar su sufrimiento a Dios y describa cómo podría sentirse al hacer eso.

____

____

____

____

Escriba en su diario cómo va a confiar sus preocupaciones a Dios, el autor de la justicia.

____

____

____

____

____

____

Cuando consideramos el perdón, también podemos preguntarnos cómo responder en lugar de reaccionar ante el mal en el mundo. Reaccionar ante la violencia sin sentido, la crueldad y la brutalidad puede dejarnos entumecidos e insensibles o en un estado recurrente de amargura o de rabia. Elegir responder con legítimo enojo ante la injusticia puede llevarnos a actuar en nombre de los heridos. ¡Podemos permitirnos sentir nuestras emociones de una manera saludable!

En una entrevista de 2016 a Bono y Eugene Peterson: Bono, el cantante principal de U2, describió una experiencia que vivió un viernes por la noche en 1974 cuando se dispararon tres bombas a las 5:30 pm en el centro de Dublín. Debido a una huelga de autobús, el había montado su bicicleta ese día, en lugar de estar en el autobús como lo hacia habitualmente, razón por la cual no fue afectado por las bombas que explotaron durante la hora pico. Para expresar sus sentimientos sobre las personas que cometen violencia, Bono citó un salmo imprecatorio: "golpea a estos matones en la nariz" (Salmo 35: 1, El Mensaje).

Eugene Peterson, el traductor de la versión de la Biblia El Mensaje, no está diciendo que debemos golpear a quienes nos molestan! Cuando se le preguntó: "¿Qué hacemos con la violencia?", el respondió: "Necesitamos encontrar una manera de maldecir sin maldecir". Él dijo: "La forma de leer los Salmos es a través de los ojos de Jesús. Cuando hay violencia, tiene que haber una cruz ". Jesús sufrió en nuestro lugar, ofreciéndonos el regalo de una vida nueva y de amor (ver Efesios 2: 8-9).

En un mundo sacudido por ataques terroristas, por tiroteos en escuelas y por violencia interpersonal, los salmos imprecatorios nos recuerdan que nuestro Dios bueno también odia el mal. Conscientes de que estamos llamados a amar a Dios y a nuestro prójimo (Lucas 10:27) y también a amar y a orar por nuestros perseguidores (Mateo 5:44), nos damos cuenta de que nuestros corazones necesitan transformación. Diariamente, al permitir que el amor de Dios nos transforme a su imagen (ver Romanos 12: 2 y 1 Pedro 1: 13-25) somos liberados de vivir bajo la tiranía debilitante de la amargura, del odio o de la venganza.

Durante temporadas de desánimo, un salmo imprecatorio puede ayudarle a liberar su dolor en las manos de Dios, a quien usted le importa. *Tú lo has visto; porque miras el trabajo y la vejación, para dar la recompensa con tu mano; A ti se acoge el desvalido; Tú eres el amparo del huérfano* (Salmo 10:14, RVR 1960). Oramos, no para aumentar la ira o maldecir a nuestros enemigos, sino para liberar la ira a Dios, junto con el miedo, la confusión y la tristeza.

Podemos hacer una pausa en la presencia de Dios, esperando escuchar su suave voz, sintiendo su bondad hacia nosotros (a veces, en medio de una gran angustia, ayuda caminar y leer las Escrituras en voz alta. Y a veces, puede ser necesario leer un pasaje cuatro o cinco veces antes de que comience a escuchar lo que Dios le está diciendo). A medida que nos enfocamos en el sufrimiento que Jesús atravesó por amor a nosotros, aprendemos a sentir nuestro propio sufrimiento al mismo tiempo que nos sentimos seguros y podemos sanar. También aprendemos a responder al sufrimiento de los demás sirviendo al Dios de toda la creación, llegando compasivamente a un mundo herido, en lugar de retroceder en autocompasión o en ira.

AL PERMITIR QUE EL AMOR DE DIOS NOS TRANSFORME A SU IMAGEN, SOMOS LIBERADOS DE LA TIRANÍA DEBILITANTE DE LA AMARGURA, DEL ODIO O DE LA VENGANZA.

Cuando obstinadamente elegimos no perdonar, las ofensas propias o ajenas nos mantienen atrapados en un pantano de deterioro mental o emocional en descomposición. En cambio, podemos pedirle a Dios que nos libere de los errores que otros han cometido en nuestra contra, podemos admitir nuestros propios errores y, a diario, podemos permitir que Dios nos libere del mal con su gracia y amor. *Yo confié sinceramente en el Señor y él escuchó mi oración. El Señor me sacó del pozo de la destrucción; me sacó del barro y del lodo. Me puso los pies en la roca, en tierra firme, donde puedo andar con seguridad. Él puso una canción nueva en mi boca, una canción de alabanza a Dios. Mucha gente verá lo que Dios ha hecho y lo alabará; se llenarán de confianza en él* (Salmo 40:1-3, PDT).

Podemos exponer y combatir el mal a través de las artes, de la música, la danza, la poesía, el drama y de la literatura; todo el tiempo presentando esperanza y ayudando a las personas a escapar del dominio del trauma en sus vidas. *Bendice a tus enemigos; sin maldiciones por lo bajo ni entre dientes. Ríete con tus amigos cuando estén felices; comparte sus lágrimas cuando estén caídos. Llévense bien unos con otros; no te enredes con nadie. Hazte amigo de los que no son nadie; no te hagas el gran alguien ... No insistas en vengarte; eso no es para ti. "Yo juzgaré", dice Dios. "Yo me haré cargo de ello"* (Romanos 12:14-16, 19, El Mensaje).

Dios promete establecer su justicia en un mundo injusto, en su tiempo. Mientras tanto, podemos combatir los problemas sociales como el tráfico de personas y la violencia con nuestras palabras y nuestras acciones, orando por los sobrevivientes de trauma y ayudando con provisiones a países devastados por la guerra. Todos podemos hacer algo y podemos pedirle a Dios que nos muestre qué es lo que debemos hacer. *Si a alguno de ustedes le falta sabiduría, pídasela a Dios, y él se la dará, pues Dios da a todos generosamente sin menospreciar a nadie* (Santiago 1:5, NVI).

¡Al avanzar en el perdón, podemos estar seguros de que Dios odia el mal y la injusticia en el mundo que Él diseñó para experimentar la vida, la libertad y el amor! Él quiere que cada uno de nosotros podamos *correr libres, celebrando el gran trabajo de DIOS, cada hueso de nuestros cuerpos riendo, cantando: "DIOS, no hay nadie como tú". ¡Pones de pie al caído y proteges a los desamparados de los matones!"* (Salmo 35:9-10, El Mensaje).

Podemos pedirle a Dios que haga justicia, que *nos libre del maligno* (Mateo 6:13, NVI), orando: *venga tu reino, hágase tu voluntad en la tierra como en el cielo* (Mateo 6:10, NVI). A medida que reconocemos lo que Dios siente hacia la injusticia, la crueldad y el mal, nos damos cuenta de que es seguro liberar todos los males que hemos experimentado a su cuidado amoroso.

Describa cómo se siente cuando se enfoca en esto: *Dios es nuestro amparo y nuestra fortaleza, nuestra ayuda segura en momentos de angustia* (Salmo 46:1, NVI)

¿De qué manera considerar el sufrimiento de Jesús le ayuda a encontrar significado en su sufrimiento?

____

____

____

¿Cuáles son algunas formas prácticas en las que puede ofrecer la compasión y el respeto de Jesús a los demás?

____

____

____

____

____

USTED PUEDE CONTINUAR AVANZANDO HACIA EL PERDÓN, SEGURO DE QUE DIOS ODIA EL MAL Y LA INJUSTICIA EN EL MUNDO QUE ÉL DISEÑÓ PARA EXPERIMENTAR LA VIDA, LA LIBERTAD Y EL AMOR.

USTED PUEDE CONTINUAR AVANZANDO EN EL PERDÓN, SEGURO DE QUE DIOS ODIA EL MAL Y LA INJUSTICIA EN EL MUNDO QUE ÉL DISEÑÓ PARA EXPERIMENTAR LA VIDA, LA LIBERTAD Y EL AMOR.

Continúa avanzando en el Perdón

Cómo Perdonar

Un día, Pedro estaba discutiendo acerca del perdón con Jesús, preguntándole cuántas veces era necesario perdonar a las personas que pecaran contra él. Pensando que estaba siendo noble, Pedro preguntó: "¿Hasta siete veces?" La sugerencia de Pedro fue generosa, porque la enseñanza rabínica tradicional establecía que una persona ofendida debía perdonar a un hermano solo tres veces. Jesús le dijo a Pedro que perdonara, no solo siete veces, sino "setenta veces siete" o 490 veces. Lo que Jesús estaba expresando era que no deberían establecerse límites en la cantidad de veces que perdonamos (Comentario del Conocimiento Bíblico, Mateo 18: 21-22).

Esta semana estamos descubriendo formas específicas en las que el perdón bíblico, tanto hacia usted como hacia los demás, puede acelerar la sanidad de su núcleo. En el capítulo seis, Elizabeth dijo que el relato bíblico de la vida de José le ayudó a comprender el perdón. La vida de José le proporcionó continuas circunstancias en las que fácilmente podría haberse vuelto amargado; en cambio, el tomó decisiones intencionales para perdonar cada caso de traición, de abuso, de abandono, de trato injusto y de crueldad.

Lea y considere los capítulos de Génesis 37 al 39 y observe casos específicos de estrés traumático en la vida de José. El primer evento fue cuando su madre murió al dar a luz a su hermano menor, dejándolo con diez hermanastros y un hermano recién nacido. El siguiente sucedió con el desprecio de sus diez hermanastros, porque él era el favorito de su padre, lo que permitió que sus celos y odio crecieran hasta el punto de que la mayoría de ellos realmente querían matarlo.

En Génesis 37: 25-28, ¿cómo conspiraron los hermanastros de José (todos menos Rubén) para deshacerse de él, en lugar de asesinarlo? Ellos lo __________ como __________. Cuando José fue encadenado y llevado a Egipto, sus hermanos ignoraron su sufrimiento.

Luego, los hermanos traumatizaron a su padre Jacob, llevando el engaño aún más lejos, al sumergir la túnica de José en sangre de cabra y presentársela a su padre. En agonía, Jacob reconoció la ropa de su hijo favorito, llorando dijo: *la túnica de mi hijo es, alguna mala bestia lo devoró, José ha sido despedazado* (Génesis 37:33, RVR1960). Año tras año, los maliciosos hermanos continuaban mintiendo, ignorando las consecuencias que eso producía en su sistema familiar.

Mientras tanto, en Egipto, José sobresalió en su trabajo a cargo de la casa de Potifar hasta que el desastre volvió a ocurrir: mientras hacía lo correcto, experimentó otro tipo de estrés traumático cuando fue acusado falsamente por la esposa de Potifar. Lea Génesis 39: 1-20 para ver las trágicas consecuencias en la vida de José cuando una mujer mintió y él fue injustamente __________.

Olvidado en la prisión, José no se volvió amargado. En cambio, fue una influencia tan positiva que el director de la prisión *puso a José a cargo de todos los prisioneros y de todo lo que allí se hacía* (Génesis 39:22, NVI).

La sorprendente historia continúa cuando José fue liberado de la prisión para convertirse inmediatamente en Primer Ministro de Egipto, segundo al mando de Faraón (sigue leyendo los capítulos 40 y 41 de Génesis para descubrir esa sorprendente serie de eventos).

Dios usó a José para evitar que Egipto muriera de hambre, debido a que el confió en Dios en medio de numerosas y sucesivas angustias. Los diez hermanastros de José, en peligro de morir de hambre en su propia tierra, viajaron a Egipto para comprar granos para que sus familias sobrevivieran, sin darse cuenta de que estaban confiando su supervivencia en las manos del hermano que habían traicionado despiadadamente años atrás. Puede leer esta historia en Génesis capítulos 42 a 46.

Cuando el padre de José murió después de que eventualmente toda la familia se mudara a Egipto, sus hermanos estaban seguros de que José exigiría venganza por la traición que habían cometido, a pesar de que José les había proveído amablemente y fielmente durante años. Génesis 50: 15-21 (NVI) describe lo que sucedió:

Al reflexionar sobre la muerte de su padre, los hermanos de José concluyeron: «Tal vez José nos guarde rencor, y ahora quiera vengarse de todo el mal que le hicimos». Por eso le mandaron a decir: «Antes de morir tu padre, dejó estas instrucciones: "Díganle a José que perdone, por favor, la terrible maldad que sus hermanos cometieron contra él". Así que, por favor, perdona la maldad de los siervos del Dios de tu padre». Cuando José escuchó estas palabras, se echó a llorar. Luego sus hermanos se presentaron ante José, se inclinaron delante de él y le dijeron: —Aquí nos tienes; somos tus esclavos. —No tengan miedo —les contestó José—. ¿Puedo acaso tomar el lugar de Dios? Es verdad que ustedes pensaron hacerme mal, pero Dios transformó ese mal en bien para lograr lo que hoy estamos viendo: salvar la vida de mucha gente. Así que, ¡no tengan miedo! Yo cuidaré de ustedes y de sus hijos. Y así, con el corazón en la mano, José los reconfortó.

Un posible equivalente del verbo "perdonar" se puede encontrar en el latín "condono" o "condonare", que significa "entregar un regalo". José cedió su derecho a exigir que sus hermanos pagaran por el crimen de venderlo como esclavo. En cambio, se entregó a Dios y confió en Él para que Dios proporcionara justicia en su tiempo perfecto. La repetida elección de José de confiar en Dios en medio de las injusticias, lo mantuvo en el camino para cumplir el diseño de Dios para su vida.

¡EL PERDÓN AUTÉNTICO PUEDE ACELERAR LA SANIDAD DE SU NÚCLEO!

Es importante distinguir la diferencia entre lo que le sucedió a José y lo que le sucedió a usted. Por ejemplo, no existe una forma de abuso que sea de alguna manera aceptable o que pueda considerarse que cumple algún tipo de propósito positivo en su vida o en su sistema familiar. (Como discutimos en el capítulo seis, un aspecto importante del perdón es que no necesariamente implica un mayor contacto con su abusador). Hay muchas situaciones en las que no sería seguro tener contacto con la persona o con las personas que le hicieron daño.

¿Qué lecciones positivas sobre el perdón observa en la historia de José?

____

____

____

____

¿Cómo puede aplicar esas lecciones a sus preocupaciones?

____

____

____

____

Después de considerar que "perdonar" puede significar un "regalo", ¿elegirá regalar todo lo que tiene en contra de las personas que le hirieron? Sí____ No____ ¿Por qué?

____

____

____

El Dios del Antiguo Testamento es el mismo Dios del Nuevo Testamento, donde encontramos esta promesa: *Ahora bien, sabemos que Dios dispone todas las cosas para el bien de quienes lo aman, los que han sido llamados de acuerdo con su propósito* (Romanos 8:28, NVI). Dios no causó nuestro sufrimiento, pero el promete que, junto con todo lo demás en nuestras vidas, éste puede "trabajar para nuestro bien" cuando le entregamos nuestras vidas a Él. Cuando elegimos confiarle a Dios nuestro dolor, podemos esperar experimentar esperanza y sanidad.

En nuestras mentes finitas no siempre entendemos los infinitos propósitos de Dios. Sin embargo, Él expresa claramente lo que podemos hacer en Mateo 6:12, donde nos enseña a pedirle a Dios que *perdone nuestras deudas, como también nosotros hemos perdonado a nuestros deudores.* La traducción en latín de esta sección del Padre Nuestro es *et dimitte nobis debita nostra sicut et nos dimittimus debitoribus nostris.* Las posibles equivalencias para la palabra latina "*dimitto*" son "enviar" o "enviar por diferentes caminos". No estamos negando nuestras heridas cuando perdonamos; cuando las "enviamos", las estamos liberando en manos de aquel que puede lograr el bien en nuestras vidas, independientemente de lo que nos haya sucedido.

¿Confiará sus preocupaciones pasadas y actuales a Dios, aceptando su provisión de nueva esperanza, nueva vida y nuevo comienzo? Al darse cuenta de que la oración es simplemente hablar con Dios (¡Aquel que lo ama!), Escriba su respuesta en forma de oración a Él:

____

____

____

____

El mal que ha experimentado (traición, eventos catastróficos, abuso, dolor desgarrador o una pérdida inmensa) no tiene poder para definir su vida, a menos que usted elija permitir que tome el control. Si usted no "regala" su trauma a Dios, las heridas pasadas o presentes pueden continuar dirigiendo su vida con facilidad. Por otro lado, Dios puede proporcionar perfecta paz y justicia, en su momento perfecto y sin ayuda humana.

LOS SENTIMIENTOS DE PERDÓN SIGUEN A LA ELECCIÓN INTENCIONAL DE PERDONAR.

Cuando usted elige perdonar se libera de la opresión de los pecados de los demás. *Porque el pecado [ya no] ejercerá dominio sobre ustedes, ya que ahora no están bajo la Ley [como esclavos], sino bajo la gracia [como súbditos del favor y la misericordia de Dios]* (Romanos 6:14, AMP).

Si usted confronta a la persona que elige perdonar, él o ella podría negar lo que sucedió sin mostrar remordimiento o podría culparlo por lo que hizo. Para su seguridad espiritual, emocional, mental y física, considere en oración si es tiempo de perdonar en silencio, en obediencia a Dios, sin confrontar a aquellos que lo atormentaron. Si se siente guiado a confrontar a una persona (o personas) que lo hirió como parte de su proceso de perdón, busque consejos sabios antes de proceder, como enseña Proverbios: *Mas en la multitud de consejeros hay seguridad* (Proverbios 11:14b, RVR1960).

¿Cómo perdonar? Es una elección que usted puede hacer basada en la verdad, no en los sentimientos. Escriba en su diario las formas específicas en que elegirá perdonar, recibir y aplicar la gracia de Dios hoy:

____

____

____

____

____

____

Una Nueva Perspectiva

La buena noticia sobre el perdón es que usted puede experimentarlo. Puede avanzar con la clara comprensión de que ha liberado a su opresor de su "gancho" y ha transferido las ofensas al "gancho" de Dios. En lugar de minimizar el impacto del daño inherente al trauma, lo ha enfrentado. Ahora es vital saber cómo seguir avanzando, viviendo cada día como alguien libre, sin las trabas del pasado.

Viajemos a Italia para descubrir cómo el perdón nos ayuda a liberarnos de las heridas pasadas, transformando viejos pensamientos, creencias, actitudes y acciones. Vamos a agregar un término náutico, *le vele, a sciogliere*, una palabra italiana que significa "desatar"; ahora el término *sciogliere le vele* significa "desatar las velas, zarpar". El perdón, entonces, es desatarse del sufrimiento pasado, para así liberarse para poder experimentar la autentica vida, el propósito y el verdadero significado. Usted puede elegir dejar que su vida "navegue" en libertad eligiendo continuamente perdonar. En lugar de permanecer atrapado en un trauma pasado, el perdón lo libera para "navegar" lejos de las antiguas fortalezas de amargura, ira, desprecio, celos, rechazo o venganza.

Usted podría pasar el resto de su vida tratando de determinar **por qué** ocurrieron los eventos traumáticos y quedar atrapado en un laberinto de preguntas sin respuesta. Preguntar **"¿Por qué?"** generalmente genera más preguntas que respuestas. Preguntar **"¿Qué?"** en un intento de determinar los motivos de un perpetrador o de encontrar una causa o razón de lo que sucedió, podría dejarlo con una sensación de vacío. El mal es imposible de entender. No tiene sentido dejar que otra persona defina su vida, especialmente si esa persona está desafiando a Dios. Otra pregunta puede ahora ayudarle a encontrar respuestas viables. Esa pregunta es **"¿Cómo?"** En otras palabras, puede elegir mirar expectante a su futuro, en lugar de ser definido por su pasado, confiando en que Dios transformará su dolor.

¿Cómo elegirá vivir hoy para que su pasado ya no lo defina?

____

____

____

____

SU DECISIÓN DE PERDONAR PUEDE DETENER EL PROCESO DE SER CONTROLADO POR RECUERDOS RECURRENTES DE TRAUMA.

Hemos considerado como al comprender la provisión de perdón de Dios, usted puede elegir perdonar antes de "querer" hacerlo. Las personas que esperan hasta que "se sientan listos" para perdonar, nunca lo harán. ¿Perdonamos por lo que Dios hizo, por lo que hacemos nosotros o porque alguien de alguna manera merece ser perdonado?

____

____

____

Su decisión de perdonar puede detener el proceso de ser controlado por recuerdos recurrentes de trauma. Cuando recuerde lo que sucedió en el pasado, usted también puede recordar la provisión de perdón de Dios, en lugar de sentirse retraumatizado. Además, usted puede aplicar rápidamente los ejercicios de conexión a tierra (física, emocional o mental) para anclarse en el presente. ¿Cómo aplicará estas ideas a sus inquietudes?

____

____

____

____

Como se discutió en el capítulo seis, muchas personas piensan que tienen que reconciliarse con los perpetradores que son miembros de la familia. Las Escrituras hablan sobre la reconciliación: *No paguéis a nadie mal por mal; procurad lo bueno delante de todos los hombres. Si es posible, en cuanto dependa de vosotros, estad en paz con todos los hombres. No os venguéis vosotros mismos, amados míos, sino dejad lugar a la ira de Dios; porque escrito está: Mía es la venganza, yo pagaré, dice el Señor. Así que, si tu enemigo tuviere hambre, dale de comer; si tuviere sed, dale de beber; pues haciendo esto, ascuas de fuego amontonarás sobre su cabeza* (Romanos 12:17-20, RVR1960).

Después de la frase, *si es posible*, el pasaje continúa: "*en cuanto dependa de vosotros, estad en paz con todos los hombres*", reconociendo que no siempre es posible estar en paz con todos. Para los sobrevivientes de abuso sexual, emocional y físico: debido a que la mayoría de los actos de abuso son cometidos por personas conocidas por la víctima y no por extraños, tener un contacto continuo con su (s) perpetrador (es) presenta desafíos complejos. Describa la libertad que Dios proporciona para vivir en paz, incluso cuando hay personas con las que no podemos estar en paz:

____

____

____

Aún cuando es imposible reconciliarse con alguien, podemos elegir dejar la venganza por completo en las manos de Dios. El promete ocuparse de las malas acciones de las personas (ver Romanos 12:19). En lugar de ser "*vencidos por el mal*", podemos "*vencer el mal con el bien*" (Romanos 12:21, NVI), lo que puede incluir tomar buenas decisiones en su vida hoy.

Note la perspectiva de Dios con respecto a los pecados de las personas contra los niños: *Él llamó a un niño y lo puso en medio de ellos. Entonces dijo: —Les aseguro que a menos que ustedes cambien y se vuelvan como niños, no entrarán en el reino de los cielos. Por tanto, el que se humilla como este niño será el más grande en el reino de los cielos. Y el que recibe en mi nombre a un niño como este, me recibe a mí. Pero, si alguien hace pecar a uno de estos pequeños que creen en mí, más le valdría que le colgaran al cuello una gran piedra de molino y lo hundieran en lo profundo del mar* (Mateo 18:2-6, NVI).

¿Cómo fue la respuesta de Jesús ante el maltrato de los niños?

____

____

____

Jesús condena las acciones que lastiman a los niños y erosionan su capacidad de confiar. Usted puede confiarle su dolor de manera segura, no solo porque Él entiende lo que usted experimentó, sino porque usted es importante para Él.

El perdón lo libera del trauma pasado. Como se mencionó en el capítulo seis, cada vez que sienta angustia por lo que experimentó o cada vez que recuerde detalles sobre el daño que otros le han hecho, usted puede decir: "Recuerdo claramente haber perdonado eso", para que las malas decisiones de otros no continúen marcando el resto de su vida. Después de elegir conscientemente perdonar y de seguir recordándose a sí mismo que lo ha hecho, las secuelas emocionales del trauma pueden disminuir continuamente.

A medida que comience a comprender el sufrimiento de su Salvador, la intensidad de su dolor disminuirá al ser superada por Su gran amor. *Este es el tipo de vida a la que han sido invitados, el tipo de vida que Cristo vivió. El sufrió todo lo que se presentó en su camino para que sepan que se puede hacer y también para que sepan cómo hacerlo paso a paso. Nunca hizo nada mal, ni una vez dijo nada malo. Lo llamaron cada nombre escrito en el libro y él nunca respondió nada. Sufrió en silencio, contento de dejar que Dios arreglara las cosas. Él usó su cuerpo de siervo para llevar nuestros pecados a la Cruz, para que pudiéramos deshacernos del pecado y ser libres para poder vivir de la manera correcta. Sus heridas se convirtieron en nuestra sanación. Éramos ovejas perdidas, sin saber quienes éramos ni hacia dónde íbamos. Ahora tenemos nombre y somos protegidos para siempre por el Pastor de nuestra alma* (1 Pedro 2:21-25, El Mensaje).

¿Cómo le ayuda considerar el sufrimiento de Jesús y la promesa de que "Sus heridas se convirtieron en su sanidad"?

____

____

____

Por eso, confiésense unos a otros sus faltas (sus fallas, sus pasos en falso, sus ofensas, sus pecados), y (también) oren unos por otros, para que sean sanados (en su espíritu, mente y corazón). La oración (sincera y continua) del justo hace disponible un tremendo poder [dinámico en su mover] (Santiago 5:16, AMP)

Haga una pausa y pregúntele a Dios si necesita pedirle a alguien que lo perdone por algo que ha hecho o no. Escriba lo que necesita hacer y cuándo lo hará.

____

____

____

____

No permita que el perdonar dependa de lo que otra persona hace o no hace. Lo que puede hacer es bendecir a quienes le hirieron de alguna manera, ya sea por abuso, rechazo, terminación de un trabajo, traición o la falta de voluntad de un ser querido para

protegerlo. "Bendecir" no es excusar. La Bendición no tolera el comportamiento incorrecto ni ignora su sufrimiento. En cambio, el "bendecir a los que nos persiguen", es reconocer que todas las personas deben responder a Dios por sus elecciones, actitudes y comportamientos.

Lea los siguientes versículos y busque tres principios acerca del perdón.

Bendigan a quienes los persigan; bendigan y no maldigan.

No paguen a nadie mal por mal. Procuren hacer lo bueno delante de todos.

No tomen venganza, hermanos míos, sino dejen el castigo en las manos de Dios, porque está escrito: «Mía es la venganza; yo pagaré», dice el Señor (Romanos 12:14, 17, 19, NVI).

Principio del Perdón 1:

____

____

____

____

Principio del Perdón 2:

____

____

____

____

Principio del Perdón 3:

____

____

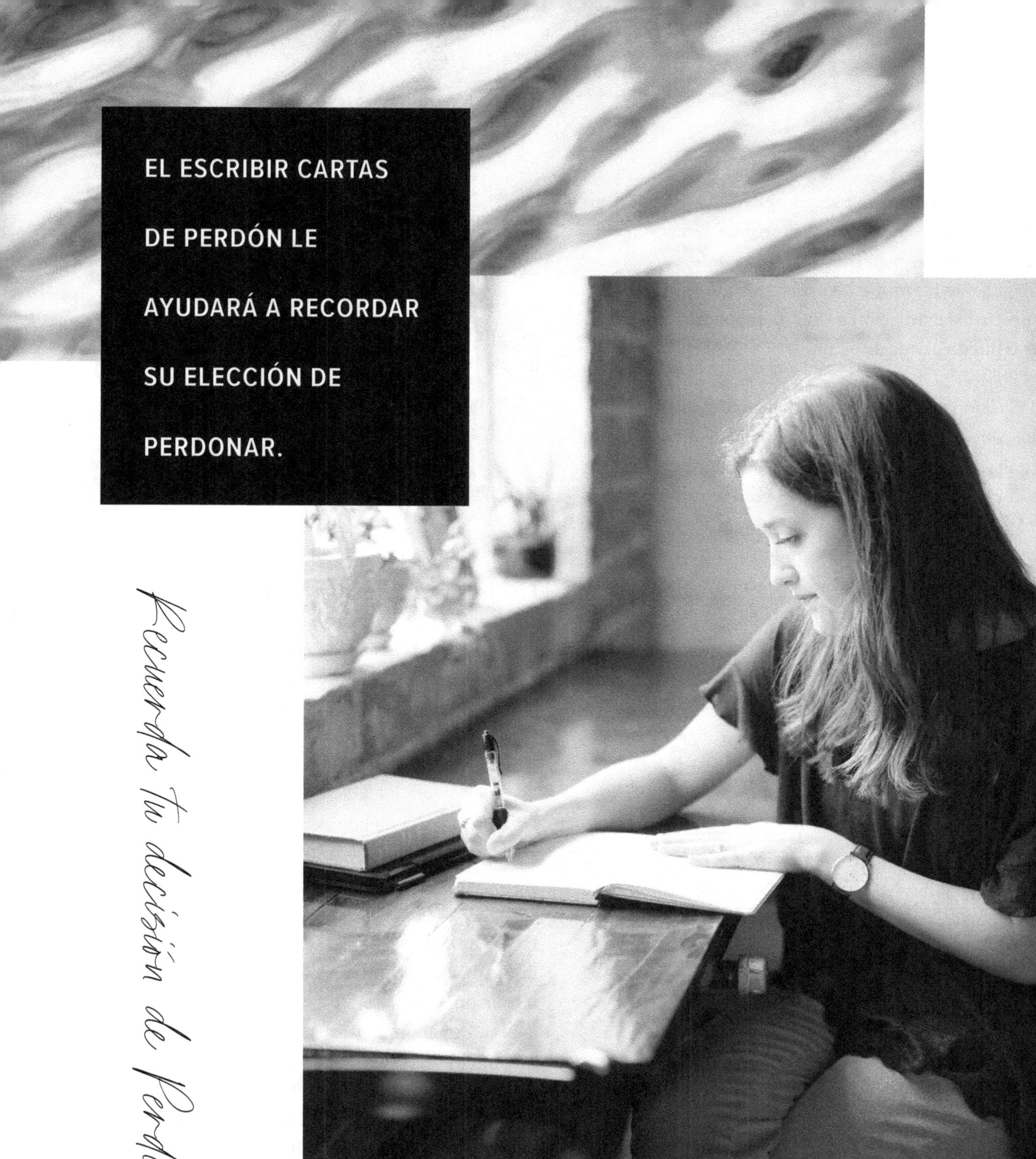
EL ESCRIBIR CARTAS
DE PERDÓN LE
AYUDARÁ A RECORDAR
SU ELECCIÓN DE
PERDONAR.

Recuerda tu decisión de Perdonar

Cuando usted bendice a quienes le causaron daño, no está diciendo con soltura: "Señor, dales una gran vida". No le está pidiendo a Dios que "los ayude a ser feliz hoy". Lo que literalmente está haciendo es confiar cada aspecto de la situación a Dios, dándose cuenta de que Él no puede bendecir el mal.

Su elección de "bendecir" es un acto de obediencia a Dios, que puede no tener sentido hasta que realmente lo haga. Un paso práctico del perdón es liberar la carga de las ofensas de otros a Dios. Usted se está liberando de las emociones dolorosas relacionadas con la venganza, al mismo tiempo en que confía los complejos desafíos de la vida a Dios. Está haciendo una elección intencional para dejar de tratar de resolver problemas que no tienen solución. Al ceder el control de sus preocupaciones a Dios, recuerde Su promesa de tratar con el mal.

¿Dará el paso de bendecir? Sí_____ No_____ Escriba en su diario sobre su decisión.

DÍA CINCO
Escribir y Soltar para Imaginar la Transformación

Usted puede escribir cartas de perdón que le ayudarán a sanar y a crecer, recordando que está haciendo esto por su bien, para ayudarle a perdonar y a seguir adelante. Cuando termine de escribir sus cartas, usted puede romperlas en una trituradora de papel o destruirlas de alguna otra manera, liberando tangiblemente sus preocupaciones en el amor inagotable de Dios. [Si prefiere conservar sus cartas, puede usar seudónimos para las personas que perdona, para su propia protección y la de los demás].

ESCRIBIR CARTAS DE PERDÓN LE AYUDARÁ A RECORDAR SU ELECCIÓN DE PERDONAR

Escribir cartas de perdón le ayudará a recordar su elección de perdonar para que pueda decir sinceramente: "Recuerdo claramente haber perdonado eso", siempre que se desencadenen recuerdos dolorosos en el futuro. Entonces usted podrá avanzar rápidamente, renovado en el conocimiento de que usted está desatado del trauma del pasado.

Escriba la fecha de hoy aquí para ayudarle a recordar su decisión de perdonar.

Paso Uno: el primer día de esta semana se le indico hacer una lista con todas las personas que le hirieron o traicionaron. Agregue a esa lista, en oración, a cualquier persona que usted haya herido o traicionado para que pueda también experimentar el perdón de Dios en su propia vida. Por favor, tómese el tiempo para orar sobre su lista, agregue nombres según sea necesario y pídale a Dios sabiduría mientras escribe. (Incluso si alguien a quien necesita perdonar ha muerto, aún puede escribirle una carta a esa persona).

Paso Dos: recuerde que las cartas están diseñadas para ser un lugar seguro para que usted pueda expresar la profundidad y la importancia de su dolor. **NO ENVÍE POR CORREO sus cartas de perdón**, a menos que tenga a alguien como un pastor o consejero profesional que le ayude a sobrellevar un posible daño nuevo. (Y, a menos que haya una razón convincente, ¿por qué agregar daño a lo que ya ha experimentado?) Sin embargo, las cartas que está escribiendo para pedirle a alguien que lo perdone podrían enviarse por correo si tiene un pastor, consejero o amigo sabio que le ayude con el proceso de hacer enmiendas.

Paso Tres: en páginas separadas, escriba una carta a cada persona en su lista. Mientras escribe su (s) carta (s), recuerde que esta actividad es exclusivamente suya. Los siguientes son elementos que puede incorporar en su carta, eligiendo solo lo que parece útil para su proceso de escritura personal y privado.

• Describa qué edad tenía, el tipo de relación que mantenía con la persona. Describa formas específicas en las que él / ella lo lastimó (o permitió que usted fuera lastimado).

• Si fue abusado o descuidado en la infancia, libérese de cualquier responsabilidad por eso, describiendo a las personas que deberían haber protegido y cuidado de usted.

• Comparta lo que pensaba y sentía (por ejemplo, "pensé que estaba atrapado," "me sentí confundido" o "adormecido" o "aterrorizado", etc.) cuando sucedía.

• Escriba sobre lo que ha experimentado desde entonces.

• Comparta lo que piensa y cómo se siente hacia la persona o hacia la situación en el presente.

• Indique cómo debería haber sido (declaraciones de ejemplo):

"Eras mi padrastro; Deberías haberme protegido y amado.

"Eras mi novio; fingiste preocuparte por mí. Mentiste cuando dijiste que íbamos al cine y me obligaste a subir al asiento trasero de tu auto. No tenías derecho a robar mi virginidad".

"Tú eres mi tía. Una tía debe proteger a sus sobrinas, no descuidarlas y hacerlas robar. Fui a la cárcel porque me hiciste tomar la culpa por ti".

"Durante la mayor parte de mi vida me sentí abrumado por la vergüenza y ahora me doy cuenta de que la vergüenza no me pertenece y nunca lo hizo. No quería que nada de eso sucediera. Elijo liberarme de tus mentiras ".

"Eras mi colega. Trabajamos en el mismo equipo durante 10 años. Mentiste sobre mí y robaste mi promoción. Me costó mi trabajo".

"Me dejaste cuando necesitaba un amigo. Podrías haber estado allí para mí. Deberías haber estado allí para mí, en lugar de dejarme solo en esa situación".

"No debería haber matado a esos niños inocentes. Siento que me volví loco durante esa batalla. Gracias Dios por tu perdón. Te entrego el resto de mi vida, para vivir en tu amor, para tu gloria. Acepto humildemente el sacrificio de Jesús en la Cruz por mis pecados".

"Tú moriste en la batalla, y yo viví. No sé por qué todavía me siento abandonado, pero si lo sé. Te libero de mi amargura y yo también me libero".

• Explique que el perdón no necesariamente incluye la reconciliación; describa qué tipo de relación, si alguna, tendrá con esa otra persona en el futuro. Aunque no esté planeando enviar la carta, indique expectativas y límites claros, incluyendo la forma en que planea mantenerse a salvo de daños mayores.

Si se cometió un delito contra usted, escriba sobre las posibles consecuencias para la otra persona (dándose cuenta de que no está obligado a buscar / obtener justicia, a menos que tenga ayuda para el trauma adicional de ir a la corte). El perdón no significa que la otra persona está siendo liberada de su responsabilidad o de posibles consecuencias legales.

Su perdón no es excusar el comportamiento dañino de los demás.

• Indique lo que está haciendo ahora para "desatarse" del abuso (por ejemplo, "Me estoy alejando del dominio que has tenido en mi mente, en mis emociones y en mi cuerpo. Te estoy perdonando para poder ser libre del mal que me haz hecho").

PUEDES DECIRTE A TI MISMO: "RECUERDO CLARAMENTE HABER PERDONADO ESO", CUANDO RECUERDOS DOLOROSOS SE DESENCADENEN EN EL FUTURO.

A medida que escriba estas cartas pueden surgir muchas emociones. Haga una pausa para orar repetidamente mientras escribe, aplicando Salmo 139: 23-24, permitiendo que Dios lo guíe. Recuerde: el objetivo de escribir cartas de perdón es que pueda liberarse de un trauma pasado, no es de ninguna manera que vuelva a experimentar lo que sucedió. Si el proceso de escritura es más de lo que usted puede soportar, deténgase y revise los capítulos anteriores en busca de aliento y esperanza.

Renueve su mente escuchando música relajante, leyendo un salmo o agradeciendo a Dios por el perdón que Él le brinda. Permítase descansar en su amor, dándose cuenta de que usted se ha alejado del trauma del pasado hacia una nueva esperanza para el presente y para su futuro.

Sé misericordioso y ten compasión de mi, oh Dios, sé misericordioso y ten compasión de mi, porque mi alma se refugia y haya confianza en ti; Sí, a la sombra de tus alas me refugiaré y hallaré confianza hasta que pasen las calamidades y las tormentas destructivas. ¡Clamaré al Dios Altísimo, que actúa en mi nombre y me recompensa [quien lleva a cabo sus propósitos en mi vida y los completa con seguridad]! Él enviará desde el cielo y me salvará de las calumnias y reproches de aquel que me pisotee o me trague, y lo avergonzará. Selah [pausa, y piensa en eso con calma] Dios enviará su misericordia, su bondad, su verdad y su fidelidad (Salmo 57:1-3, AMP).

El que mora en el lugar secreto del Altísimo permanecerá estable y fijo bajo la sombra del Todopoderoso [cuyo poder ningún enemigo puede soportar]. Diré del Señor, Él es mi refugio y mi fortaleza, mi Dios; en Él me apoyo y descanso, ¡y en Él confío [firmemente]! Porque [entonces] Él te librará de la trampa del cazador y de la peste mortal. [Entonces] Él te cubrirá con sus plumas y bajo sus alas confiarás y encontrarás refugio; Su verdad y su fidelidad son un escudo y defensa (Salmo 91:1-4, AMP).

Viviendo en Transformación

Revise los capítulos seis y siete, teniendo en cuenta los conceptos que ha aprendido o las preguntas que aún tiene sobre la elección de perdonar. Permítase simplemente relajarse en este momento, notando la compasión de Dios y tomando conciencia de su presencia.

Describa cómo aplicará lo que está aprendiendo sobre el perdón

____

____

____

____

EL QUE HABITA AL ABRIGO DEL ALTÍSIMO SE ACOGE A LA SOMBRA DEL TODOPODEROSO (SALMO 91:1, NVI).

CAPÍTULO OCHO

¿Quién Soy Yo?

Escriba su respuesta inicial al título de este capítulo: "¿Quién soy yo?"

____

____

____

____

____

____

Revise su respuesta, luego escriba **VE** al lado de las palabras o frases que describan su **Vida Espiritual, S** al lado de cualquier declaración relacionada con el área **Social** de su vida, **E** para las palabras y frases relacionadas con quién es usted **Emocionalmente, I** para descripciones sobre quién es usted **Intelectualmente** y **F** para aquellos comentarios relacionados con su **Físico** [su apariencia,

sus habilidades físicas, salud, etc.]. Puede marcar una palabra o frase más de una vez, si la misma corresponde a diferentes áreas de su vida. Observe el área sobre la cual escribió más palabras o frases descriptivas. ¿Por qué cree que se ha enfocado más en esa área que en las demás?

____

____

____

____

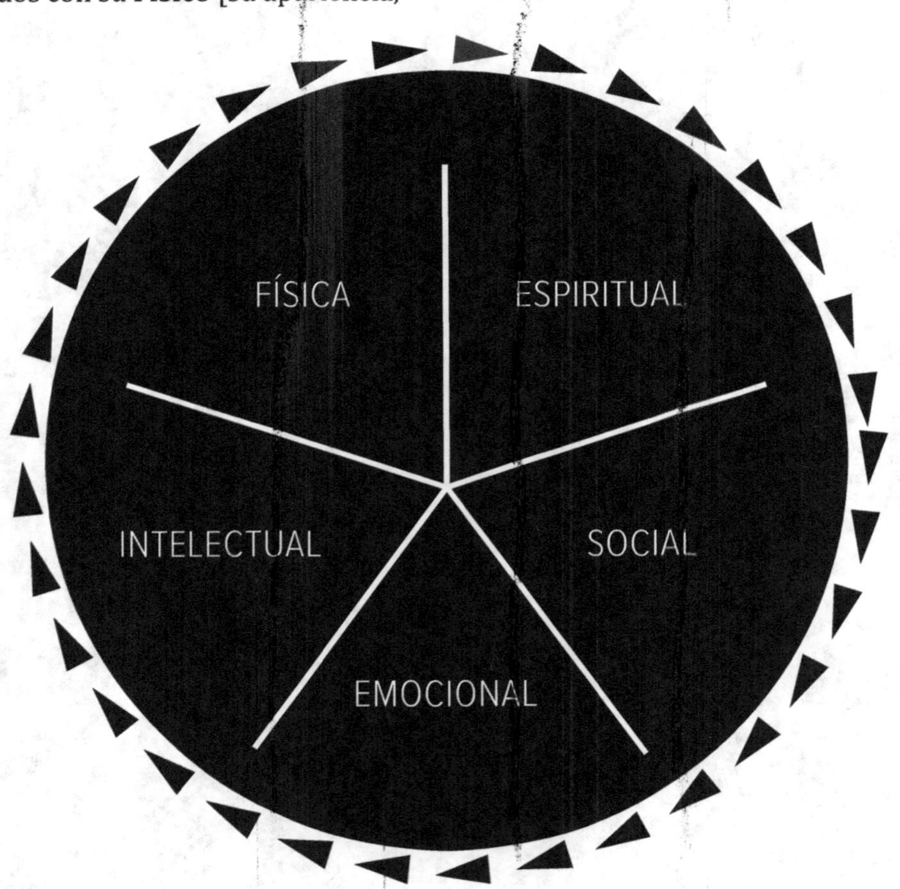

Ejercicio de conexión a tierra: permítase concentrarse en el presente, notando donde usted se encuentra, siendo consciente de sus cinco sentidos: vista, olfato, tacto, gusto y audición.

A medida que comencemos a considerar su identidad, haga una pausa para preguntarse cómo el estrés traumático podría haber moldeado la perspectiva que usted tiene de usted mismo. Las adversidades que usted atravesó y que ha olvidado desde hace mucho tiempo ya, pueden continuar dando forma a cómo se ve a usted mismo, hasta que comience a reemplazar persistentemente los pensamientos negativos automáticos (ver capítulo dos). Tomar decisiones consistentes para vivir en el presente, mientras encuentra nuevas formas de abordar sus preocupaciones, puede evitar que usted quede atrapado en patrones destructivos de pensamiento negativo.

Esta semana estamos considerando cinco áreas de la vida: espiritual, social, emocional, intelectual y física. Cada sección del siguiente gráfico representa una parte importante de quién es usted y cada área es vital para que pueda experimentar una vida plena y significativa. Debido a que los sobrevivientes de trauma a menudo "cierran, reprimen o niegan" sus necesidades y preocupaciones legítimas, saber quién es usted significa fortalecer cada área.

¿Ha notado si usted cierra, congela o adormece sus emociones en cualquiera de las cinco áreas de la identidad? Si es así, describa cómo y cuándo ocurre eso.

____

____

____

____

____

____

____

____

DÍA UNO
Descubriendo la Identidad Espiritual

A menudo las personas dicen: "Estoy tratando de encontrarme a mí mismo". Cuando se les pide que expliquen cómo pueden saber si han cumplido ese objetivo, algunos responden: "Me encontraré a mi mismo, en mí mismo". Esa búsqueda puede resultar en desilusión y desesperanza, porque no fuimos diseñados para encontrarnos en nosotros mismos. Fuimos diseñados para encontrarnos en Dios.

FUIMOS DISEÑADOS PARA ENCONTRARNOS EN DIOS

La idea de encontrarse a usted mismo en Dios puede ser una idea nueva para usted o podría ser algo que usted ya cree. Considere las siguientes declaraciones con respecto a la identidad espiritual:

Jesús dijo: *vengan a mí todos ustedes que están cansados y agobiados y yo les daré descanso [aliviaré y refrescaré sus almas].* (Mateo 11:28, Versión Amplificada). Jesús también dijo *Yo soy el camino, la verdad y la vida —le contestó Jesús—. Nadie llega al Padre sino por (y a través de) mí* (Juan 14:6, AMP).

St. Augustine's Confessions [Las Confesiones de San Agustín] comienzan diciendo: "¡Grande eres tú, oh Señor y digno de ser alabado! Nos has hecho para ti, oh Señor y nuestros corazones no tienen paz hasta que descansan en ti".

En su libro *Mere Christianity* [Simplemente Cristiano], CS Lewis declaró: "Lo que Satanás puso en la cabeza de nuestros primeros antepasados fue la idea de que ellos podían "ser como dioses", que podían establecerse por sí mismos como si se hubieran creado a sí mismos, que podían ser sus propios maestros e inventar algún tipo de felicidad para ellos fuera de Dios, aparte de Dios. Y de ese intento desesperado ha surgido casi todo lo que

FUIMOS
DISEÑADOS
PARA
ENCONTRARNOS
EN DIOS.

llamamos historia humana: dinero, pobreza, ambición, guerra, prostitución, clases, imperios, esclavitud, la larga y terrible historia del hombre tratando de encontrar algo que no sea Dios para que lo haga feliz."

En *Discovering Our Spiritual Identity* [Descubriendo Nuestra Identidad Espiritual], Trevor Hudson ofreció esta definición: "La espiritualidad es ser intencional sobre el desarrollo de las convicciones, actitudes y acciones modeladas por Cristo, a través de las cuales se forma nuestra identidad de seres amados por Dios y se le da aplicación personal en nuestras vidas cotidianas".

Después de considerar la declaración de cada autor sobre la identidad espiritual, escriba una respuesta en su cuaderno, imaginando que está hablando directamente con el autor de cada declaración.

Jesucristo:

____

____

____

____

San Agustín:

____

____

____

____

C. S. Lewis:

____

____

Trevor Hudson:

____

____

____

____

____

Al considerar su identidad espiritual, ¿ha pensado quién es usted en relación con el llamado que Dios tiene para su vida? Explique.

____

____

____

Para ayudarle a descubrir su llamado espiritual, haga una pausa para notar cualquier obstáculo que bloquee su visión del amor de Dios. Una barrera común es la dificultad para confiar en cualquier persona, incluido Dios. Esa falta de confianza forma un muro invisible que impide una vida de espiritualidad vital, un "muro" que se puede derrumbar al seguir constantemente el mandato de la Biblia que *dice confía en el Señor con todo tu corazón, no dependas de tu propio entendimiento. Busca su voluntad en todo lo que hagas y él te mostrará cuál camino tomar* (Proverbios 3:5-6, NTV).

Al pensar en Proverbios 3: 5-6, ¿confiará sus desafíos y preocupaciones a Dios? Si su respuesta es "sí", describa cómo avanzará, eligiendo constantemente confiar en Él.

____

____

____

Si su respuesta fue "no", describa las situaciones y elementos cotidianos que pueden continuar construyendo su "muro" de desconfianza:

____

____

____

____

Un segundo obstáculo para experimentar una vida espiritual floreciente podría ser una actitud de rebelión obstinada o de indiferencia pasiva hacia Dios, lo que la Biblia define como pecado. Según Romanos 3:23 y Romanos 6:23, todos hemos pecado. La buena noticia es que Jesucristo es la provisión de Dios para nuestro pecado. *En esto consiste el amor: no en que nosotros hayamos amado a Dios, sino en que él nos amó a nosotros y envió a su Hijo en propiciación por nuestros pecados. Amados, si Dios nos ha amado así, debemos también nosotros amarnos unos a otros* (1 Juan 4:10-11, RVR1960).

1 Juan 4: 10-11 describe dos conceptos importantes: el primero, la propiciación - el acto en el cual Jesús pagó por todos nuestros pecados. El segundo, debemos amarnos los unos a los otros. Cuando nuestras vidas espirituales son como Dios las diseñó, queremos relacionarnos efectivamente con los demás, tratándolos con el amor ilimitado de Dios, después de experimentar ese amor por nosotros mismos. El "llamado" de Dios para cada uno de nosotros es entonces, enamorarnos continuamente de Él y luego compartir diariamente Su amor con los demás. Pero, ¿qué sucede cuando nos sentimos señalados por el rechazo y el dolor, en lugar de sentir amor y aceptación? Juan 8 describe cómo Jesús trató a una mujer que fue un fracaso a los ojos de la sociedad. Mientras lee esta historia, piense en cómo usted podría haberse sentido:

Jesús regresó al monte de los Olivos, pero muy temprano a la mañana siguiente, estaba de vuelta en el templo. Pronto se juntó una multitud y él se sentó a enseñarles. Mientras hablaba, los maestros de la ley religiosa y los fariseos le llevaron a una mujer que había sido sorprendida en el acto de adulterio; la pusieron en medio de la multitud. «Maestro —le dijeron a Jesús—, esta mujer fue sorprendida en el acto de adulterio. La ley de Moisés manda apedrearla; ¿tú qué dices?». Intentaban tenderle una trampa para que dijera algo que pudieran usar en su contra, pero Jesús se inclinó y escribió con el dedo en el polvo. Como ellos seguían exigiéndole una respuesta, él se incorporó nuevamente y les dijo: «¡Muy bien, pero el que nunca haya pecado que tire la primera piedra!». Luego volvió a inclinarse y siguió escribiendo en el polvo. Al oír eso, los acusadores se fueron retirando uno tras otro, comenzando por los de más edad, hasta que quedaron solo Jesús y la mujer en medio de la multitud. Entonces Jesús se incorporó de nuevo y le dijo a la mujer: ¿Dónde están los que te acusaban? ¿Ni uno de ellos te condenó? Ni uno, Señor —dijo ella. Yo tampoco —le dijo Jesús—. Vete y no peques más (Juan 8:1-11, NTV).

¿Se imagina el miedo y la vergüenza de la mujer mientras estaba sola, esperando, frente a un grupo de hombres que estaban listos para matarla? Describa sus impresiones de este incidente.

____

____

____

____

Con la esperanza de atrapar a Jesús, los líderes religiosos estaban usando a la mujer como rehén, no la veían como una persona de valor. En contraste, Jesús la trató con dignidad y respeto. El versículo 6 describe lo que Jesús hizo durante su interrogatorio: el se inclinó y comenzó a escribir en el suelo con el dedo. Muchos estudiosos de la Biblia creen que estaba escribiendo los pecados específicos de los líderes religiosos, que esperaban con arrogancia poder apedrear a la mujer y condenar también a Jesús por cualquier elección que Él recomendara.

Después de ver lo que Jesús escribió en el suelo y escucharlo decir: *el que nunca haya pecado, que tire la primera piedra,* los fariseos, comenzando por los hombres mayores, arrojaron sus piedras al suelo. En lugar de permitirles condenar a la mujer, Jesús les hizo enfrentar su propio pecado. Uno por uno, se alejaron, dejando a Jesús solo con la mujer. Jesús le preguntó: *Mujer, ¿dónde están los que te acusaban? ¿Ni uno de ellos te condenó?* Ella dijo: *Ni uno, Señor.* Jesús no solo le demostró que Él no la condenó, sino que le dio a la mujer algo proactivo para hacer: ve ahora y deja tu vida de pecado.

A medida que usted observa cómo Jesús trató a esta mujer, ¿puede imaginar el amor que Jesús siente por usted?____Sí ____No. Explique

____

____

____

____

Dios dice: *Con amor eterno te he amado, por eso te sigo con fidelidad* (Jeremías 21:3, NVI)

Observe como usted responde emocionalmente a la afirmación de que Dios lo ama "con un amor eterno". Si se siente cínico o si duda de la declaración de amor de Dios por usted, podría deberse a la forma en que está escuchando la voz de Dios. Haga una pausa para pensar en esto: los sobrevivientes de trauma a menudo escuchan la Palabra de Dios en la "voz" de la persona que abusó de ellos física, sexual, mental, emocional o espiritualmente. Si se da cuenta de que ha estado confundiendo la voz de Dios con "voces" ásperas y crueles de quienes abusaron de usted, puede aprender a reconocer Su verdadera voz, que es amable, tierna y compasiva.

Él librará al indigente que pide auxilio y al pobre que no tiene quien lo ayude. Se compadecerá del desvalido y del necesitado y a los menesterosos les salvará la vida. Los librará de la opresión y la violencia, porque considera valiosa su vida (Salmo 72:12-14, NVI).

Describa cómo está escuchando la "voz" de Dios hoy:

____

____

____

____

Si aún no lo ha hecho, usted puede aceptar el pago de Jesús por sus pecados para avanzar espiritualmente hacia un nuevo futuro y una nueva esperanza. La oración es, por cierto, hablar con Dios. Podría decirle algo como esto: "Señor Jesús, te necesito. Acepto el pago que has hecho en la Cruz por mi pecado y te pido que me hagas la persona que me diseñaste para ser. Gracias por tu increíble regalo de vida eterna".

Si usted ya creyó en Él, puede disfrutar de una relación vibrante con Dios hoy, confiando en su fuerza ilimitada para proporcionarle paz en medio de problemas y transformación en medio de las pruebas. El salmista dice: *Deléitate en el Señor y él te concederá los deseos de tu corazón* (Salmos 37:4, NVI) Él nos guiará a tomar decisiones hacia la sanidad momento a momento, a medida que le permitamos que lo haga.

A medida que continúe la Sanidad de su Núcleo en su identidad espiritual, ¿hará del Salmo 37: 4 su oración?

Sí____ No____. Si respondió "sí", reescriba el Salmo 37: 4 con sus propias palabras. Si respondió "no", escriba sobre los desafíos específicos que usted está experimentando con respecto a confiar en Dios.

____

____

____

DÍA DOS
Identidad Social

Después de cualquier forma de trauma, especialmente el trauma interpersonal, puede parecer imposible funcionar en entornos sociales. Muchas personas se sienten "diferentes" a los demás. Otras personas, a quienes se les ha dicho que no son aceptadas, que no son amadas o que son tóxicas, creen estas crueles mentiras que han escuchado, en lugar de descubrir cómo relacionarse con los demás de manera positiva. Sintiéndose "marcados" por palabras que continúan produciendo sufrimiento invisible, muchas personas sin saberlo (pero voluntariamente) le dan a su pasado un permiso inmerecido para definirlos por el resto de sus vidas.

Al considerar quién es usted **socialmente**, ¿nota alguna forma en que las mentiras de los demás controlan la forma en que usted piensa, se siente o se comporta? Enumere las mentiras que le vengan a la mente.

____

____

Debido a lo que Cristo hizo por usted, hoy puede ir más allá de las relaciones impulsadas por el trauma hacia el amor y la aceptación. A medida que toma nuevas decisiones intencionales, tanto en cómo se ve a usted mismo, como en la forma en cómo interactúa con los demás, usted puede desarrollar relaciones saludables. Dios promete que *ni lo alto ni lo profundo, ni cosa alguna en toda la creación podrá apartarnos del amor que Dios nos ha manifestado en Cristo Jesús nuestro Señor* (Romanos 8:39, NVI) En lugar de esperar a que las personas lo liberen de la soledad, usted puede edificar a otros en el amor que ha recibido de Dios, experimentando la paz interior y creciendo de adentro hacia afuera.

¿Qué etiquetas usted se pone a usted mismo cuando intenta [y algunas veces falla] encajar con los demás? [¿Se llama a usted mismo nombres como "inepto, tóxico, estúpido, inadaptado, desagradable"?]

____

____

____

____

¿Le hablaría a otra persona tan cruelmente como se habla a usted mismo? Sí____ No ____. Escriba varias palabras o frases positivas que puede decir (pensar) de usted mismo, palabras que reflejen el hecho de que Dios lo ama, de que usted es alguien que tiene valor en el mundo que Él creó. Describa cómo estos pensamientos pueden ayudarle a disfrutar estar con otras personas.

____

____

____

____

A menudo, los sobrevivientes de trauma pueden
enmascarar sus emociones, luciendo felices y seguros
en público. Sin embargo, en casa, su familia ve a una
persona totalmente diferente. La ira, la depresión (que
a veces es ira dirigida hacia adentro) o la inseguridad
pueden manifestarse de muchas maneras diferentes.

¿Es usted la misma persona en todo lugar que
frecuenta? Sí____ No____. En caso negativo, describa
cómo y dónde ocurren las diferencias en su
comportamiento.

____

____

____

Usted puede ser proactivo en lugar de desanimarse
cuando le sea difícil conectarte con otras personas.
Si ha desahogado su ira con sus familiares o amigos,
enfréntela y tome medidas para establecer relaciones
saludables con ellos, si es posible. (Si está indicado,
usted puede buscar asesoramiento pastoral o
profesional cuando los problemas en sus relaciones
esten más allá de su capacidad de reparación).

En lugar de permitir que el pasado o el presente
decidan sobre sus relaciones futuras, busque formas
de crecer. Encuentre nuevas actividades que pueda
disfrutar: regístrese en un gimnasio, en estudios
bíblicos, usted puede leerle a personas en un hospital
o en un hospicio, preparar comidas para personas
enfermas, ir a un viaje misionero, ayudar en un
refugio para personas sin hogar, servir en un banco de
alimentos o en un refugio de animales, etc.

Usted no tiene que esperar a que alguien le extienda
una invitación, puede servir como voluntario. Y si el
primer, el segundo o tercer lugar que elije no necesita
voluntarios, siga buscando y orando para saber dónde
puede comenzar a usar los dones que ha recibido. Para
obtener ideas de algunos de los muchos dones que le
han dado y que pueden alentar a otras personas, vea
Romanos 12: 4-8.

¿Qué pasos socialmente positivos tomará a partir de
hoy?

____

____

____

DÍA TRES
Identidad Emocional

Como ser emocional, usted puede conscientemente
liberar las emociones (y las actitudes resultantes)
que no le permiten llegar a donde usted quiere ir. Una
falsa creencia es que tiene que "sentirse bien" antes de
poder sanar. En lugar de concentrarse en sentimientos
ilusorios, usted puede ajustar constantemente su forma
de pensar, experimentando cambios significativos
tanto en sus emociones como en su estado de ánimo.
(Revise el capítulo dos: "No crea todo lo que piensa",
para conocer los pasos prácticos para cambiar sus
pensamientos y así cambiar su mundo).

Por otro lado, es importante que usted observe
sus emociones, permitiéndose sentir en lugar de
"adormecer, reprimir o ignorar" sentimientos legítimos.
Así como las luces en el tablero de un automóvil
le pueden ayudar a identificar las necesidades de
mantenimiento de un vehículo, sus sentimientos
revelan áreas de su vida donde se necesitan cambios y
crecimiento mientras comienza a ir mas profundo y a
vivir en gozo.

COMO SER EMOCIONAL,
TU PUEDES SOLTAR
CONSCIENTEMENTE LAS
EMOCIONES (Y LAS ACTITUDES
RESULTANTES) QUE NO PUEDEN
LLEVARTE A DONDE QUIERES IR.
deja ir las emociones

Al considerar la sección "El Continuo de Emociones" en el día de hoy, observe que se presentan seis emociones resaltadas en letra negrita en cada extremo del continuo. Cada emoción es parte de una gama de sentimientos. Por ejemplo, considere algunos de los desencadenantes de la ira. A menudo decimos: "Estoy enojado", pero lo que realmente sentimos es que estamos heridos, frustrados, irritados, resentidos, celosos o nos sentimos controlados. Es importante aprender a identificar lo que realmente está sucediendo, para que podamos abordar las causas y las preocupaciones de raíz.

Cuando se sienta enojado, permítase sentirlo brevemente; no para "permanecer estacionado" en una persona o una situación, sino para reconocer lo que desencadenó la ira y luego hacer lo que pueda hacer para 1) hacer las paces con la persona que le ofendió, 2) enmendar sus propias ofensas o 3) establecer límites saludables para que esa persona no pueda seguir hiriéndole. Para lograr este trío de salud emocional, usted puede aplicar Efesios 4:26-27, notando que Dios no nos dice que no nos enojemos: nos dice que se lo entreguemos a Él, en lugar de permitir que el enojo se convierta en una emoción dañina como la amargura.

Si se enojan, no pequen: no permitan que el enojo les dure hasta la puesta del sol, ni den cabida al diablo (Efesios 4:26-27, NVI)

¿Cómo aplicará Efesios 4:26-27 la próxima vez que se sienta enojado?

____

____

A veces, la depresión se presenta como ira. La ansiedad puede hacerse pasar por evitación. El trabajo de hoy puede ayudarle a identificar y a manejar cómo se siente.

Hay momentos en que todos debemos permitirnos sentirnos deprimidos, como cuando hemos perdido a un familiar o un amigo, un trabajo, el hogar, la salud física o a una mascota fiel. Negar o evitar el dolor puede resultar en dificultades significativas, mientras que tomarse el tiempo para llorar puede ayudarnos a acceder a las promesas de Jesús: *Dichosos los que lloran, porque serán consolados* (Mateo 5:4). *Dios es nuestro amparo y nuestra fortaleza, nuestra ayuda segura en momentos de angustia* (Salmo 46:1).

¿Cómo podría permitir que Dios lo consuele en medio de sus preocupaciones?

____

____

____

____

En el Continuo de Emociones observe cómo tres emociones llamadas "positivas" citadas en el lado derecho contrastan con tres emociones "desafiantes" en el lado izquierdo. Cuando se sienta enojado, deprimido o ansioso, sus elecciones pueden mover su estado emocional a la calma, la alegría o la seguridad. En lugar de evitar las emociones difíciles, usted puede permitirse aprender de ellas.

Continuo de Emociones

Encierre en un círculo las **PALABRAS** que se aplican a usted en cada lista a continuación.

(Nota: las palabras en cada extremo del continuo son opuestas o extremas).

ENOJADO AMARGADO FRUSTRADO RESPETADO EMPODERADO **CALMADO**

¿Qué otras palabras (como dolido, furioso, celoso, engañado, resentido, ofendido O amado, apreciado, valorado, completo, abierto, perdonado, etc.) describen dónde se encuentra usted en el continuo de la ira?

DEPRIMIDO DESESPERANZADO SOLO CREATIVO AGRADECIDO **GOZOSO**

¿Qué otras palabras (desesperado, humillado, triste, vacío, culpable, avergonzado, inútil, inferior O lleno de esperanza, vivo, conectado, entusiasmado, etc.) representan en qué parte del continuo de la depresión está usted?

ANSIOSO DERROTADO VULNERABLE VALIENTE RELAJADO **SEGURO**

Cuando usted experimenta miedo y ansiedad, ¿hay otras palabras (como preocupado, paralizado, indefenso, rechazado, entumecido O confiado, seguro, comprendido, alentado, protegido, etc.) que describen dónde usted está en este continuo? Si es así, enumérelas a continuación.

Tenga cuidado de no ignorar las emociones desafiantes. Cuando usted se sienta ansioso, busque la fuente de la ansiedad y tome medidas prácticas para confiarle a Dios sus inquietudes, mientras hace lo que puede hacer para abordar los problemas, eventos, relaciones u otros desafíos que se le presenten.

Además de identificar las raíces de las emociones, evalúe cuales son los obstáculos emocionales para su sanidad, como los mecanismos de defensa inconscientes. Su infraestructura emocional activó automáticamente varios mecanismos de defensa emocional para ayudarle a resistir los eventos traumáticos del pasado. Los acontecimientos actuales que alimentan la ansiedad, el conflicto interpersonal, la impotencia y otros pensamientos o sentimientos incómodos, pueden desencadenar o reactivar estos mecanismos que son subconscientes, ineficaces y utilizados en exceso.

Cuando las personas son atacadas físicamente, se defienden o huyen de sus agresores. En el momento de su trauma e inmediatamente después, los mecanismos de defensa emocionales son similares a la respuesta fisiológica de "lucha o huida", los cuales tienen la capacidad de proteger a una persona de experimentar emociones para las cuales no ha sido diseñada. Aunque fueron una respuesta de supervivencia necesaria en ese momento, permanecer en modo de defensa en el presente no es útil ni propicio para la sanidad.

A medida que considera la siguiente lista de mecanismos de defensa, coloque una marca junto a cada mecanismo que usted esté utilizando actualmente.

[ ] Negación [no reconocer lo que realmente sucedió; rechazar un pensamiento o sentimiento perturbador, ignorando o descartando una realidad aterradora].

[ ] Represión [eliminación involuntaria de eventos traumáticos del pensamiento consciente, colocando instintivamente recuerdos dolorosos en el subconsciente]

[ ] Culpa [negar la responsabilidad de tomar nuevas decisiones para crecer y culpar a otros de los desafíos que usted enfrenta, en lugar de buscar soluciones activamente]

[ ] Intelectualismo [usar argumentos intelectuales para explicar sus preocupaciones actuales y no reconocer su responsabilidad sobre sus sentimientos actuales; leer libro tras libro para encontrar nuevas respuestas intelectuales, sin tomar medidas conscientes para cambiar y crecer]

[ ] Humor [en sí mismo el humor puede ser útil. No es útil como mecanismo de defensa cuando se utiliza para desviar conversaciones profundas, para evitar el conocimiento de uno mismo y para evitar reconocer y abordar el dolor]

[ ] Trivializar / Minimizar [por ejemplo, "Oh, mi situación no era tan mala, la suya fue mucho peor", sin admitir la profundidad de su dolor o su necesidad de sanar]

[ ] Proyección [atribuir pensamientos, sentimientos o acciones no deseados a otra persona, por ejemplo, pensar "¡Ella me odia!" cuando realmente no se está aceptando a usted mismo]

[ ] Demostración de ira [explotar en ira cuando otras personas intentan sacarlo adelante; internalizar la ira: negar sus sentimientos de amargura con la racionalización, inventar explicaciones para justificarse e ignorar cómo se siente]

Ahora piense en estrategias de *Sanidad de Núcleo del Trauma* [como reemplazar pensamientos distorsionados según el capítulo dos, como pasar a su SNP del capítulo uno, etc.] que puedan ayudarle efectivamente a manejar el impacto del trauma, en lugar de volver a mecanismos de defensa antiguos e ineficaces. Describa una estrategia que ya haya utilizado o una que intentará utilizar para disfrutar de su vida hoy:

____

____

____

____

Dios tiene algo mejor para usted que cualquier cosa que el mundo pueda ofrecerle. Jesús dice *'yo los he amado como mi padre me ha amado. Siéntanse como en casa en mi amor. Si cumplen mis mandamientos, permanecerán íntimamente en casa, en mi amor. Eso es lo que yo he hecho: he cumplido los mandamientos de mi padre y me he sentido como en casa en su amor. Les he dicho estas cosas con un propósito: que mi alegría sea su alegría y que su alegría sea totalmente completa. Este es mi mandamiento: ámense los unos a los otros como yo los he amado"* (Juan 15:9-12, El Mensaje).

Si usted se ha apagado emocionalmente, no solo se está robando a usted mismo la posibilidad de disfrutar del amor y del gozo que Dios le ofrece, también le está robando a otras personas la alegría de conocer a la verdadera persona que Dios diseñó cuando lo creó a usted. ¿Qué es lo que le impide aceptar el regalo de gozo y amor de Dios?

____

____

La culpa es una emoción que mantiene a muchas personas atrapadas en el pasado. Si usted experimenta culpa, haga una pausa para preguntarse si es culpa falsa o culpa real. La culpa falsa nos mantiene en un estado repetitivo de auto condenación y acusación, sin esperanza de poder escapar. La verdadera culpa se podría denominar "convicción", la cual es un estado en el que el Espíritu Santo nos convence de actitudes o acciones que se pueden cambiar. La culpa falsa nos lleva a la condena y en ella no hay salida. Cuando Dios nos convence de algo, Él nos proporciona la salida. *Si confesamos nuestros pecados, Dios, que es fiel y justo, nos los perdonará y nos limpiará de toda maldad* (1 Juan 1:9, NVI).

¿Cómo puede aplicar 1 Juan 1: 9 a sus inquietudes?

____

____

____

____

Dios promete limpiarnos de toda injusticia. La versión amplificada de 1 Juan 1: 9 dice: *Si [libremente] admitimos que hemos pecado y confesamos nuestros pecados, Él es fiel y justo (fiel a su propia naturaleza y a sus promesas) y perdonará nuestros pecados [descartará nuestra anarquía] y [continuamente] nos limpiará de toda injusticia [todo lo que no esté en conformidad con su voluntad, propósito, pensamiento y acción].*

Al considerar 1 Juan 1: 9 en ambas traducciones, ¿nota usted que es el trabajo de Dios, no el nuestro, limpiar nuestras vidas del pecado y lograr la transformación interna y externa? Es nuestro trabajo permitirle que Él haga su magnífica obra.

Tómese unos minutos para describir la libertad total de la culpa falsa y real que Dios le ofrece ahora.

____

____

____

____

DÍA CUATRO
Identidad Intelectual

Algunas personas van a toda marcha en un área de la vida. Para ciertas personas es mucho más fácil seguir obteniendo títulos académicos que sentir el dolor emocional. (Puede recordar del tercer día que el intelectualismo puede ser un mecanismo de defensa emocional).

¿Se esfuerza usted tanto para tener éxito académico que descuida tomarse tiempo para relajarse y disfrutar de su vida? Sí ___ No ___ Explique:

____

____

No hay absolutamente nada de malo en tener éxito académico; de hecho, es una gran idea continuar aprendiendo y creciendo durante toda la vida. El punto aquí es simplemente notar su motivación. ¿Está usted enfrentando su pasado, lidiando con él y avanzando en la vida o está dejando que algo le impida experimentar un cambio y crecimiento interno?

____

____

Una posible complejidad ocurre cuando su educación, sus metas, sus planes, su capacitación y sus expectativas se ven destrozados por una pérdida inesperada. Charles Wenar, citando la teoría de Erik Erikson, define a la identidad como "la búsqueda de la

Lucas 18:14, El Mensaje

continuidad interna y la mutualidad interpersonal que comienza en la adolescencia y se evidencia por una elección vocacional". Si su identidad está envuelta en su vocación, ¿qué sucede con su identidad si usted pierde su trabajo?

____

____

A medida que usted se da permiso para reconocer y aceptar el dolor producido por los eventos traumáticos del pasado y / o las pérdidas, ¿cómo podría esto ayudarle a restablecer un sentido saludable de identidad intelectual?

____

____

David G. Benner dijo: "Antes de que podamos entregarnos, debemos convertirnos en nosotros mismos, ya que nadie puede renunciar a lo que él o ella no posee primero ... Antes de que podamos convertirnos en nosotros mismos, debemos aceptarnos a nosotros mismos tal como somos. La auto aceptación siempre precede a la entrega genuina y a la auto transformación." Lucas 18:14 (El Mensaje) explica, *... si estás contento de ser simplemente tu mismo, serás más que tu mismo.*

SI ESTÁS CONTENTO DE SER SIMPLEMENTE TU MISMO, SERÁS MÁS QUE TU MISMO (LUCAS 18:14, EL MENSAJE)

¿Cómo sería para usted "ser más que usted mismo"?

____

____

Porque el Señor tu Dios está en medio de ti como guerrero victorioso. Se deleitará en ti con gozo, te renovará con su amor, se alegrará por ti con cantos (Sofonías 3:17, NVI). Usando su capacidad intelectual, haga una pausa para pensar y luego describa la perspectiva de Dios sobre su valor.

____

____

¡Su mente puede ayudarle a reentrenar todas las áreas de su vida! El apóstol Pablo explica cómo elegir lo que piensa. *Ya que han resucitado con Cristo, busquen las cosas de arriba, donde está Cristo sentado a la derecha de Dios. Concentren su atención en las cosas de arriba, no en las de la tierra, pues ustedes han muerto y su vida está escondida con Cristo en Dios. Cuando Cristo, que es la vida de ustedes, se manifieste, entonces también ustedes serán manifestados con él en gloria* (Colosenses 3:1-4, NVI).

En Colosenses 3: 1-4, ¿Qué cosas son las que debemos buscar? ¿Y dónde debemos concentrar nuestra atención?

____

____

¿Qué justificación da el Apóstol Pablo para elegir enfocarse en algo diferente de lo que está sucediendo en la tierra?

____

____

En Filipenses, el Apóstol Pablo registra algunas de sus muchas calificaciones intelectuales. *Sin embargo, todo aquello que para mí era ganancia, ahora lo considero pérdida por causa de Cristo. Es más, todo lo considero pérdida por razón del incomparable valor de conocer a Cristo Jesús, mi Señor. Por él lo he perdido todo, y lo tengo por estiércol, a fin de ganar a Cristo y encontrarme unido a él. No quiero mi propia justicia que procede de la ley, sino la que se obtiene mediante la fe en Cristo, la justicia que procede de Dios, basada en la fe. Lo he perdido todo a fin de conocer a Cristo, experimentar el poder que se manifestó en su resurrección, participar en sus sufrimientos* (Filipenses 3:7-10a, NVI).

¿De qué manera sintió Pablo que el conocer a Cristo era más valioso que sus múltiples logros personales?

____

____

Las armas con que luchamos no son del mundo, sino que tienen el poder divino para derribar fortalezas. Destruimos argumentos y toda altivez que se levanta contra el conocimiento de Dios, y llevamos cautivo todo pensamiento para que se someta a Cristo (2 Corintios 10:4-5, NVI).

De 2 Corintios 10: 4-5 describa cómo debemos manejar nuestros pensamientos y explique qué significa para usted "llevar cautivo".

____

____

El Apóstol Pablo era un intelectual, hablaba numerosos idiomas, era un viajero del mundo y un líder espiritual. ¿Por qué cree que él vio la necesidad de ceder sus procesos de pensamiento a Cristo?

____

____

¿Cómo le ha ayudado el trabajo de hoy a valorar y a dirigir su identidad intelectual?

____

____

El corazón es irremediablemente oscuro y engañoso, un rompecabezas que nadie puede resolver. Pero yo, *Dios, examino en el corazón y la mente. Llego al corazón humano. Llego a la raíz de las cosas. Las trato como realmente son, no como pretenden ser* (Jeremías 17:9-10, El Mensaje).

Según Jeremías 17: 9-10, ¿de quién es el trabajo de buscar y examinar su mente y corazón?

____

¿Le pedirá a Dios que le ayude mientras continúa su viaje de sanidad? Sí___ No___ Escriba su respuesta:

____

____

____

____

Si tiene preguntas intelectuales sobre creer en Dios, puede leer uno de los libros enumerados al final de este capítulo en "Validez de su fe".

DÍA CINCO

De la Identidad Física a la Transformación

Para ayudarle a comprender la intrincada creación del cuerpo humano y espiritual, lea *Fearfully and Wonderfully Made* [Temeroso y Maravillosamente Diseñado] escrito por el cirujano británico Dr. Paul Brand y por el autor estadounidense Philip Yancey. Este libro le ayudará a apreciar la magnífica complejidad de su cuerpo.

Usted puede aprender a cómo estar físicamente completo, aún si su cuerpo en la actualidad es diferente a su cuerpo antes del trauma. Para aquellas personas que han experimentado una lesión cerebral traumática (LCT), la pérdida de una extremidad u otras afecciones médicas graves, busque asesoramiento de médicos expertos que puedan ofrecerle ayuda práctica. Si a un experto no parece importarle, ¡siga buscando a alguien que lo haga y que lo valore como una persona creada a imagen de Dios!

Uno de los desafíos que enfrentan algunos sobrevivientes de trauma se conoce en el DSM-5 como "trastorno de síntomas somáticos". Las personas que experimentan este trastorno pueden experimentar una ansiedad creciente con respecto a diversas dolencias médicas, que podrían estar enraizadas en ramificaciones emocionales del trauma. Los síntomas físicos deben ser evaluados por un médico, no ignorados ni minimizados. Sin embargo, cuando los médicos afirman que no pueden ayudar con sus quejas físicas específicas, consultar a un profesional de la salud mental puede ayudar a determinar si esos síntomas tienen una base emocional y podrían beneficiarse con la asesoría adecuada.

En el libro *The Stress of Life* [El Estrés de la Vida], Hans Selye, M.D., explica que la mayoría de las personas no se dan cuenta de que "saber lo que duele tiene un valor sanador inherente ... Las pinzas del estrés tienen tres puntas. Ya sea que nuestra dolencia sea un forúnculo en la piel, una enfermedad en un riñón o una mente perturbada, el estudio cuidadoso de la afección generalmente revelará que consta de tres elementos principales: 1) El estresor, el agente externo que inició el problema; 2) Las defensas, que son, entre otros, las hormonas y los estímulos nerviosos que alientan al cuerpo a defenderse del estresor de la mejor manera posible; 3) Los mecanismos de rendición, que son los estímulos hormonales y nerviosos que alientan a nuestro cuerpo a no defenderse ". El autor continúa explicando, "a menudo podemos eliminar el estresor nosotros mismos una vez que hemos reconocido su naturaleza o podemos ajustar la proporción entre las defensas y los mecanismos de rendición en el mejor interés de mantener nuestro equilibrio ".

PIENSE EN FORMAS ESPECÍFICAS EN LAS QUE USTED PUEDE REDUCIR SU ESTRÉS, ALENTANDO A SU CUERPO A RELAJARSE EN LUGAR DE "DEFENDERSE" A SÍ MISMO.

Hemos analizado los mecanismos de defensa anteriormente en este capítulo. ¿Hay alguna forma de reducir el estrés simplemente al alentar su cuerpo a relajarse en lugar de "defenderse"?

____

____

Los sobrevivientes de trauma pueden dejar de vivir en modo de defensa y comenzar a disfrutar plenamente de su vida. Un área en la que muchos sobrevivientes de trauma tienen pocas esperanzas de disfrutar la vida es en lo que respecta a la intimidad sexual. Especialmente para aquellas personas que fueron abusadas sexualmente, la idea de la intimidad puede ser difícil y confusa. Algunas personas tienen poco interés en su sexualidad, otras tienen un apetito sexual casi insaciable, pero poca o ninguna capacidad de conexión íntima emocional, mental o espiritual.

La forma en que se habla a usted mismo sobre la intimidad, puede transformar la forma en que usted se ve en esta área. Alguien dijo: "El cerebro es el órgano sexual primario". Usted puede asegurarse: "La intimidad con mi cónyuge no es abuso sexual; puedo disfrutar de toques seguros ahora; puedo decir lo que se siente bien y lo que no se siente bien y espero que mi cónyuge me respete y no me abuse ". El abuso sexual es un acto de poder y control. La verdadera intimidad ocurre cuando dos personas se sienten seguras, estableciendo entre si constante conexiones emocionales, mentales y espirituales saludables, junto con la intimidad física. Si un toque sexual desencadena sensaciones físicas que le recuerdan el abuso, puede decirse: "Estoy aquí ahora. No estoy ahí. Estoy a salvo ahora. Estoy aprendiendo el verdadero diseño de Dios para mi matrimonio ".

Leer el Cantar de los Cantares puede ayudarle a ver el hermoso e intrincado diseño de Dios para la intimidad matrimonial. Si tiene inquietudes en esta área, podría beneficiarse de algunos de los libros enumerados en la sección de Intimidad, al final de este capítulo.

Poner demasiado énfasis en nuestros cuerpos: cómo se ven, como huelen o como se sienten, lo que logran o con quién están caminando, nos confunde. Demasiada preocupación en nuestra identidad física, en realidad podría aumentar los problemas físicos. Sin embargo, no prestar atención o no comprender la forma en que funcionan nuestros cuerpos, puede tener resultados desastrosos.

EL DOLOR DEL PASADO O DEL PRESENTE NO DEFINE QUIEN ES USTED. USTED HA SIDO CREADO A IMAGEN DE DIOS, LLENO DE VALOR, DE DIGNIDAD Y FUERZA.

Imagine la transformación

Independientemente de cómo ocurrió su trauma, éste puede afectar cualquier área de su identidad. Su cuerpo puede haber sufrido lesiones que cambiaron la forma en que vive su vida. Usted puede entrenarse no solo para aceptar el cambio como una parte inevitable de la vida, sino como una invitación para crecer emocional, mental, espiritual, social y físicamente. Su vida importa y usted puede aprender a disfrutarla en el cuerpo que tiene ahora. Usted puede ser intencional reclamando el diseño de Dios para su vida.

Como un pastor en Queens, Nueva York, llamado Peter Scazzero quien fingió que lo tenía todo bajo control. Su esposa le ayudó a darse cuenta de que no era así. En su libro, Emotionally Healthy Spirituality [Espiritualidad Emocionalmente Saludable], Scazzero explicó: "Estaba atrapado en un nivel inmaduro de desarrollo espiritual y emocional. Y mi forma de vivir la vida cristiana, en ese momento, no estaba transformando los lugares profundos de mi vida". Él descubrió que todos necesitamos" desmantelar el falso yo y permitir que nuestro verdadero yo en Cristo emerja" y ofrece las siguientes cuatro verdades para ayudarnos a hacer la transición radical de vivir fieles a nuestro verdadero ser en Cristo:

1. Preste atención a su interior en silencio y soledad.
2. Encuentre compañeros de confianza.
3. Salga de su zona de confort.

4. Ore por valor.

¿Qué pasos específicos tomará para recuperar su vida (mente, cuerpo, intelecto, emociones y relaciones) de acuerdo con el diseño de Dios?

____

____

____

____

____

____

Algunas ideas de libros

Funciones Cerebrales

Amen, Daniel. *Change Your Brain, Change Your Life: The Breakthrough Program for Conquering Anxiety, Depression, Obsessiveness, Anger, and Impulsiveness"* [Cambia tu cerebro, cambia tu vida: el programa innovador para conquistar la ansiedad, la depresión, la obsesión, la ira y la impulsividad"] (Three Rivers Press).

Henslin, Earl and Amen, Daniel. *This Is Your Brain on Joy* [Este es su Cerebro en Gozo] (Thomas Nelson).

Emociones

Scazzero, Peter. *Emotionally Healthy Spirituality: Unleashing the Power of Authentic Life in Christ* [Espiritualidad emocionalmente saludable: liberando el poder de la vida auténtica en Cristo] (Thomas Nelson)

Relaciones interpersonales
Benner, David G. *The Gift of Being Yourself: The Sacred Call to Self- Discovery* [El don de ser tu mismo: el llamado sagrado al autodescubrimiento] (IVP Books).

Carter, Dr. Les and Minirth, Dr. Frank. *The Anger Workbook* [El Libro de Trabajo de la Ira] (Nelson).

Chapman, Gary. *The Five Love Languages* [Los Cinco Lenguajes del Amor] (Zondervan).

Cloud, Henry, and Townsend, John. *Safe People* [Personas Seguras] (Zondervan).

Smalley, Gary. *The DNA of Relationships* [El ADN de las Relaciones] (Tyndale).

Wibbels, Alan & Marti. *Relationships Pure and Simple: A Biblical Perspective on Relationships* [Relaciones puras y simples: una perspectiva bíblica sobre las relaciones] (Loring Gate).

Intimidad Sexual
Penner, Clifford and Joyce. *The Gift of Sex: A Christian Guide to Sexual Fulfillment* [El don del sexo: una guía cristiana para la satisfacción sexual] (W Publishing Group).

Rosenau, Douglas E. *A Celebration of Sex: A Guide to Enjoying God's Gift of Sexual Intimacy* [La Celebración del sexo: una guía para disfrutar el don de Dios de la intimidad sexual] (Thomas Nelson).

Wheat, Ed and Wheat, Gaye. *Intended for Pleasure* [Destinado al placer] (Revell).

Preocupaciones Físicas
Brand, Paul, and Yancey, Philip. *Fearfully and Wonderfully Made* [Temerosa Y Maravillosamente Diseñado]. (Zondervan)

Selye, Dr. Hans. *The Stress of Life* [El Stress de la Vida] (McGraw-Hill).

Swensen, Richard A. *Margin* [Margen] (NavPress).

Validez de su fe
McDowell, Josh. *The New Evidence That Demands a Verdict* [La nueva evidencia que exige un veredicto] (Thomas Nelson).

Strobel, Lee. *The Case for Christ: a Journalist's Personal Investigation of the Evidence for Jesus* [El caso Cristo: la investigación personal de un periodista de la evidencia de Jesús] (Zondervan).

CAPÍTULO NUEVE

descubriendo el propósito

Los primeros ocho capítulos de Sanidad del Núcleo ofrecieron variadas oportunidades para el crecimiento y la renovación, ayudándole a desarrollar confianza junto con el conocimiento sin obstáculos de que usted es valioso: ¡su vida es importante! Ahora es el momento de explorar el potencial de crecimiento en otra área esencial: el Propósito.

George Barna, director del Grupo de Investigación Barna, descubrió que casi la mitad de todos los adultos dicen que todavía están buscando sentido y propósito en la vida; dos de cada tres adolescentes todavía buscan dirección. "El significado y el propósito", afirma Barna, "se obtienen mediante el desarrollo de la comprensión espiritual".

¿Qué es el propósito? En su manifiesto sobre el significado de la vida, Rick Warren dijo: "El propósito de tu vida es mucho mayor que tu propia realización personal, que tu tranquilidad o incluso que tu felicidad. Es mucho más grande que tu familia, que tu carrera o incluso tus sueños y ambiciones más grandes. Si quieres saber por qué fuiste colocado en este planeta, debes comenzar con Dios. Naciste por su propósito y para su propósito ".

> **OBJETIVO DE SANIDAD DEL NÚCLEO: ENTENDER Y APLICAR SU PROPÓSITO DE VIDA.**

Conexión a tierra: antes de continuar la lección de esta semana practique la conexión a tierra, anclando su mente, sus emociones y su cuerpo en el presente. Para hacerlo puede escuchar una canción como "Ancla", de Family Church Worship (disponible en YouTube, Spotify, Deezer, etc.), concentrándose en las palabras que esta contiene. El coro dice: "Eres mi sustentador, eres mi ancla, mi confianza permanece en ti y no seré movido". Todos los días, podemos anclarnos en Cristo, la roca sólida que nunca cambia.

DÍA UNO
Encontrar el Enfoque

A medida que consideramos el propósito, ayuda dejar de lado las ideas preconcebidas, como la falsa creencia de que las personas verdaderamente valiosas están de alguna manera "dotadas" con capacidades especiales, logros importantes, valores de la sociedad, una apariencia atractiva u otro valor derivado de la cultura. Esta semana estamos considerando cómo vernos a nosotros mismos y a cualquier cosa que Dios nos lleve a hacer, con un significado intrínseco en su propósito general.

El énfasis de nuestra cultura en el éxito —en diversas áreas desde la riqueza y la educación, hasta los negocios o la prominencia social— puede generar euforia o desánimo, dependiendo de donde se encuentre en el espectro subjetivo del éxito. Vivir según la definición de éxito del mundo, ya sea alcanzando un pináculo de logro en el campo de uno o recibiendo la aclamación del público, es tan difícil de alcanzar como capturar una sombra. Una vez que usted cree que lo tiene, no lo tiene. Mientras que algunas personas disfrutan de la experiencia empresarial y otras se sienten seguras después de alcanzar la excelencia en la educación o en diferentes logros, todas las mediciones externas de éxito pueden cambiar en un momento. Un incidente traumático puede cambiarlo todo; y a veces se vuelve imposible hacer lo que usted solía hacer antes del trauma.

A veces una visión del mundo (una perspectiva filosófica de cómo se ve el mundo) puede obstruir el sentido de propósito de una persona. Para alguien cuya visión del mundo se basa en las arenas movedizas de la filosofía del mundo, el trauma y las incertidumbres que lo acompañan pueden desestabilizar completamente la vida. Para aquellas personas cuya visión del mundo incluye creer que Dios nos diseñó para experimentar y vivir con un propósito claro, ninguna cantidad de trauma puede evitar que encuentren un significado vibrante en la vida.

SI QUIERES SABER POR QUÉ FUISTE

COLOCADO EN ESTE PLANETA, DEBES

COMENZAR CON DIOS. NACISTE POR

SU PROPÓSITO Y PARA SU PROPÓSITO

(RICK WARREN).

La cosmovisión cristiana comienza con el concepto de que Dios creó al hombre a su imagen (Génesis 1:27, NVI) y proporciona instrucciones continuas sobre cómo vivir en su imagen, como la declaración del apóstol Pablo: *ya sea que coman o beban o hagan cualquier otra cosa, háganlo todo para la gloria de Dios* (1 Corintios 10:31). Encontrar el enfoque, nos ayuda a ver a cada persona como una persona de gran valor y luego todo, desde limpiar un piso hasta cambiar un pañal, escribir una sinfonía o diseñar un avión es significativo, ¡especialmente cuando se hace para la gloria de Dios!

Incluso con una visión cristiana, el trauma en sus numerosas formas, puede interrumpir fácilmente el enfoque. El trauma indirecto, también conocido como fatiga por compasión, es una forma de trauma que puede ocurrir en la vida de personas con exposición prolongada o intensa al sufrimiento humano. Sin previo aviso, el trauma indirecto puede desestabilizar repentina y silenciosamente a médicos, enfermeros, a personas que trabajan en emergencias, a agentes de policía, a miembros de las Fuerzas Armadas, a profesionales de la salud mental y a otras personas que trabajan con sobrevivientes de trauma; incluidos en esta categoría se encuentran los familiares y amigos de las personas que han sufrido un trauma. Síntomas como el miedo, el dolor y el terror pueden surgir en aquellas personas que experimentan estrés traumático secundario. El trauma indirecto puede desencadenar el quinteto potencialmente debilitante que descubrimos en el capítulo uno: las 5 Reacciones de lucha, huida, congelación, fornicación o alimentación y muchos otros síntomas en el sistema nervioso, en el cerebro y en el cuerpo.

Durante años, más del 75% de las personas a las que aconsejé eran sobrevivientes de traumas. Cada semana me reunía con 30 a 34 personas [sin saber que asesorar a 24 personas por semana se considera una carga de casos "a tiempo completo"]. Fue un placer y un privilegio trabajar con cada persona: sobrevivientes de tráfico de personas y otras formas de abuso sexual, emocional, físico y / o espiritual; también familias de víctimas de asesinato, así como personas que experimentan ansiedad, depresión, dolor y otras preocupaciones multifacéticas.

El efecto acumulativo del trabajo con trauma no surgió hasta un domingo cuando tuve que salir de la iglesia temprano, comencé a llorar cuando los tambores que usualmente disfrutaba me recordaron inesperadamente a una lluvia de disparos del arma automática de un terrorista y el sufrimiento consecuente de mis clientes. Al día siguiente, llamé a una amiga que aconsejó a sobrevivientes del atentado del 11 de septiembre en Nueva York. Hablar con ella me ayudó no solo a reducir el impacto del trauma indirecto, sino a estar dispuesta a hacer cambios necesarios en mi vida. Una elección esencial fue disminuir gradualmente la carga de los casos que asesoraba cada semana. (Debido a que realmente amo a mis clientes, esta no fue una tarea fácil). Mi esposo, observando el costo físico y emocional que el trabajo con trauma tenía en mi, me dijo: "Puedes seguir trabajando tan duro como lo haces ahora y morir en uno o dos años, o trabajar a un ritmo más lento y estar viva para ayudar a más personas con el correr del tiempo ".

Cada persona que experimenta un trauma indirecto debe reconocerlo por lo que es y luego debe dedicar tiempo a su cuidado personal, como la oración diaria y el estudio de la Biblia, la alimentación saludable, el ejercicio, la relajación, el descanso, los amigos y la familia, para encontrar el equilibrio en cada área de la vida: espiritual, física, emocional, mental y social. Es esencial anclar continuamente su mente, cuerpo y emociones en el presente, de manera constante, moviéndose repetidamente hacia el SNP tranquilo.

Para recuperar el enfoque cuando trabajo con traumas tan profundos, han habido meses en que he necesitado hacer tiempo para no uno, sino dos "momentos de tranquilidad" al día, momentos específicos para simplemente orar y escuchar a Dios, meditando [pensando en] su Palabra, La Biblia. El libro devocional de Charles H. Spurgeon, Morning and Evening [Mañana y Tarde], ilustra esa práctica. El libro de Oswald Chambers My Utmost for His Highest [Mi Máxima Entrega para el mas Alto] ofrece grandes ideas también. Muchas personas se sienten fortalecidas al mantener una práctica regular de lectura de la Biblia cada año. Otras personas están contentas al leer un libro de la Biblia en un mes; puede ser un logro satisfactorio leer el Evangelio de Juan o meditar en cinco salmos o en un proverbio cada día.

Para padres, maestros y consejeros que desean ayudar a niños traumatizados:

Los terapeutas pueden usar el juego intencional para ayudar a los niños a manejar el trauma. Cuando un niño pequeño dice: "Debería estar muerto, soy una mala persona" pregúntele con calma qué quiere decir. A menudo, ese niño ha experimentado un trauma, como el abuso sexual, y se ha convertido automáticamente en un pensamiento basado en la vergüenza, culpándose a sí mismo por lo que sucedió. Por lo general, no resuelve el problema decirle: "No fue tu culpa". Los depredadores probablemente instigaron al niño a aceptar la culpa de las acciones malignas del depredador. Ofrezca estrategias que puedan ayudar al niño a recuperar el control y el poder sobre su vida. ¡Jugar con plastilina o plastimasa puede ser una gran herramienta estratégica para la terapia de juego!

Una técnica de tratamiento desarrollada por Paul White, LCSW, es entregar una o dos cucharadas de plastimasa verde a su cliente joven y tomar la misma cantidad para usted. Cuando comience a dar forma a su plastimasa, pídale al niño que le dé forma de dinosaurio. (Para aquellos que dicen: "No puedo", simplemente sonría y busquen juntos dibujos de dinosaurios que se encuentran fácilmente en internet) Pregunte al niño: "¿Qué sabes sobre los dinosaurios?" Los niños ofrecen ideas rápidamente y finalmente llegan a esta conclusión: "ellos se han extinguido".

Hable sobre lo que significa la "extinción" y conéctelo a lo que pueden comenzar a hacer para ayudar a que el temor, la ansiedad y la vergüenza se "extingan". También puede ayudarlos a aprender a identificar y manejar el trauma almacenado en sus cuerpos a través de ejercicios de conexión a tierra adecuados para los niños.

El fallecido Dr. Gary Smalley me enseñó cómo utilizar bolsas de dulces de tamaño pequeño (específicamente M&M) para ayudar a los niños a aprender a meditar en la Palabra de Dios. Especialmente para aquellos niños que han experimentado un trauma puede ser útil encontrar versículos relacionados con sus preocupaciones específicas, como:

El Señor es mi luz y mi salvación; ¿a quién temeré? El Señor es el baluarte de mi vida; ¿quién podrá amedrentarme? (Salmo 27:1, NVI)

Cuando mi mente se llenó de dudas, tu consuelo renovó mi esperanza y mi alegría (Salmo 94:19, NTV)

Hable con los niños sobre el significado de cada verso mientras les ayuda a escribir el verso a mano o a colorear un verso que ya haya impreso en la computadora, etc. Pegue el verso relevante (con un hilo o con cinta, etc.) a una bolsa de M & M, como un recordatorio divertido de "Memorizar y Meditar". Para un niño que está confundido, ansioso, abrumado o angustiado por circunstancias inexplicables, tener un proyecto interesante que hacer, puede reducir simultáneamente el estrés traumático y proporcionar una esperanza realista para el futuro.

Los niños pueden comprender fácilmente los beneficios de meditar, pensar en la Palabra de Dios a lo largo de cada día y aprender fácilmente a aplicarla a sus desafíos y necesidades. Cada semana, a medida que el niño memoriza un verso y describe las formas específicas en que meditarlo le ha ayudado, el se "gana" otra bolsa de M&M. [Al aconsejar a niños que fueron abusados sexualmente, también podría ser útil crear "herramientas" de cartón para pegar los versos, como un recordatorio visual de que están obteniendo herramientas que les ayudarán a detener el miedo, la tristeza y la preocupación, etc. Yo siempre les pido permiso a los padres para darle dulces a un niño antes de comenzar el "Proyecto M&M"].

Para aquellos niños que se asustan fácilmente y experimentan insomnio y / o ansiedad [después de un trauma como el abuso, un accidente automovilístico, o la pérdida de un padre, etc.] es necesario trabajar con ellos y con sus padres o cuidadores, para descubrir formas proactivas en las que puedan calmarse a sí mismos. Por ejemplo, podrían tener música relajante disponible para tocar si los despierta un sueño intrusivo. Ayude al niño a practicar diciendo cosas como "Estoy seguro ahora. Estoy aquí ahora " y muéstrele cómo pueden mirar y pensar acerca de sus versos M & M durante esos momentos.

Consejeros: si ustedes desean, pueden consultar con su asociación de consejería local o nacional para obtener cursos que le ayuden a perfeccionarse en el trabajo con niños que han sufrido un trauma.

Trauma en el trabajo

En un instante, el enfoque puede cambiar rápidamente de Dios al trauma. Y cuando nos enfocamos en el trauma, podemos ser gobernados fácilmente por él. Es por eso que es esencial continuar anclándonos o estableciéndonos en el presente, constantemente, moviéndonos repetidamente en el SNP tranquilo. Mientras lee la historia de Kyle, recuerde practicar técnicas físicas, mentales o de relajación, según sea necesario.

KYLE APRENDIÓ A ENCONTRAR EL EQUILIBRIO EN MEDIO DE LOS EVENTOS TRAUMÁTICOS QUE SON PARTE INTEGRAL DE SU TRABAJO COMO RESCATISTA DE EMERGENCIA Y BOMBERO.

Kyle (su nombre ha sido cambiado) ha estado en ambos lados del trauma indirecto. Aquí, el describe

su viaje para encontrar el equilibrio en medio de los eventos traumáticos que son parte integral de su trabajo en los Servicios Médicos de Rescatista de Emergencia y Bombero. Él dice: "El papel del Rescatista de Emergencia y Bombero consiste en llegar a las emergencias de otras personas y mitigar la situación. Desafortunadamente, esto significa ser las primeras personas en ver la muerte y la destrucción en los accidentes.

Trabajo para un servicio de bomberos que es una agencia combinada. No solo somos bomberos, sino también paramédicos. Cuando alguien llama al 911, respondemos sin importar cuál sea la emergencia.

Una noche recibimos una llamada por un accidente de tráfico alrededor de las dos de la mañana. Esa era una estación muy ocupada y habíamos estado recibiendo llamadas todo el día con pocas horas de descanso. Debido a que esa estación era tan activa, teníamos dos camiones de rescate (camiones con equipo de bomberos y también con capacidad de transportar pacientes) y un camión de bomberos normal, de los que todos están acostumbrados a ver.

Esa noche yo estaba en el segundo camión de rescate y un compañero estaba conmigo. El otro camión de rescate estaba en otra llamada, así que nosotros estábamos en línea para responder. Una persona llamó para hacer un reporte: un accidente automovilístico involucrando un solo carro. Mi compañero y yo ya estábamos en la calle y pudimos llegar a la llamada en cuestión de minutos. Condujimos y nos encontramos una camioneta con grandes daños en la parte delantera con un árbol incrustado en el medio del motor. Todavía salía humo del motor y olía a goma quemada y a fluidos del motor.

Nuestra primera impresión fue que no había ningún sobreviviente en el accidente. Salimos corriendo de nuestro camión para evaluar a los pacientes. Había varias personas en la camioneta, mi compañero revisó por un lado y yo revisé por el otro. Encontré al conductor muerto en la escena y a la persona del asiento trasero desplomada sobre la puerta.

La ventana se había roto, así que pude reposicionar la cabeza del paciente y buscar su pulso. No había pulso, así que fui rápidamente al camión para buscar nuestro monitor para ver si el paciente tenía ritmo cardíaco.

Mi compañero gritó que los otros pasajeros estaban muertos. Llamé a la central de informes y el otro camión de rescate corrió para ayudarnos. Muchos de los cuerpos habían sido aplastados por el impacto y tenían signos incompatibles con la vida. Solo necesitaba confirmación sobre el paciente en el asiento trasero.

El otro camión de rescate había llegado ya y el teniente corrió y volvió a revisar al paciente. Encontró un pulso débil y yo estaba justo detrás de él con nuestro monitor. Confirmamos un latido y tratamos de forzar la puerta para poder asegurar la vía aérea del paciente. La puerta no se abría. Sujetamos la cabeza del paciente para evitar que se moviera y le dimos ventilación con una máscara de válvula de bolsa. El camión bombero había llegado también y sacaron rápidamente las herramientas de extricación y forzaron la puerta para que se abriera. Mi compañero y yo estábamos a cargo del paciente y pudimos acostarlo hasta la mitad de la camilla e intubarlo, pero no pudimos sacarlo totalmente de la camioneta.

Su pierna estaba atrapada con un trozo de acero atravesando su pantorrilla. Para ese momento, los jefes estaban en la escena y estaban haciendo todo lo posible para abrir la camioneta y liberarle la pierna. La extricación duró aproximadamente 30 minutos y para ese momento ya habíamos alertado al hospital de traumas y teníamos todas las medidas listas para llegar rápidamente al hospital.

Después de esa llamada volvimos todos a la estación y estábamos incapacitados de dormir. Comenzamos a hablar sobre la llamada y sobre lo que podríamos haber hecho mejor. Sabíamos que había sido un accidente muy feo y no mejoró cuando nos enteramos que los dos pasajeros delanteros habían sido cortados a la mitad por el tablero. Más tarde descubrimos que tenían poco más de 20 años y que venían del bar que estaba en esa misma calle. Estaban excediendo la velocidad, muy probablemente estaban borrachos y perdieron el control de la camioneta.

Nuestra estación se encontraba al lado de una comunidad de ancianos y hasta podíamos tratar un paro cardíaco mientras dormíamos. Nos enfrentábamos a la muerte semanalmente o mensualmente, pero es diferente tratar con la muerte de ancianos que tratar con la muerte inesperada de personas más jóvenes. Estábamos acostumbrados a recibir todo tipo de llamadas, desde suicidios, disparos, hasta encontrar personas que han estado muertas durante una semana antes de que alguien las revisara, pero esta llamada fue un poco diferente y sus efectos fueron diferentes también.

Al mismo tiempo, yo estaba pasando por dificultades en mi casa y estaba en una posición difícil. Cada vez que esta llamada venía a mi mente, tenía que lidiar con la muerte y con la incertidumbre. Estaba terminando mi matrimonio y había empezado a salir con mis amigos. Me gustaba beber y conducir; sentí que podría haber sido yo en ese accidente. No pensé que debía dejar de beber, en su lugar, sentí que debía preocuparme menos por la vida y aprovecharla al máximo.

No pensé que ese accidente había marcado mi vida, sino que eran mis pensamientos sobre la vida y la muerte a través de los ojos del trauma, los que estaban afectándome. Comencé a ponerme muy arriesgado y buscaba actividades extremas para poder disfrutar. La acumulación de las luchas de la vida y la muerte de parientes cercanos cayó sobre mí. Elaboré mis propias respuestas para el propósito de mi vida. Incluso pensé que era un buen padre porque había hecho todo lo posible para llevar a mis hijos a donde debían ir. Pero, al mismo tiempo estaba destrozando a mi familia. Decía que era cristiano, pero ahora sé que no estaba siguiendo a Cristo.

Después de meses y meses de vivir una vida hedonista y de abandonar mi matrimonio, me di cuenta de que estaba perdido y que no me atrevía a enfrentar la verdad. Cuando Jesús me arrinconó y me mostró que me estaba comportando como un niño, me di por vencido. El salvó a mi familia y a mi matrimonio con su gracia.

El mundo se ve completamente diferente ahora. He respondido a muchas llamadas malas desde ese momento, pero no es lo mismo. Me preocupo por la gente ahora. Puedo cuidar de otros de una manera que me permite llorar con las personas, porque sé quién soy en Cristo. Sentí el llamado de volver a la escuela para estudiar Consejería y Psicología. Trabajo con el equipo de Manejo de Estrés en Incidentes Críticos, soy el capellán del departamento y trato de hablar con la mayor cantidad de personas que puedo para asegurarme de que estén bien. La muerte tiene una respuesta.

Con una visión cristiana puedo procesar la muerte de un niño sin la necesidad de emplear mecanismos de defensa poco saludables. Dejé de beber alcohol y de fumar tabaco. Solía ser una persona que solo intentaba sobrevivir, pero ahora puedo hacer mi trabajo sin temor a lo desconocido. Mi trabajo todavía es emocionalmente agotador, pero las disciplinas espirituales de la oración y de leer la Palabra refrescan mi alma. Sin embargo, todavía pienso demasiado acerca de las malas llamadas y me puedo volver hipervigilante, pero ahora si siento el dolor".

Kyle agrega: "A veces se siente mucha presión. Todavía tenemos falta de sueño; La vida familiar tiene sus propias presiones. Mi comportamiento fue afectado adversamente por el trauma antes, pero ahora me siento honrado de que Dios me haya permitido estar con otros en su momento de mayor necesidad".

Describa varias elecciones autodestructivas que Kyle tomó para lidiar con el trauma indirecto.

____

____

____

Ahora, busque y describa las elecciones positivas que Kyle tomó para ayudar a que su mundo y el trauma que aún sigue experimentando se vean "completamente diferentes"

____

____

____

____

Exprese su visión del mundo en una o dos oraciones:

____

____

____

____

¿De qué manera su visión del mundo impacta su sentido de propósito?

____

____

____

____

____

¿Qué pasos puede tomar para tener equilibrio y enfoque?

____

____

En el libro *In Pursuit of Purpose* [En Busca del Propósito], el autor Myles Monroe se enfoca en las contribuciones únicas que sólo su vida puede hacer. "Tu existencia es evidencia de que esta generación necesita algo que tu vida contiene... naciste *para un* propósito y con un propósito. *Tu realización personal sólo es posible en la medida en que completes tu destino.* El descubrimiento de tu propósito personal y su relación con el propósito universal de Dios debe ser la base desde la cual vives. *Debes esforzarte por ser quién naciste para ser ".*

Independientemente de dónde haya estado o de lo que haya experimentado, usted puede conocer su valor sin ninguna sombra de duda. En Mateo 6, Dios describe el increíble valor de su vida. *Si eliges a Dios y vives una vida de adoración a Él, sucederá que no te preocuparás por lo que hay en la mesa a la hora de la comida o si la ropa en tu armario está de moda. Hay mucho más en tu vida que la comida que pones en tu estómago, más que tu apariencia externa y mas que la ropa que cuelgas en tu cuerpo. Mira a los pájaros, libres y sin restricciones, no están atados a ninguna descripción de trabajo, ellos se entregan al cuidado de Dios. Y tu vales mucho más que los pájaros. ¿Alguna vez alguien por quejarse frente al espejo se ha vuelto más alto que una pulgada? Todo este tiempo y dinero desperdiciado en la moda, ¿crees que hace tanta diferencia? En lugar de mirar la moda, sal a los campos y mira las flores silvestres. No se arreglan ni compran, pero ¿alguna vez has visto un color y un diseño como este? Los diez hombres y mujeres mejor vestidos del país se ven mal junto a ellos.*

Si Dios presta tanta atención a la apariencia de las flores silvestres, la mayoría de las cuales nunca son vistas, ¿no crees que Él te atenderá, se enorgullecerá de ti y hará lo mejor por ti? Lo que estoy tratando de hacer aquí es que te relajes, que no te preocupes tanto por obtener cosas, para que puedas responder a la entrega de Dios. Las personas que no conocen a Dios y la forma en la que él trabaja se preocupan por estas cosas, pero tu conoces a Dios y cómo él trabaja. Empapa tu vida en la realidad de Dios, en la iniciativa de Dios, en las provisiones de Dios. No te preocupes por quedarte afuera. Encontrarás que todas tus necesidades humanas cotidianas serán

satisfechas. Presta toda tu atención a lo que Dios está haciendo en este momento y no te preocupes por lo que puede o no suceder mañana. Dios te ayudará a lidiar con cualquier cosa difícil que surja cuando llegue el momento (Mateo 6:25-34, El Mensaje).

Lea Mateo 6: 25-34 nuevamente, en otra traducción de las Escrituras si lo prefiere, tómese el tiempo para pensar en lo que significa para usted. ¿Cómo puede prestar toda su atención a cómo Dios está trabajando en su vida, viviendo el momento?

____

____

____

____

____

____

¿Qué promete hacer Dios cuando suceden cosas difíciles en su vida?

____

____

____

____

INCLUSO EN MEDIO DEL SUFRIMIENTO, NUESTRAS VIDAS TIENEN UN PROPÓSITO Y UN SIGNIFICADO.

Incluso en medio del sufrimiento, nuestras vidas pueden exhibir un propósito. En su libro *Man's Search for Meaning* [La Búsqueda del Significado del Hombre], el psiquiatra judío Viktor Frankl escribió sobre el sufrimiento que experimentó como prisionero de la Alemania nazi durante la Segunda Guerra Mundial. "El hombre puede preservar un vestigio de libertad espiritual, de independencia mental, incluso en condiciones terribles de estrés psíquico y físico. Los que vivimos en campos de concentración podemos recordar a los hombres que caminaban por las cabañas consolando a otros, regalando su último pedazo de pan. Puede que hayan sido pocos en número, pero ofrecieron pruebas suficientes de que todo se le puede quitar a un hombre, excepto una cosa, la última de las libertades humanas: el elegir la actitud de uno en cualquier circunstancia, el elegir su propio camino ".

¿De qué maneras específicas elegirá usted tener una actitud con propósito?

____

____

____

DÍA DOS

Hacer Pequeñas Cosas en lugar de Grandes Cosas

La Madre Teresa ganó un Premio Nobel de la Paz, pero ella dijo: "En esta vida no podemos hacer grandes cosas. Solo podemos hacer pequeñas cosas con gran amor". Como monja en India, ella estaba tan abrumada por el sufrimiento que observaba fuera de los muros de su convento que pidió permiso para trabajar con las personas a las que nadie ayudaba; ella dedicó su vida a ayudar a los más pobres de los pobres en los barrios bajos de Calcuta. Ella habló con presidentes y reyes; ella marcó la diferencia en el mundo y en la vida de las personas que tocó.

EN ESTA VIDA NO PODEMOS HACER GRANDES COSAS. SOLO PODEMOS HACER PEQUEÑAS COSAS CON GRAN AMOR. (MADRE TERESA)

Su triunfo comenzó al darse cuenta en donde estaban las necesidades. Si nos centramos en nuestras propias necesidades, no podemos ver las necesidades de los demás. Sin embargo, todas las personas tienen necesidades y preocupaciones. Tómese el tiempo para simplemente darse cuenta de las personas a su alrededor y en oración pregúntese qué necesidades podría tener otra persona. Si usted tiene la oportunidad de preguntarle a alguien sobre sus necesidades específicas, hágalo. Escriba sus pensamientos o descubrimientos aquí.

____

____

____

____

Jesús explicó que el verdadero ministerio y propósito a menudo ocurren cuando ni siquiera usted se da cuenta. *Cualquiera que recibe a un profeta por tratarse de un profeta recibirá recompensa de profeta; y el que recibe a un justo por tratarse de un justo recibirá recompensa de justo. Y quien dé siquiera un vaso de agua fresca a uno de estos pequeños por tratarse de uno de mis discípulos, les aseguro que no perderá su recompensa* (Mateo 10:41-42, NVI).

Enumere varias formas en que puede comenzar a dar a las personas "un vaso de agua fría" o cualquier acto de amabilidad al azar, sin esperar nada a cambio.

____

____

____

Muchas personas se pierden
la alegría de vivir porque

están esperando poder
lograr algo "grande".

¿Se ha dado cuenta de que muy pocas veces la gente sonríe en las tiendas, en el trabajo o en casa? ¿Podría ser que sonreírle a una persona sea la "cosa pequeña" que usted puede hacer hoy? Sí____ No____ Si respondió "sí" a esto, escriba sobre lo que sucede cuando le sonríe intencionalmente a alguien.

____

____

____

____

Viktor Frankl dijo: "Podemos descubrir el significado de la vida de tres maneras diferentes:

1. Al crear una obra o hacer un acto por alguien mas.

2. Al experimentar algo o tener un encuentro con alguien.

3. Por la actitud que tomamos frente al sufrimiento inevitable.

El trauma puede causar un sufrimiento increíble e inmerecido. Probablemente usted ya haya reconocido muchos de sus desafíos. Pero concentrarse en el sufrimiento puede dejarlo atrapado en él. En cambio, usted puede elegir una actitud que le ayude a ir más allá del trauma, confiando en Dios momento a momento para obtener la esperanza y la sanidad auténtica que Jesús ofrece a toda persona que confía en Él.

ALGUNAS PERSONAS SE PIERDEN LA ALEGRÍA DE VIVIR PORQUE ESTÁN ESPERANDO LOGRAR ALGO "GRANDE".

Algunas personas se pierden la alegría de vivir porque están esperando lograr algo "grande". Charles Spurgeon se refirió al significado de cualquier cosa que hagamos en el nombre de Jesús, afirmando: "En todas las obras de fe podemos contar con la comunión de Jesús. Es cuando estamos en su obra que podemos contar con su sonrisa. Ustedes trabajadores desconocidos que están dedicados a su Señor en medio de la suciedad y de la miseria de lo más bajo de lo bajo, confíen, porque se han encontrado joyas en los lugares mas sucios, porque las ollas de la tierra se han llenado de tesoros celestiales y porque las malas hierbas han sido transformadas en preciosas flores. Habita con el Rey en su obra y cuando él escriba sus crónicas, tu nombre quedará registrado".

¿Cómo puede disfrutar de las alegrías y de las penas de hoy y apreciar la comunión con Jesús en cualquier tarea que usted haga?

____

____

____

____

A medida que lee el siguiente pasaje, observe lo que dice sobre cómo descubrir el significado y el propósito.

Ya que Jesús pasó por todo lo que estás pasando y más, aprende a pensar como él. Piensa en tus sufrimientos como un destete del viejo hábito pecaminoso de siempre esperar salirte con la tuya. Entonces podrás vivir tus días libres para perseguir lo que Dios quiere, en lugar de ser tiranizado por lo que tu quieres.

Ya has invertido tu tiempo en esa forma de vida alejada de Dios, festejando noche tras noche, una vida derrochada y embriagada. Ahora es tiempo de terminar con esto definitivamente. Por supuesto, tus viejos amigos no entienden por qué ya no te unes a la vieja pandilla. Pero no tienes que rendirles cuenta. Ellos son los que serán llamados a la alfombra y ante Dios mismo.

Escucha el mensaje. Fue predicado a aquellos creyentes que ahora están muertos y aunque murieron (como todas las personas deben hacerlo), seguirán entrando en la vida que Dios ha dado en Jesús. Todo en el mundo está a punto de terminar, así que no des nada por sentado. Mantente despierto en oración. Sobre todo, ámense unos a otros como si su vida dependiera de ello. El amor compensa prácticamente cualquier cosa. Apúrate a dar una comida a los hambrientos, una cama a las personas sin hogar y hazlo alegremente. Sé generoso con las diferentes cosas que Dios te dio, compartiéndolas para que todos puedan entenderlo: si son palabras, que sean las palabras de Dios; si es ayuda, que sea la ayuda de Dios. De esa manera, la brillante presencia de Dios será evidente en todo a través de Jesús y él obtendrá todo el crédito, como el único poderoso y digno de gloria por los siglos de los siglos ¡Oh si! (1 Pedro 4:1-11, El Mensaje).

A medida que seguimos a Jesús, nos damos cuenta de que Su sufrimiento y Su muerte proporcionaron el camino para una nueva vida, una vida con propósito. Del pasaje anterior, describa elecciones prácticas que puede hacer para experimentar el propósito de Dios en su vida.

____

____

____

____

____

DÍA TRES
Evitando Interrupciones en una Vida con Propósito

Si usted se enfoca en heridas o injusticias pasadas o presentes, no tendrá la visión para descubrir el maravilloso propósito para el que Dios lo diseñó. En lugar de verse a sí mismo como un simple "sobreviviente" de trauma, es vital que usted se vea a usted mismo como alguien que prospera, como a una persona que puede florecer con una dirección clara y esperanza para hoy y para mañana.

EN LUGAR DE VERSE A SÍ MISMO COMO UN SIMPLE "SOBREVIVIENTE" DE TRAUMA, ES VITAL QUE USTED SE VEA A USTED MISMO COMO ALGUIEN QUE PROSPERA, COMO A UNA PERSONA QUE PUEDE FLORECER CON UNA DIRECCIÓN CLARA Y ESPERANZA PARA HOY Y PARA MAÑANA.

Si se compara con otras personas, se sentirá derrotado, se sentirá "menos que" o será arrogante, de alguna manera se sentirá "mejor que". En cambio, usted puede disfrutar el proceso de explorar el propósito original de Dios para su vida. Myles Munroe dijo: "Al nacer de nuevo, Dios reclama lo que es legítimamente suyo. Redirige las capacidades y las habilidades naturales que Satanás pervirtió y las emplea para completar sus planes y propósitos. Quitando lo que te está destruyendo, Dios te alienta a redescubrir todas esas cosas que te gustan hacer. Mientras restaura Su unción en tu vida, ese poder para desempeñarte con excelencia que restablece la belleza y la perfección de tus habilidades innatas ".

A medida que continúa experimentando la sanidad de su núcleo, ¿de qué manera ve a Dios restaurando su vida?

____

____

Siempre habrán circunstancias, personas y desafíos en la vida, pero ahora usted puede enfrentarlos con la fuerza de Dios, permitiéndole a Él restaurar y reconstruir su núcleo. Considere esta oración del Rey David que le ayudó a mantenerse en el camino correcto:

Escúchame y ayúdame, oh Dios. Estoy reducido a un quejido y a un gemido, obsesionado con los sentimientos del día del juicio final. No dejes que me encuentren los conspiradores que intentan atraparme, los que usan sus lenguas como armas, los que lanzan palabras venenosas, palabras de flechas con punta de veneno. Disparan desde una emboscada, disparan sin previo aviso, sin importarles a quién golpean. Se mantienen en forma haciendo ejercicios con mal propósito, llevan inventarios de las trampas que han creado en secreto. Se dicen unos a otros: "Nadie puede atraparnos, nadie puede detectar nuestro crimen perfecto". El detective detecta el misterio en la oscuridad del corazón del sótano. ¡El Dios de la flecha dispara! Se doblan de dolor, caen a la vista de la multitud sonriente. Todos lo ven. La obra de Dios es la conversación del pueblo. ¡Alégrense, gente de Dios! ¡Vuelen a Dios! Gente de buen corazón, hagan de la alabanza su hábito (Salmo 64, El Mensaje).

El rey David reconoció sus sentimientos, él confesó sus miedos y sus fracasos personales, así como la traición y crueldad de los demás a Dios. Él intercambió su sufrimiento por el alivio de Dios. En lugar de vivir aterrorizado, vivió en alabanza, confiado en que Dios lo mantendría a salvo.

Para alguien que experimenta ansiedad, depresión, sueños intrusivos u otras ramificaciones del trauma, debido a un trauma actual, a un trauma del pasado o debido a un trauma indirecto, estos síntomas pueden ser recordatorios de la necesidad de descubrir el equilibrio. Aquí hay pasos prácticos para ayudarle a experimentar un autocuidado equilibrado:

- Comparta sus inquietudes emocionales con un amigo, con un colega o con un grupo de apoyo; si sus inquietudes se han vuelto problemáticas en el hogar o en el trabajo, hable con un consejero profesional, pastor, etc., alguien con experiencia en asesoramiento en traumas.

- Tómese el tiempo para descansar, no puede ayudar a nadie si está agotado al punto de colapsar.

- Desarrolle rutinas espirituales en su vida diaria, como la lectura de la Biblia y la oración.

- Lea libros que le inspiren a aprender y a crecer mentalmente.

- Ejercicio: pídale a su médico ideas sobre actividades físicas que se adapten a sus necesidades.

- Escuche programas de radio cristianos, lea publicaciones en internet, etc., que le permitan descubrir formas de seguir creciendo mental y espiritualmente.

- Configure el reloj automático en su teléfono durante 5 minutos cada vez que empiece a preocuparse, dándose 5 minutos completos para preocuparse. Luego, no se preocupe mas por "eso" después de que suene la alarma.

- Tómese el tiempo para disfrutar de la naturaleza en un parque local, en un zoológico, un paseo por el campo, en la montaña, etc. Si no puede salir físicamente, "viaje" afuera mirando un programa de naturaleza, busque en Internet fotos de la naturaleza, etc.

- Busque interacciones sociales positivas, estableciendo nuevas conexiones en la iglesia, a través del deporte, la música u otro grupo que no lo lleve a la autodestrucción.

¿Cómo va a confiar sus preocupaciones a Dios?

____

____

Incluso cuando confiamos nuestras vidas a Dios, puede resultar difícil equilibrar las necesidades físicas o emocionales válidas con lecciones bíblicas, si no entendemos lo que significan los versículos. Santiago, por ejemplo, se refiere a nuestras vidas como "neblina". *Presten atención, ustedes que dicen: «Hoy o mañana iremos a tal o cual ciudad y nos quedaremos un año. Haremos negocios allí y ganaremos dinero». ¿Cómo saben qué será de su vida el día de mañana? La vida de ustedes es como la neblina del amanecer: aparece un rato y luego se esfuma. Lo que deberían decir es: «Si el Señor quiere, viviremos y haremos esto o aquello»* (Santiago 4:13-15, NTV). Podemos descubrir el equilibrio en la vida desarrollando una perspectiva eterna, aprendiendo a confiar en Dios para satisfacer nuestras necesidades legítimas con su gracia, misericordia, fortaleza y amor durante el tiempo que todavía estamos residiendo en la tierra, en esta "neblina".

La "Paja" o como la denominaremos en este capítulo "CAFAFS" representa en nuestras vidas las Circunstancias, la Apariencia, la Familia o Amigos, las Finanzas y la Salud. Cada uno de ellos es un aspecto importante de la vida, pero insuficiente para convertirse en el propósito de vivir.

En la naturaleza, la paja (CAFAFS) proporciona una cáscara protectora alrededor de un grano durante el proceso de crecimiento de la planta; después de que ha cumplido su propósito, esa paja se elimina durante la trilla. Como la paja en la naturaleza, el CAFAFS que estamos considerando, es útil durante el proceso de crecimiento, pero no es la esencia de la vida misma.

La siguiente tabla establece un balance entre el concepto bíblico de la vida terrenal como una "neblina que se desvanece" y las auténticas necesidades humanas. En la tabla, escriba cómo y cuándo usted confía en cualquier forma de CAFAFS (paja) en lugar de confiar en Dios para obtener paz, esperanza, propósito, alegría o satisfacción. Pídale a Dios que examine su corazón, agradeciéndole que CAFAFS, aunque no es confiable ni suficiente para sostener su vida, es un vehículo de crecimiento.

CIRCUNSTANCIAS	
APARIENCIA	
FAMILIA	
AMIGOS	
FINANZAS	
SALUD	

DÍA CUATRO
¡Usted es más que un Vencedor!

Romanos 8: 31-39 describe cómo vivir con esperanza y propósito. El pasaje (incluido aquí en la versión Amplificada) se divide en secciones para ayudarle a imaginar vivir como una persona que prospera, ¡como "más que un vencedor!" Después de leer cada uno de los siguientes versículos (en esta u otra versión), registre lo que usted ve (observa). Indique lo que el versículo significa para usted (interprete) y luego describa cómo aplicará las promesas de Dios a su vida.

¿Qué, pues, diremos frente a [todo] esto? Si Dios está de nuestra parte, ¿quién [puede estar] en contra de nosotros? [¿Quién puede ser nuestro enemigo si Dios está de nuestro lado?]

Observe: _______________________________________

Interprete: _______________________________________

Aplique: ____

El que no escatimó ni se reservó [incluso] a su propio Hijo, sino que lo entregó por todos nosotros ¿Cómo no habrá de darnos generosamente y con gracia, junto con Él, todas las demás cosas?'

Observe: ____

Interprete: ____

Aplique: ____

¿Quién acusará a los elegidos de Dios [cuando es] Dios quien justifica [es decir, quién nos pone en una relación correcta consigo mismo]? ¿Quién se presentará y acusará a aquellos a quienes Dios ha elegido? ¿lo hará Dios, cuando es Él mismo quien nos absuelve?

Observe: ____

Interprete: ____

Aplique: ____

¿Quién estará allí para condenarnos? ¿Será Cristo Jesús (el Mesías), quien murió o mejor dicho, quién resucitó de entre los muertos, quién está sentado a la diestra de Dios, rogando cuando intercede por nosotros?

Observe: ____

Interprete: ____

Aplique: ____

¿Quién nos separará del amor de Cristo? ¿Será el sufrimiento, la aflicción o la tribulación? ¿O la calamidad y la angustia? ¿O la persecución, el hambre, la indigencia, el peligro o la espada?

Observe: ____

Interprete: ____

Aplique: ____

Tal como está escrito, por tu causa nos llevan a la muerte; Somos considerados y contados como ovejas para el matadero. Sin embargo, en medio de todas estas cosas, somos más que vencedores y obtenemos una victoria superior a través de Aquel que nos amó.

Observe: ____

Interprete: ____

Aplique: ____

Porque estoy convencido y sin lugar a dudas (estoy seguro) de que ni la muerte ni la vida, ni los ángeles ni los principados, ni las cosas inminentes y amenazantes, ni las cosas por venir, ni los poderes, ni lo alto ni lo profundo, ni nada en toda la creación podrá separarnos del amor de Dios que es en Cristo Jesús nuestro Señor.

Observe: ____

Interprete: ____

Aplique: ____

Usted es más que un vencedor por la muerte y resurrección de Jesús; ha sido liberado para vivir en y a través de su poder. Sin embargo, hasta que Jesús lo llame a casa, usted está viviendo en un estado constante de guerra espiritual. Efesios 6 describe la armadura que Dios provee para la victoria:

Por último, fortalézcanse con el gran poder del Señor. Pónganse toda la armadura de Dios para que puedan hacer frente a las artimañas del diablo. Porque nuestra lucha no es contra seres humanos, sino contra poderes, contra autoridades, contra potestades que dominan este mundo de tinieblas, contra fuerzas espirituales malignas en las regiones celestiales. Por lo tanto, pónganse toda la armadura de Dios, para que cuando llegue el día malo puedan resistir hasta el fin con firmeza. Manténganse firmes, ceñidos con el cinturón de la verdad, protegidos por la coraza de justicia y calzados con la disposición de proclamar el evangelio de la paz. Además de todo esto, tomen el escudo de la fe, con el cual pueden apagar todas las flechas encendidas del maligno.

Tomen el casco de la salvación y la espada del Espíritu, que es la palabra de Dios.

Oren en el Espíritu en todo momento, con peticiones y ruegos. Manténganse alerta y perseveren en oración por todos los santos (Efesios 6:10-18, NVI).

Reflexione sobre Efesios, luego responda las siguientes preguntas, **recordando ponerse cada pieza de su armadura espiritual todos los días.**

¿Por qué necesita ponerse **toda** la armadura de Dios?

____

____

¿Contra quién está luchando?

____

____

¿Cuál es el propósito de cada una de las siguientes piezas de la armadura? (Nota: cuando Pablo estaba escribiendo la carta a los Efesos, él estaba en prisión, siempre en presencia de un centurión romano y estaba muy consciente de cada elemento enumerado).

El cinturón de la verdad: _____________________

La coraza de justicia: ________________________

Los pies equipados con el evangelio de la paz: _______

____

El escudo de la fe: __________________________

El casco de la salvación: _____________________

La espada del Espíritu, que es la Palabra de Dios (tu única arma ofensiva):

____

____

¿Por qué el Apóstol Pablo termina esta sección con el recordatorio de estar alerta y de siempre permanecer en oración?

____

____

EL HECHO DE QUE DIOS HAYA PROVISTO UNA ARMADURA ESPIRITUAL PARA PROTEGER SUS PIES, SIGNIFICA QUE ÉL TODAVÍA TIENE LUGARES PARA QUE USTED VAYA, ¡Y COSAS QUE USTED DEBE HACER!

Es común ver cardos (plantas con espinas) que adornan tazas, joyas y otros artículos que se encuentran a la venta en tiendas de regalos en Edimburgo, Escocia, así que le pregunté a un guía turístico por qué los cardos son el emblema nacional de Escocia. Él me explicó que cuando los vikingos

intentaron invadir Escocia, se quitaron los zapatos
y planearon un ataque sorpresa por la noche.
Atravesando sin darse cuenta un campo de cardos,
su invasión fue frustrada cuando gritaron de dolor
inesperado. Nuestros desafíos, al igual que los cardos,
pueden recordarnos que debemos usar continuamente
nuestra armadura espiritual. Piénselo: la provisión
de Dios de protección para los pies indica que todavía
tenemos lugares a donde ir y cosas que debemos hacer.

DÍA CINCO

Su Declaración Personal de Visión: Imagine la Transformación

Para escribir una declaración personal de visión es
esencial tener un enfoque claro. Para comenzar, ore,
pidiéndole a Dios sabiduría y dirección. Él tiene un
propósito único para su vida y ya ha preparado buenas
obras para usted (ver Efesios 2:10).

Mientras piensa en su declaración de visión, los
siguientes versículos pueden servirle de brújula.

*Confía en el Señor con todo tu corazón; no dependas
de tu propio entendimiento. Busca su voluntad en
todo lo que hagas y él te mostrará cuál camino tomar*
(Proverbios 3:5-6, NTV).

*Podemos hacer nuestros planes, pero el Señor determina
nuestros pasos* (Proverbios 16:9, NTV)

*Por lo tanto, hermanos, tomando en cuenta la
misericordia de Dios, les ruego que cada uno de ustedes,
en adoración espiritual, ofrezca su cuerpo como
sacrificio vivo, santo y agradable a Dios. No se amolden
al mundo actual, sino sean transformados mediante la
renovación de su mente. Así podrán comprobar cuál es la
voluntad de Dios, buena, agradable y perfecta* (Romanos
12:1-2, NVI).

Para evitar ser conformado al mundo, Dios le ofrece
transformación al permitirle que renueve su mente.
¿De qué manera el tener su mente transformada puede
ayudarle a escribir su declaración de visión personal?

Su declaración de visión personal, escrita en una o dos
oraciones, puede ayudarle a planificar lo que hará hoy
y mañana y va a iluminar a dónde usted va. Cuando
confía en Dios y le busca, Él le da dirección para sus
días, semanas, meses y años.

Antes de escribir su declaración de visión, considere
las siguientes preguntas:

¿Que me emociona? ¿Que me levanta por la mañana?

¿Estoy disfrutando lo que hago? Si es así, ¿qué es lo que
disfruto específicamente?

Complete las siguientes declaraciones:

• Eventualmente, yo _____________________________

• Yo disfruto _____________________________

• Mi educación ha _____________________________

- Basado en mi experiencia________________________

____

- Estoy equipado para _____________________________

____

- Me agoto cuando ________________________________

____

- Tengo energías cuando ____________________________

____

- Emocionalmente, yo ______________________________

____

A algunas personas les gusta combinar una declaración de visión personal (hacia dónde van) con una declaración de misión personal (una descripción de por qué existen). Los siguientes son dos ejemplos de declaraciones de visión (la primera comienza con una declaración de misión en la primera oración y una declaración de visión en la segunda).

Las declaraciones de misión y visión de Kelly: "Quiero conocer a Cristo y darlo a conocer con mi vida, sirviéndole con todo mi corazón, mi mente, mi alma y fuerzas. Para el próximo año, eso significa enseñar a los niños de jardín de infantes con pasión y entusiasmo, demostrando el amor de Dios en mi clase".

La declaración de visión de Evan: "Estoy equipado para ayudar a los veteranos que sufren de Trastorno de Estrés Post Traumático y estoy comprometido a servir a Dios de todo corazón trabajando en una clínica de trauma para veteranos de guerra, ofreciendo asesoramiento individual y grupal para ayudarles a experimentar esperanza, libertad y propósito".

Revise todo lo que identificó sobre sus pasiones y comience a escribir una o dos oraciones que serán su declaración de visión personal (hacia dónde irá) durante los próximos seis meses. Su vida es dinámica.

A medida que camina por fe, confiando en que Dios lo usará para cumplir su declaración de visión, podrá ver a Dios redirigiéndolo de vez en cuando. Cuando vea que está siendo redirigido, revise los versículos al comienzo de esta sección para obtener claridad y una visión renovada.

Ahora, escriba su declaración de visión (se proporciona espacio adicional para que pueda escribir los cambios según sea necesario):

____

____

____

____

____

____

____

____

____

____

____

Describa los pasos que tomará esta semana para lograr
la visión que ha establecido.

CAPÍTULO DIEZ

Diseñado para Pertenecer

El deseo de pertenecer es una parte fundamental del diseño de Dios. No tener un sentido de pertenencia causa sufrimiento, al igual que la ausencia de otras necesidades humanas básicas como la seguridad, la comida o el agua. La necesidad de pertenecer puede satisfacerse parcialmente siendo ciudadanos de una nación, de una ciudad o de un pueblo y, a menudo, se satisface al ser parte de un sistema familiar saludable. Pero, aquellas personas cuyas familias son inseguras o aquellas personas que viven en trauma, podrían tener dificultad para pertenecer.

La pertenencia esencialmente incluye aceptación, relación, intereses compartidos, camaradería y la misma puede suceder en cualquier lugar donde las personas construyen conexiones: en una familia, al ser parte de un club de lectura, al unirse a un grupo internacional con intereses culturales comunes, al prepararse para un juego o una competencia con compañeros de equipo, al practicar para una actuación con un grupo de danza, coro u orquesta, con colegas en el trabajo, con amigos en la iglesia, en la sinagoga o en otra organización.

Para las personas de fe, identificarse con un grupo de creyentes es una parte importante de la pertenencia. En las iglesias saludables, al igual que en las familias saludables, los miembros comparten aspectos significativos de la vida con otros miembros que entienden y se preocupan por sus valores, esperanzas, problemas, alegrías y tristezas. La sensación de ser parte de algo está especialmente dañada cuando las personas experimentan alienación o ruptura emocional en sus familias o en la iglesia.

Cada vez que el trauma destruye el sentido de pertenencia, puede producirse una interrupción psicosocial continua que genera niveles variados de ansiedad, miedo, depresión o desesperación. No saber qué persona es segura erosiona la confianza, la cual es la base esencial para construir relaciones saludables.

Conexión a Tierra: si se siente cómodo al hacerlo, cierre los ojos e imagine un escáner de seguridad que recorre la longitud de su cuerpo, comenzando en la parte superior de la cabeza y bajando progresivamente hasta los dedos de los pies. Haga una pausa para notar cada parte de su cuerpo, observando cualquier tensión almacenada allí. Centrándose en cada lugar donde se encuentra la tensión, inhale contando hasta cuatro o cinco; haga una pausa contando hasta dos; luego exhale contando hasta cinco o seis, liberando cualquier tensión almacenada en esa parte de su cuerpo. Repita este ejercicio de relajación mientras continúa "escaneando" su cuerpo, y note cómo el estrés almacenado en una parte de su cuerpo afecta a las otras partes del mismo. ¿Qué observó?

DÍA UNO

Cuando las Heridas de Apego Impactan el Sentido de Pertenencia

El área central de pertenencia es compleja por numerosas razones. La principal razón es que cada uno de nosotros está diseñado para ser parte de una comunidad, estamos diseñados para estar conectados y para alentarnos mutuamente durante las alegrías y durante las luchas de la vida. Además, aquellas personas que luchan por pertenecer pueden sentirse confundidas, incapaces de entender por qué "todas" las demás personas parecen encajar y ellos no lo hacen.

Incluso el trauma que ocurre antes del nacimiento puede erosionar el sentido de pertenencia, impactando la necesidad humana de conectarse con los demás durante toda la vida. La sofisticación del cerebro le permite a los niños que no han nacido sentir traumas originados en el mundo externo y un niño que aún no ha nacido puede desarrollar amígdalas agrandadas, si la madre lo inunda con hormonas del estrés. Como hemos explorado en otros capítulos, la amígdala es la "alarma de incendio" o el regulador emocional del cerebro; si eso se ha ampliado desde la infancia, tranquilizarse puede ser un desafío. [Si siente que esto le ha sucedido, no se desespere; en su lugar, reconozca la necesidad de practicar los ejercicios de anclaje o de conexión a tierra a lo largo de cada día.]

En el libro *Discovering the Brain* [Descubriendo el Cerebro], Sandra Ackerman escribió: "Para llegar a las más de 100 billones de neuronas, que es la constitución normal del cerebro de un bebé recién nacido, el cerebro debe crecer a un ritmo de aproximadamente 250,000 células nerviosas por minuto, en promedio, a lo largo del curso del embarazo. Pero no es solo el volumen de crecimiento lo que hace que la producción de un cerebro humano sea digna de asombro. La gran cantidad de funciones que el cerebro lleva a cabo de manera exacta y la especificidad con la que se asignan estas funciones a uno u otro tipo de célula u ubicación en el sistema nervioso, son asombrosas en su complejidad y, las aproximadamente 100 trillones de interconexiones del cerebro proporcionan la base física para su velocidad y sofisticación ".

Al nacer, cuando un bebé gira su cabeza hacia el sonido de la voz de uno de sus padres, el niño ya se ha apegado a las personas presentes antes del nacimiento, apego que continúa desarrollándose durante la infancia. Cada vez que el niño experimenta un cuidado amoroso, desarrolla el reconocimiento de que sus necesidades legítimas son satisfechas: los gritos de hambre producen como consecuencia la alimentación; la incomodidad física resulta en una atención adecuada. Confiado en la mutualidad con su cuidador, un bebé apegado de manera segura incluso aprende a calmarse a sí mismo.

Los niños no desarrollan la capacidad humana esencial de conectarse con otros cuando sus necesidades legítimas son ignoradas o cuando se enfrentan a reacciones de los padres, como la molestia, el enojo o la crueldad, en lugar de recibir atención compasiva. Cuando los padres no cumplen el rol para el que fueron diseñados: de cuidar y de proteger sabiamente a sus hijos, no se produce un apego seguro. Como consecuencia, surgen interrupciones psicosociales y la

persona tiene dificultades para confiar en los demás.

Hemos considerado cómo sanar del impacto del trauma en las otras cuatro áreas del núcleo: la seguridad, la competencia, la identidad y el propósito. En el capítulo cuatro, exploramos cómo el trauma puede cambiar el estado emocional de una persona al rol de Víctima, viviendo en un patrón de auto-derrota continua que puede ser interrumpido al tomar la decisión de moverse constantemente al rol de Creador.

Revise su viaje a través de *Sanidad de Núcleo* cuando comience a comprender los estilos básicos de apego durante esta semana y observe los conceptos específicos que ha estado aprendiendo, que pueden ayudarle a desarrollar un sentido de pertenencia y un apego seguro. La buena noticia es que incluso las heridas de apego pueden ser transformadas.

Estilos Básicos de Apego:
1. **Apego Seguro:** esta persona se ve a sí misma como digno y capaz de conectarse y comunicarse con los demás. Esta persona experimentó la satisfacción de sus necesidades humanas básicas cuando era un infante y durante la primera infancia. Como resultado, el niño explora su mundo con una firme sensación de seguridad.
2. **Apego Evitativo:** un adulto evitador puede parecer distante, desconectado o preocupado. Este estilo de apego es impulsado por una madre distante o desconectada de su hijo, que no satisface las necesidades emocionales, físicas o mentales del niño. Como resultado, un adulto evitador a menudo evita la intimidad o contar con los demás.
3. **Apego Ambivalente:** este estilo de apego se caracteriza por inseguridad y por alto nivel de ansiedad. La crianza que fluctúa entre la negligencia y la satisfacción de las necesidades básicas de un niño, genera un adulto impulsado por la inseguridad, la ira o el miedo. Los adultos con apego ambivalente buscan a las personas para sentirse seguros, pero a menudo confían en las personas que no son seguras en absoluto.
4. **Apego Desorganizado:** los cuidados parentales extremos generan este estilo de apego. Cuando los

padres crean un ambiente de confusión, que fluctúa desde el miedo o el terror, hacia la pasividad o la falta de respuesta, un niño también puede fluctuar y ser no receptivo, pasivo, deprimido o enojado. El apego desorganizado en los adultos puede incluir tener un sentido interno fragmentado de uno mismo, expresado con movimientos no dirigidos, sensación de "congelamiento" y / o con patrones de interacción contradictorios con otras personas.

¿Se identifica usted con un estilo de apego "seguro" o con un estilo de apego "inseguro"? Para cualquier persona que experimente un apego evitativo, ambivalente o desorganizado, no se desanime. En su lugar, use este reconocimiento para recordarse que debe crecer constantemente, volviéndose seguro en su apego con el Dios que le ama y que le promete una nueva vida a medida que usted confía y descansa en Él, para la sanidad de su cerebro durante el resto de su vida.

La identificación y la sanidad de las heridas de apego es un aspecto esencial de la pertenencia, ya que, las heridas de apego no reconocidas pueden hacer que las personas se relacionen con todas las demás personas en su vida de la misma manera en que fueron heridos: pueden percibir a los demás como personas no seguras, indiferentes, inconsistentes, etc. Las heridas de apego persistentes pueden ser confusas, tanto para quienes las padecen como para las personas que los conocen, a veces presentándose como arrogancia o distanciamiento; otras veces se presentan como ansiedad, rechazo o desconfianza. Ahora es un buen momento para ir más allá de lo que sucedió "en el pasado". En lugar de ver a los demás como una amenaza, como inconsistentes o indiferentes, usted puede continuar cambiando su forma de pensar, aplicando el capítulo dos y su trabajo a lo largo de Sanidad del Núcleo, para experimentar la restauración de su núcleo en la importante área de la pertenencia.

VERSE A SÍ MISMO COMO DIOS LO VE, SABIENDO CÓMO ÉL LO DISEÑÓ, PUEDE AYUDARLE

A VIVIR EN UN APEGO SEGURO, PRIMERO CON DIOS Y LUEGO CON LAS PERSONAS.

Considere cada uno de los siguientes versículos y luego describa lo que dicen acerca de su pertenencia:
Así que, si el Hijo los libera, serán ustedes verdaderamente libres (Juan 8:36, NVI)

____

____

____

Con amor eterno te he amado; por eso te sigo con fidelidad (Jeremías 31:3b, NVI)

____

____

____

Por lo tanto, si alguno está en Cristo, es una nueva creación. ¡Lo viejo ha pasado, ha llegado ya lo nuevo! (2 Corintios 5:17, NVI)

____

____

____

Vive en un apego seguro

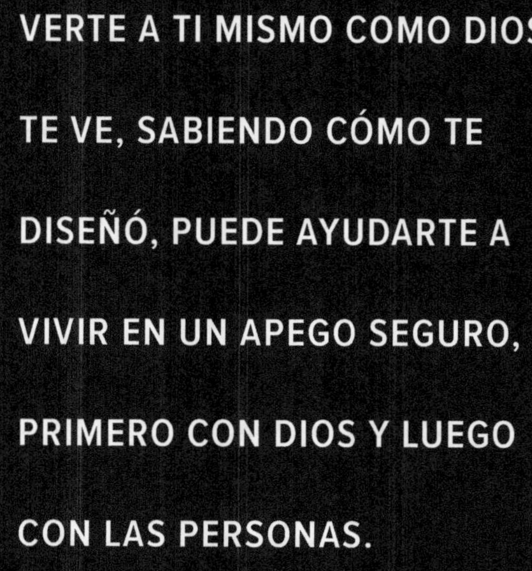
VERTE A TI MISMO COMO DIOS

TE VE, SABIENDO CÓMO TE

DISEÑÓ, PUEDE AYUDARTE A

VIVIR EN UN APEGO SEGURO,

PRIMERO CON DIOS Y LUEGO

CON LAS PERSONAS.

Pero ustedes son linaje escogido, real sacerdocio, nación santa, pueblo que pertenece a Dios. (1 Pedro 2:9, NVI).

____

____

____

____

DÍA DOS

Apego Saludable en un Mundo Roto

Es posible que las heridas de apego sanen mientras permitimos que Dios, el Maestro Constructor, reconstruya continuamente nuestra vida de adentro hacia afuera. Independientemente de la fuente del trauma o de las heridas de apego, el amor de Dios nunca falla. Al tomar decisiones intencionales de manera repetida a lo largo de cada día, usted puede permitir que el amor de Dios transforme su vida y restaure su alma al diseño original de Dios.

Cuando se produce un trauma por abuso, invasión del hogar, negligencia, guerra, un ataque terrorista, etc., los sobrevivientes a menudo continúan sintiéndose impotentes, vulnerables y temerosos de estar con otras personas. La pérdida de poder que genera el trauma brinda la sensación de no saber cómo confiar o en quien confiar. La pertenencia comienza con la capacidad de confiar. Desarrollar esa confianza lleva tiempo, junto con la determinación de crecer, para poder así descubrir constantemente quienes son las personas seguras y poder descubrir a donde quiere pertenecer.

Si usted no tuvo un padre amoroso, si su padre lo molestó, o si un padrastro, entrenador, maestro, pastor u otro líder abusó de usted, el concepto de pertenencia puede empujarlo a la desesperación. Si su madre abusó de usted o lo descuidó, podría ser extremadamente difícil creer que puede sentirse aceptado en algún lugar.

Si hubo alcoholismo u otro abuso de sustancias en su familia, probablemente usted aprendió a vivir según lo que Claudia Black describe como las tres reglas tácitas de la casa del adicto: No hables; No confíes; No sientas. Trabajar en este libro, podría ser la primera vez en que usted se permite identificar y sentir el dolor de la ruptura emocional en su familia de origen. Para entender como pertenecer, usted puede ir más allá de lo que se siente normal e ir a lo que es verdad.

Describa una forma en la que usted pueda alejarse de viejas creencias o reglas ineficaces como: No hables; No confíes; No sientas:

____

____

____

____

Un aspecto de pertenencia que a menudo es pasado por alto es el perdón, que se analiza en los capítulos seis y siete. Cada vez que no perdonamos, las heridas de apego pueden seguir influyendo en las actitudes y en las acciones actuales. El Dr. Dan B. Allender y el Dr. Tremper Longman III explican: "Una razón por la cual nos cegamos tan fácilmente ante la importancia vital del perdón es nuestra inclinación a negar que estamos en una guerra. El maligno quiere que cuestionemos a Dios y desea, aún más, que ignoremos la necesidad de lidiar con Dios o con el mundo en el que vivimos. Podremos comprender la importancia del perdón como una categoría central en la relación con los demás, en la medida en que podamos ver a cada relación sumergida en una guerra que conduce a una representación del cielo o del infierno. Si entendemos la batalla en la que estamos involucrados y la naturaleza de las heridas que experimentamos, el perdón es visto como la base para comprender la bondad de Dios y la única esperanza para restablecer las relaciones con los demás ".

¿De qué manera sus relaciones han demostrado ser una representación del cielo o del infierno?

El Salmo 32 describe la restauración que está disponible para cada uno de nosotros. Aprender a pertenecer comienza con una relación correcta con Dios, junto con una comprensión precisa de su amor y de su provisión para nuestra necesidad fundamental de pertenecer.

Dichoso aquel a quien se le perdonan sus transgresiones, a quien se le borran sus pecados. Dichoso aquel a quien el Señor no toma en cuenta su maldad y en cuyo espíritu no hay engaño. Mientras guardé silencio, mis huesos se fueron consumiendo por mi gemir de todo el día. Mi fuerza se fue debilitando como al calor del verano, porque día y noche tu mano pesaba sobre mí. Selah. Pero te confesé mi pecado y no te oculté mi maldad. Me dije: «Voy a confesar mis transgresiones al Señor» y tú perdonaste mi maldad y mi pecado. Selah. Por eso los fieles te invocan en momentos de angustia; caudalosas aguas podrán desbordarse, pero a ellos no los alcanzarán. Tú eres mi refugio; tú me protegerás del peligro y me rodearás con cánticos de liberación. Selah. El Señor dice: «Yo te instruiré, yo te mostraré el camino que debes seguir; yo te daré consejos y velaré por ti. No seas como el mulo o el caballo, que no tienen discernimiento y cuyo brío hay que domar con brida y freno, para acercarlos a ti». Muchas son las calamidades de los malvados, pero el gran amor del Señor envuelve a los que en él confían. ¡Alégrense, ustedes los justos; regocíjense en el Señor! ¡canten todos ustedes, los rectos de corazón! (Salmo 32, NVI).

Este salmo dice que el resultado del perdón es ser bendecido. Antes de que podamos experimentar relaciones verdaderamente saludables con los demás, debemos permitir que Dios nos limpie de nuestros pecados. ¿Ha hecho usted eso?
Sí____ No____ Explique

Una de las muchas promesas de Dios para usted es esta: El Señor dice: *«Yo te instruiré, yo te mostraré el camino que debes seguir; yo te daré consejos y velaré por ti* (Salmo 32:8) ¿Permitirá usted que Él lo guíe, enseñe y libere en medio de sus problemas? Sí ____ No____
Explique

APRENDER A PERTENECER COMIENZA CON UNA RELACIÓN CORRECTA CON DIOS, JUNTO CON UNA COMPRENSIÓN PRECISA DE SU PROVISIÓN AMOROSA PARA LA NECESIDAD FUNDAMENTAL DE PERTENECER.

Jesús entiende los desafíos que usted enfrenta. Él dijo: *Te he dicho todo esto para que, confiando en mí, seas inquebrantable y seguro, para que estés profundamente en paz. En este mundo sin Dios, continuarás experimentando dificultades. ¡Pero anímate! Yo he conquistado el mundo* (Juan 16:33, El Mensaje).

Usted puede experimentar pertenencia a medida que confía en el amor inagotable de Dios. Tómese el tiempo para pensar en el Salmo 32 y en Juan 16:33 y luego escriba una oración en respuesta a Dios. [La oración es simplemente hablar con Dios; no se preocupe por la redacción; el amante de su alma quiere saber lo que usted piensa y siente.]

DÍA TRES

Pertenencia en la Iglesia

Lamentablemente, las iglesias son a menudo un lugar donde las personas se sienten excluidas si son diferentes de alguna manera, especialmente después de ser desestabilizadas por un trauma. En las iglesias del siglo XXI en todo el mundo, la marginación está presente en muchas formas. Una persona sin hogar o alguien con ropa pasada de moda puede experimentar una forma de minimización; aquellos con ideas diferentes al enfoque de una iglesia pueden ser marginados de otras maneras.

Existe una profunda confusión cuando un sobreviviente de trauma siente que él o ella no encaja con las personas en la iglesia, especialmente al escuchar sermones sobre el amor y la aceptación. Los veteranos de guerra que regresan a casa pueden sentirse aislados por recuerdos traumáticos, especialmente cuando un "secuestro" de la amígdala los mueve inesperadamente a las 5 Reacciones de Lucha, Huida, Congelación, Fornicación o Alimentación cuando están en medio de un grupo de personas. Aunque es posible que las demás personas no se den cuenta de lo que les está sucediendo internamente, aquellas personas que se consideran "bienes dañados" pueden sentirse inseguros o no aceptados en la iglesia.

Se producen más daños cada vez que hay manipulación, rechazo, culpa, coerción sutil u otras formas de abuso en la iglesia, un lugar donde se debe garantizar la seguridad y la protección de las personas. [Nota: si actualmente usted está siendo abusado en la iglesia, pídale a Dios que lo guíe a una iglesia segura y, si es posible, obtenga ayuda para denunciar el abuso a las autoridades apropiadas.] Dios creó a cada persona con un valor intrínseco, diseñándonos a todos para que seamos amados, respetados y valorados.

Hace dos siglos, William Wilberforce reconoció abusos terribles en forma de esclavitud en Gran Bretaña. Durante más de dieciocho años, el utilizó persistentemente su posición de influencia en el Parlamento Británico para presentar mociones en contra de la esclavitud. Aunque desalentado repetidamente, Wilberforce perseveró hasta que el comercio de esclavos fue finalmente abolido en Gran Bretaña en 1807. Incluso después de ese evento, el mal persistió en las colonias británicas. En su libro Amazing Grace [Gracia Asombrosa], Eric Metaxas describió esa lucha y explicó: "La mañana después de la victoria de la abolición, 500,000 seres humanos permanecieron encarcelados como esclavos". Y la esclavitud persistió en las colonias británicas hasta 1833.

Una cosa que cualquier persona puede hacer es orar por las personas heridas por el trauma y la persecución. Podemos notar formas dolorosas en que las personas se tratan entre sí en la iglesia y en otros lugares. Por fe y en la fortaleza de Dios, podemos promover el cambio cultural aplicando la instrucción de Jesús en Lucas 6:31, *Traten a los demás tal y como quieren que ellos los traten a ustedes.*

En su libro *Soul Survivor* [Espíritu Sobreviviente], Philip Yancey dijo "emergí de las iglesias de mi infancia muy dañado y cuando comencé a escudriñar a Jesús a través de los ojos críticos de un periodista, vi que las cualidades que tanto me molestaban: el legalismo, la justicia propia, el racismo, el provincialismo, la hipocresía, fueron las mismas cosas contra las que Jesús había luchado y probablemente fueron las razones que lo llevaron a su crucifixión. Al conocer a Dios revelado en Jesús, reconocí que necesitaba cambiar de muchas maneras, sí, incluso arrepentirme, porque había absorbido la hipocresía, el racismo y la justicia propia de mi educación y contribuí con numerosos pecados propios. Comencé a imaginar a Dios menos como un juez severo sacudiendo su dedo ante mi rebeldía y mas como un médico que prescribe un comportamiento, en mi mejor interés para salvaguardar mi salud ".

¿De qué maneras puede usted mirar a Dios como un médico que prescribe nuevas formas de pensar para salvaguardar su salud física, mental, emocional y espiritual?

____

____

____

USTED NO PUEDE ESPERAR QUE LAS PERSONAS LE DIGAN A DÓNDE PERTENECE; USTED PUEDE CONFIAR EN JESÚS, EL NUNCA LE FALLARÁ.

Usted no puede depender de las personas para que le digan si usted pertenece o no; Usted puede confiar en Jesús. El nunca cambia; Él nunca le fallará. Jeremías explicó una razón por la cual las personas se decepcionan entre sí. *Nada hay tan engañoso como el corazón. No tiene remedio. ¿Quién puede comprenderlo? «Yo, el Señor, sondeo el corazón y examino los pensamientos, para darle a cada uno según sus acciones y según el fruto de sus obras»* (Jeremías 17:9-10, NVI).

Desde la caída del hombre, el corazón humano ha tenido el potencial para hacer el mal. Sabiendo eso y dándonos cuenta de que las personas se mienten unas a otras, se critican unas a otras o se lastiman unas a otras de varias maneras, ¿podemos realmente sorprendernos de que sucedan cosas hirientes en las iglesias, donde se reúnen grupos de personas? En cambio, podemos ser realistas al reconocer que la iglesia es un lugar donde las personas quebrantadas van a buscar esperanza y sanidad. Entonces, no nos decepcionamos cuando nos damos cuenta de que incluso las personas en la iglesia no pueden satisfacer nuestras necesidades más íntimas.

Jeremías aborda la cuestión fundamental sobre el por que las personas se lastiman entre sí. *Dos son los pecados que ha cometido mi pueblo; Me han abandonado a mí, fuente de agua viva y han cavado sus propias cisternas, cisternas rotas que no retienen agua* (Jeremías 2:13, NVI).

Nuestra tendencia humana es a adorar a cualquier persona o cualquier cosa, menos a Dios. John Calvin describió al corazón humano como una "fábrica de ídolos". Jeremías indicó que fácilmente nos desplazamos hacia "cisternas rotas que no pueden retener el agua". En otras palabras, tratamos de encontrar paz, esperanza, alegría, amor y vida en las personas, en las circunstancias, en sustancias, en cosas o en actividades, en lugar de buscarlas en Dios. Y solo Dios puede llenarnos de agua viva; solo Dios realmente satisface. Si se pregunta si usted está adorando a Dios, a un objeto u a otra persona, simplemente observe a dónde se dirige cuando necesita consuelo. A menudo, a quién o a qué recurrimos para que nos consuele, es a lo que estamos adorando. Solo Dios nunca fallará.

En Juan 4:10, Jesús ofrece agua viva. Él no solo proveerá para su necesidad básica de pertenecer; Él provee Su Espíritu Santo para darle esperanza sin importar sus circunstancias. ¿Permitirá que el Espíritu Santo le dé esperanza donde se encuentra ahora? Sí _____ No _____ Explique

____

____

____

En el libro *Practicing the Presence of People* [Practicando la Presencia de las Personas], Mike Mason cita a su amigo Bob Kirk, un pastor, quien dijo: "Me gustaría decirle a la iglesia que permita que las personas sean humanas. Me gustaría que aprendieran a disfrutar de la humanidad, tanto de la suya como la de los demás. Disfrutar y aceptar a la humanidad, con todas sus verrugas y debilidades, sin apartarse en miedo ni en juicio; esto es lo único que la iglesia no sabe hacer. Creo que la mayoría de las iglesias les temen a los seres humanos ". Permitiéndose dejar de lado las expectativas o las demandas de los demás, ¿cómo puede permitirse "ser humano" y disfrutar de su humanidad?

____

____

En el último día, el más solemne de la fiesta, Jesús se puso de pie y exclamó: —¡Si alguno tiene sed, que venga a mí y beba! De aquel que cree en mí, como dice la Escritura, brotarán ríos de agua viva. Con esto se refería al Espíritu que habrían de recibir más tarde los que creyeran en él. Hasta ese momento el Espíritu no había sido dado, porque Jesús no había sido glorificado todavía (Juan 7:37-39, NVI)

Tanto sus propias emociones como las de otras personas a veces pueden confundirlo, proporcionando información imprecisa sobre quién es usted. Ninguno de nosotros puede controlar lo que hacen los demás, pero si podemos controlar nuestros propios pensamientos y acciones. En lugar de esperar a que las personas le ayuden de alguna manera a sentirse como si perteneciera, ¿confiará en Dios? Sí____ No ____ Explique

____

____

¿En qué actividades, actitudes o acciones ha usted confiado para obtener su sentido de pertenencia?

____

____

____

Al leer Romanos 15:5-7, piense en la aceptación de Dios y en cómo ésta puede afectar la forma en que las personas se tratan unas a otras.

Que el Dios que infunde aliento y perseverancia les conceda vivir juntos en armonía, conforme al ejemplo de Cristo Jesús, para que con un solo corazón y a una sola voz glorifiquen al Dios y Padre de nuestro Señor Jesucristo. Por tanto, acéptense mutuamente, así como Cristo los aceptó a ustedes para gloria de Dios.

Su potencial de pertenencia no se basa en cómo la gente lo trata a usted, sino en el hecho de que Dios envió a Jesús por usted. ¡Dios mismo te acepta! Cuando los cristianos se aceptan mutuamente, eso resulta en alabanza a Dios. ¿Cómo una actitud de alabanza a Dios transforma la comunicación entre nosotros?

____

____

____

____

¿De qué maneras específicas se entregará usted a Dios en lugar de poner su esperanza en las personas?

____

____

La Dra. Marsha Linehan dice que es "realmente común comenzar a creer que no le gustas a nadie; que no le importas a nadie; que todos piensan que hay algo mal en ti. Esto requiere un enfoque completamente diferente. Yo les digo a mis clientes: "Escuchen ... (esto es realmente sorprendente, incluso para mí, de verdad) ... Si actúas en presencia de las personas como si tu no les gustaras, puedes estar seguro de que dejarás de gustarles. Pero si actúas con las personas como si les gustaras, puedo decirte que comenzarán a quererte ". He hecho esto con muchos clientes. Me sorprendió que funcione tan bien".

SI ACTÚAS EN PRESENCIA DE PERSONAS COMO SI TU NO LES GUSTARAS, PUEDES ESTAR SEGURO DE QUE   DEJARÁS DE GUSTARLES. Y SI ACTÚAS CON LAS PERSONAS COMO SI LES GUSTARAS, PUEDO DECIRTE QUE COMENZARÁN A QUERERTE. (DR. MARSHA LINEHAN)

Describa cómo podría entrar a una habitación, a un evento, a su lugar de trabajo, etc., y actuar como si usted le gustara a las demás personas. Luego, intente hacerlo en algún lugar donde usted quiera conocer gente nueva y escriba el resultado.

____

____

____

DÍA CUATRO
Volverse Saludable

Un desafío común para los sobrevivientes de trauma es la fuerte creencia de que nunca "encajarán" con personas normales. Tenga en cuenta que "normal" es una palabra relativa, como dijo Patsy Clairmont: "Normal es solo una función de la secadora de ropa". *Sanidad del Núcleo* proporciona herramientas prácticas para vivir una vida saludable, para ir más allá de lo que la sociedad considera "normal".

Si usted intenta pertenecer a las llamadas personas normales, es posible que nunca encuentre un grupo de personas realmente seguras. Puede comenzar el proceso eligiendo creer que usted es tan digno como cualquier otra persona. En segundo lugar, busque un lugar para servir a los demás en lugar de esperar a que alguien lo note. Tener una autoestima basada en la palabra de Dios le ayudará a saber qué grupos son adecuados para usted.

A MEDIDA QUE BUSCA CONSTRUIR RELACIONES SALUDABLES, ES IMPORTANTE VIVIR EN EL PRESENTE, CENTRÁNDOSE EN LO QUE PUEDE HACER AHORA, EN LUGAR DE LO QUE SUCEDIÓ EN EL PASADO.

Al mismo tiempo, es importante que usted reconozca cualquier actitud o acción que necesite cambiar para mejorar su relación con los demás. Si las personas se han alejado de usted, podría ser porque no entienden lo que ha experimentado o temen no ser adecuadas para ayudarle a superar las ramificaciones de su trauma. Si se siente desanimado por el daño de su núcleo, ¿por qué no enfocarse intencionalmente en los pasos prácticos de Sanidad del Núcleo para su crecimiento? A medida que busque establecer conexiones con otras personas, es importante vivir en el presente, enfocándose en lo que puede hacer ahora, en lugar de lo que sucedió en el pasado.

Si usted experimenta depresión debilitante, ansiedad o enojo, podría ser el momento de buscar asesoramiento profesional para descubrir nuevas habilidades para una sanidad y un crecimiento duradero.

Para ganar perspectiva, marque cualquiera de los siguientes comportamientos o actitudes dañinas que actualmente se aplican a usted:

- ☐ Negatividad: actitud crítica sobre las circunstancias, los eventos y las personas.
- ☐ Mentir, en cualquiera de sus formas.
- ☐ Sarcasmo: uso de humor que hiere, critica o se burla directa o indirectamente de otros.
- ☐ Chismes: dar información sobre otra persona a cualquiera que no sea parte de una situación, de una preocupación, o de su solución.
- ☐ Calumnia: difundir información falsa que daña la reputación de otra persona.
- ☐ Manipular y / o engañar a otros.
- ☐ Hacer por los demás lo que pueden hacer por sí mismos.
- ☐ Llegar constantemente tarde a las citas.
- ☐ Agresión pasiva (aferrarse a la ira, al resentimiento o la frustración hacia los demás; en lugar de abordar y trabajar honestamente el conflicto

interpersonal, se lo expresa pasivamente con terquedad, crítica, dilación o reteniendo afecto, etc.)
- ☐ Culpar: exigir a otros que asuman la responsabilidad de su sufrimiento actual en lugar de asumir la responsabilidad de su propio cambio y de su crecimiento.
- ☐ Control deficiente de sus impulsos (reaccionar en lugar de responder).
- ☐ Arrogancia o auto-desprecio (enfocarse en usted mismo, ya sea con una actitud de orgullo o autocrítica)
- ☐ Celos: creer que los demás tienen más que usted y desear lo que otros tienen; no estar agradecido por lo que tiene.
- ☐ Hablar por encima de las personas; no escuchar cuando otros están hablando.
- ☐ Creer que sus opiniones, sus talentos o logros importan más que las opiniones, talentos o logros de las demás personas [todos quieren ser respetados, valorados y apreciados].
- ☐ Creer que sus opiniones, talentos o logros importan menos que las opiniones, talentos o logros de las demás personas [si se está rechazando a usted mismo, esa actitud se contagiará a los demás]
- ☐ Imponer lo que usted quiere a los demás, tomando el control.
- ☐ Hablar sobre sus problemas o inquietudes en la mayoría de las "conversaciones" [si no sabe si hace esto, deténgase la próxima vez que esté con alguien y observe si deja que la otra persona hable sobre sus inquietudes y si realmente escucha lo que la otra persona le dice].
- ☐ No preocuparse por las necesidades de los demás.
- ☐ Atacar a otros: uso de intimidación, culpa o amenazas para salirse con la suya.
- ☐ Llegar a conclusiones sobre lo que otros piensan, en lugar de tratar de comprenderlos.
- ☐ No mantener compromisos.

Por favor no se desanime si algunas de estas conductas o actitudes se aplican actualmente a usted. En cambio, usted puede ver esto como una oportunidad maravillosa para permitir que Dios le proporcione una nueva visión y un nuevo crecimiento. A medida que pase tiempo en la Palabra de Dios todos los días, usted puede descubrir observaciones prácticas que le ayudaran a construir relaciones saludables.

Considerando su crecimiento y desarrollo, escriba 1 Corintios 13: 4-8.

____

____

____

____

____

____

Describa varias cualidades que observa en 1 Corintios 13 que pueden ayudarle a mejorar su relación con los demás.

____

____

____

____

Colosenses 3:12-17 (NVI) *Por lo tanto, como escogidos de Dios, santos y amados, revístanse de afecto entrañable y de bondad, humildad, amabilidad y paciencia, de modo que se toleren unos a otros y se perdonen si alguno tiene queja contra otro. Así como el Señor los perdonó, perdonen también ustedes. Por encima de todo, vístanse de amor, que es el vínculo perfecto. Que gobierne en sus corazones la paz de Cristo, a la cual fueron llamados en un solo cuerpo. Y sean agradecidos. Que habite en ustedes la palabra de Cristo con toda su riqueza: instrúyanse y aconséjense unos a otros con toda sabiduría; canten salmos, himnos y canciones espirituales a Dios, con gratitud de corazón. Y todo lo que hagan, de palabra o de obra, háganlo en el nombre del Señor Jesús, dando gracias a Dios el Padre por medio de él.*

¿Qué declaraciones de Colosenses 3:12-17 le ayudan a entender el amor que Dios siente por usted?

____

____

____

¿Cuáles son las dos formas en que puede mostrar el amor de Dios a los demás?

____

____

____

De Colosenses 3:12-17, describa dos o tres actitudes y acciones positivas que puede aplicar para construir relaciones saludables.

____

____

____

____

Cuando tenga tiempo, lea 1 y 2 de Samuel y los Salmos [si lee solo cinco salmos al día, los leerá todos en un mes]. En estos libros de la Biblia, es evidente que el rey David no sentía que él pertenecía, ni siquiera en su propia familia. Él lastimó a las personas y fue lastimado por ellas; sin embargo, Dios lo llamó un *hombre conforme a Su propio corazón* (1 Samuel 13:14, RVR1960).

El Rey David expresó sus sentimientos a Dios: *Cuando*

mi espíritu se angustiaba dentro de mí, tú conociste mi senda. En el camino en que andaba, me escondieron lazo. Mira a mi diestra y observa, pues no hay quien me quiera conocer; No tengo refugio, ni hay quien cuide de mi vida. Clamé a ti, oh Jehová; Dije: Tú eres mi esperanza, Y mi porción en la tierra de los vivientes (Salmo 142:3-5, RVR1960).

Al igual que el Rey David, usted puede clamar a Dios diciéndole exactamente cómo se siente. El se preocupa, el consuela y quiere ser su refugio seguro. En respuesta a la oración de David en el Salmo 142, escriba su propia oración, exponiendo sus necesidades y sus preocupaciones a Dios.

____

____

____

____

¿De qué manera necesita desarrollar una capacidad para confiar (o encontrar) personas seguras?

____

____

____

____

Escriba los nombres de una o dos personas seguras que ha conocido en algún momento de su vida y observe las cualidades que los hicieron seguros para que usted se relacione con ellos. (Si nunca se ha sentido seguro con nadie, busque dos personas seguras en la Biblia y descríbalas aquí).

____

____

____

EL AMOR Y LA ACEPTACIÓN DE

EN LUGAR DE ACEPTAR LAS ETIQUETAS NEGATIVAS PROPIAS O AJENAS, ENTRÉNATE PARA CRECER Y COMPRENDER

el amor y la aceptación de Dios

Lea Juan 17: 20-26, la oración de Jesús por todos los creyentes. Describa lo que Jesús dice acerca de cómo usted pertenece, notando que Él ve a todos los creyentes como uno en Él. (¿Qué diferencia puede hacer la realidad de pertenecer a Cristo en su percepción de su valor en la familia de Dios?)

____

____

____

____

DÍA CINCO
Imagine la Transformación

Al tomar nuevas decisiones, usted puede descubrir el simple gozo de vivir el momento, en el diseño de Dios. Dios lo creó a usted para pertenecer. En lugar de culpar a su pasado por sus preocupaciones actuales, permítase vivir el hoy, creando conscientemente un mundo diferente para usted y para las personas en su vida. Así como una casa se construye madera por madera o ladrillo por ladrillo, usted puede desarrollar de manera proactiva su capacidad de relacionarse con los demás. Su decisión de pensar creativamente puede ayudarle a tomar decisiones positivas paso a paso, que son esenciales para construir relaciones saludables.

EN LUGAR DE ACEPTAR SUS PROPIAS ETIQUETAS NEGATIVAS O LAS DE LOS DEMÁS, ENTRÉNESE PARA CONCENTRARSE EN EL CRECIMIENTO, ENTENDIENDO EL AMOR Y LA ACEPTACIÓN DE DIOS.

En nuestro mundo egocéntrico, muchas personas se sienten solas. Cuando los individuos han sido lastimados una y otra vez, pueden referirse a sí mismos como "perdedores" o "inadaptados". En lugar de darse etiquetas negativas, entrénese para enfocarse en el amor y en la aceptación de Dios. Darse etiquetas negativas lo mantiene atrapado; convertirse en la persona que Dios creó para que usted sea, lo libera para vivir.

Observe y escriba las etiquetas negativas que se haya asignado. Preste atención a los pensamientos negativos automáticos, como "Nunca encajaré". "No pertenezco a ningún lado". "Soy un fracaso."

____

____

____

Escriba descripciones positivas para reemplazar las etiquetas negativas pasadas o actuales que ha aceptado sobre usted, por ejemplo: "Ahora soy aceptado en Cristo para siempre. Siempre perteneceré a su amor ". Recuerde usar la Verdad para hablarse a usted mismo y así poder reemplazar el vocabulario negativo cada vez que surja una preocupación.

____

____

____

Un aspecto importante de aprender a pertenecer es aprender a preocuparse por los demás, notando sus necesidades y preocupaciones. Las personas que son indiferentes, poco amables o crueles con frecuencia tienen uno de dos problemas: o son arrogantes y egoístas o son inseguros. Cualquiera de las dos condiciones se consideran egocéntricas y pueden mantener a las personas atrapadas en patrones y en comportamientos de pensamiento poco saludables. En cambio, usted puede ser seguro y sincero, aprendiendo a preocuparse por los demás, ayudándolos a pertenecer y notando sus necesidades, al mismo tiempo que identifica las suyas.

En psicología, una característica de una auto-perspectiva saludable se conoce como tener un "locus de control interno". Con un locus de control interno, usted es consciente de que puede tomar decisiones beneficiosas, independientemente de dónde se encuentre o de lo que esté sucediendo. Como su vida no estás definida por las circunstancias externas o por las personas, usted no vive como una víctima sino como un creador. Usted vive en el momento presente más que en el pasado. Elige confiar en Dios, quien le da paz en el momento y la fuerza para enfrentar cada preocupación.

Para un cristiano, Cristo es el locus de control interno, El es el enfoque de la vida. El Apóstol Pablo explicó: *Con Cristo estoy juntamente crucificado, y ya no vivo yo, mas vive Cristo en mí; y lo que ahora vivo en la carne, lo vivo en la fe del Hijo de Dios, el cual me amó y se entregó a sí mismo por mí* (Gálatas 2:20, RVR1960).

¿De qué manera el confiar en Cristo como su locus de control interno le ayudaría a descubrir su sentido de pertenencia?

____

____

En las fuerzas del Señor, usted puede aplicar el mandato de Jesús de amar a su prójimo como a usted mismo. Note la declaración que hizo Jesús antes de explicar cómo amar a los demás. Los líderes religiosos le preguntaron: *Maestro, ¿cuál es el mandamiento más importante de la ley? —"Ama al Señor tu Dios con todo tu corazón, con todo tu ser y con toda tu mente"—le respondió Jesús—. Este es el primero y el más importante de los mandamientos. El segundo se parece a este: "Ama a tu prójimo como a ti mismo"* (Mateo 22:36-39, NVI).

Mike Mason explica: "El segundo gran mandamiento de Jesús implica que amaremos a los demás solo en la medida en que nos amemos a nosotros mismos. Este mandamiento se podría entender mejor expresándolo en tiempo futuro: "Amarás a tu prójimo como a ti mismo". Es decir, los sentimientos que tienes hacia ti inevitablemente se proyectarán hacia los demás. Si no te amas a ti mismo, no amarás a tu prójimo. Si no eres real contigo mismo, nadie será real para ti tampoco ".

Toda la alabanza sea para Dios, el Padre de nuestro Señor Jesucristo, quien nos ha bendecido con toda clase de bendiciones espirituales en los lugares celestiales, porque estamos unidos a Cristo. Incluso antes de haber hecho el mundo, Dios nos amó y nos eligió en Cristo para que seamos santos e intachables a sus ojos. Dios decidió de antemano adoptarnos como miembros de su familia al acercarnos a sí mismo por medio de Jesucristo. Eso es precisamente lo que él quería hacer, y le dio gran gusto hacerlo. De manera que alabamos a Dios por la abundante gracia que derramó sobre nosotros, los que pertenecemos a su Hijo amado (Efesios 1:3-6, NTV).

¿Se ama a usted mismo? Sí ____ No____ Explique.

____

____

____

Piense en Efesios 1:3-6, luego describa cómo puede vivir auténticamente en el amor de Dios, dándose cuenta de que Él lo ha adoptado en Su familia para vivir libremente en Su amor inagotable para siempre.

____

____

El Salmista dijo: *Deléitate en el Señor y él te concederá los deseos de tu corazón* (Salmo 37:4, NVI).

¿Alguna vez le ha pedido a Dios que le muestre qué cosas usted debe querer? No querrá algo o a alguien dañino a su lado cuando confíe plenamente en que Dios lo guiará. Él te ama; Se preocupa por usted; Él quiere satisfacer sus necesidades. Imagine lo que le gusta hacer y escriba sobre un lugar donde podría conocer personas con intereses similares.

____

____

____

Si usted, como todos nosotros, ha fallado en el pasado, puede optar por disfrutar el presente y mirar hacia el futuro. Zig Ziglar dijo: "El fracaso es un evento, no una persona. Entonces, independientemente de lo que le suceda en el camino, usted debe continuar y hacer lo correcto de la manera correcta. Luego, el evento se convierte en la realidad de una vida cambiada". Pero, para cambiar nuestras vidas necesitamos hacer algo y todos podemos hacer cosas significativas y valiosas con nuestros talentos, habilidades y condiciones físicas únicas.

Muchas organizaciones e individuos necesitan asistencia voluntaria. Marque las ideas que le interesan a continuación:

☐ Ayudar a padres de niños con necesidades físicas, mentales o emocionales.

☐ Escribir cartas para dar aliento a misioneros, pastores, entrenadores, maestros o líderes de niños y jóvenes.

☐ Comenzar a entrenar para dar terapia con mascotas.

☐ Cocinar, entregar o ayudar de otra manera en un programa como "Comida sobre Ruedas" para proporcionar comidas a personas que no pueden cocinar por sí mismas.

☐ Orar por los demás.

☐ Ayudar en un hospital entregando libros, flores, etc. a los pacientes.

☐ Escribir notas para dar aliento a otras personas.

☐ Leer cuentos en un programa de lectura en la biblioteca o para niños en una sala de cáncer, etc.

☐ Ayudar con la descarga, clasificación, entrega, etc. en un programa de distribución de alimentos.

☐ Servir, limpiar, cocinar, etc. en un comedor público.

☐ Enseñar en una escuela dominical.

☐ Ayudar en la guardería de la iglesia.

☐ Asistir con el trabajo de oficina de la iglesia.

☐ Ser administrador de estudios bíblicos, facilitador o maestro.

☐ Hacer llamadas telefónicas a las personas que no pueden salir de su casa.

☐ Ayudar en un refugio de animales.

☐ Dar tutoría después de la escuela.

☐ Convertirse en asistente de un maestro.

☐ Dar recorridos guiados en un museo.

☐ Explicar ciencia en un centro de naturaleza.

☐ Plantar y cuidar de las flores en su comunidad.

☐ Cultivar vegetales para compartir con otros.

☐ Visitar a personas en hogares de ancianos o en hospitales que no tienen una familia que los cuide.

☐ Ayudar a alguien con proyectos en el hogar, como trabajos de jardinería, pintura, etc.

☐ Enseñar una clase en un área que le guste (tejer, jardinería, arte, repostería, idiomas, tecnología, etc.)

☐ Ayudar en un orfanato.

La Biblia usa la metáfora del cuerpo humano para explicar la realidad de pertenecer a Cristo.

Pues, así como cada uno de nosotros tiene un solo cuerpo con muchos miembros, y no todos estos miembros desempeñan la misma función, también nosotros, siendo muchos, formamos un solo cuerpo en Cristo, y cada miembro está unido a todos los demás. Tenemos dones diferentes, según la gracia que se nos ha dado. Si el don de alguien es el de profecía, que lo use en proporción con su fe; si es el de prestar un servicio, que lo preste; si es el de enseñar, que enseñe; si es el de animar a otros, que los anime; si es el de socorrer a los necesitados, que dé con generosidad; si es el de dirigir, que dirija con esmero; si es el de mostrar compasión, que lo haga con alegría. El amor debe ser sincero. Aborrezcan el mal; aférrense al bien. Ámense los unos a los otros con amor fraternal, respetándose y honrándose mutuamente. Nunca dejen de ser diligentes; antes bien, sirvan al Señor con el fervor que da el Espíritu. Alégrense en la esperanza, muestren paciencia en el sufrimiento, perseveren en la oración.

Ayuden a los hermanos necesitados. Practiquen la hospitalidad (Romanos 12: 4-13, NVI).

Cada uno de nosotros tiene diferentes dones que pueden usarse para construir y alentar a otros. Apreciar su valor y su valor único como parte del cuerpo de Cristo puede ayudarle a estar dispuesto a compartir sus dones con otros que se beneficiarán de ellos. ¿Puede pensar en formas de usar los dones que Dios le ha dado para "compartir con las personas que lo necesitan"?

____

____

Desarrollar tradiciones puede ayudarle a aumentar su sentido de pertenencia. En su familia de origen, ¿tenía usted tradiciones especiales? Describa algunas de esas tradiciones aquí.

____

____

____

Revise las tradiciones que acaba de enumerar y marque las que haya disfrutado.
En cualquier etapa de la vida, es posible desarrollar tradiciones familiares agradables de manera intencional. Si no tiene una relación con su familia, busque a otras personas que pueda incluir en la construcción de sus tradiciones. Muchas personas pasan las vacaciones solas y agradecerían una invitación para establecer conexiones con otros. Hace décadas, mi esposo y yo nos mudamos a California con nuestras tres hijas pequeñas, cuando nuestra hija menor tenía dos semanas de edad. Solos, viviendo lejos de la familia, invitamos a unos estudiantes japoneses a compartir con nosotros una comida tradicional de Acción de Gracias; compartir nuestras tradiciones con ellos hizo que el día fuera memorable. Años después, viviendo en Colorado, compartimos el Día de Acción de Gracias con nuevos

amigos del Medio Oriente, cuando mi esposo estaba en la escuela de posgrado. También hemos invitado a personas a unirse a algunas de nuestras celebraciones de Navidad y de Pascua, compartiendo la alegría de la vida y la resurrección de nuestro Salvador.

Muchas personas encuentran una gran satisfacción al servir comidas en un refugio para personas sin hogar durante los días festivos; otros disfrutan de que sus hijos los ayuden a preparar canastas de regalos para familias necesitadas. Al elegir hacer algo proactivo y positivo, usted puede prevenir tanto la introspección mórbida como la parálisis del análisis.

Si usted no ha tenido tradiciones familiares agradables hasta ahora, haga una pausa y piense en lo que le gustaría hacer por otras personas durante los días festivos, cumpleaños, etc. y describa sus ideas positivas. [No se deje limitar debido a la falta de dinero; Usted puede dar creativamente a otros de muchas maneras que no cuestan más que su tiempo. Y si está limitado por el tiempo, pídale a Dios que le ayude a administrar el tiempo que tiene para que pueda experimentar la alegría de edificar a otros.]

Cumpleaños

____

____

Pascua

____

____

Día de Acción de Gracias

____

____

Navidad

Otros

NOTA: La Hospitalidad no se trata de tener un hogar
elegante, de ser un cocinero fabuloso o de tener una
decoración perfecta. Se trata de hacer que las personas
se sientan bienvenidas y amadas, ayudándolas a
pertenecer. A medida que usted aprecia su propio valor,
también puede ayudar a otros a desarrollar su sentido
de pertenencia. Uno de los mejores antídotos para la
desesperación de sentir que no pertenece es ayudar
a otros a pertenecer. Ya sea que esté casado o soltero,
joven o viejo, usted puede ofrecer a otros el regalo de
su amistad. ¡Su vida importa!

La gratitud es un antídoto increíble contra la
desesperación. G. K. Chesterton dijo: "Sostendría que
la gratitud es la forma más elevada de pensamiento; y
esa gratitud es felicidad duplicada por el asombro". Al
considerar su trabajo en las cinco áreas de su núcleo:
la seguridad, la competencia, la identidad, el propósito
y la pertenencia, imagine estar agradecido por el
crecimiento que usted está experimentando. ¿Cómo
puede exhibir su gratitud hoy?

CAPÍTULO ONCE

Crecimiento Post-Traumático:
Un Corazón en Paz

Hemos considerado el impacto del trauma en el núcleo de su ser, incluyendo su sentido de seguridad, de competencia, identidad, de propósito y de pertenencia. También hemos analizado varios efectos que el trauma puede tener en su cuerpo. Ahora, en este capítulo, consideraremos cómo puede experimentar un corazón en paz al permitir que Dios regule y dirija su vida. Proverbios 14:30 (NVI) explica: *Un corazón en paz da vida al cuerpo.* Aprender a tener un corazón en paz le permite moverse constantemente más allá del estrés postraumático, hacia el crecimiento y hacia la sanidad postraumática.

OBJETIVO DE SANIDAD DEL NÚCLEO: EXPERIMENTAR UN CORAZÓN EN PAZ.

Conexión a Tierra: coloque las manos juntas, entrelazando los dedos. Si se siente cómodo al hacerlo, estire las manos detrás del cuello, respire profundamente, inhale por la nariz para "inflar" los pulmones y exhale por la boca para "vaciarlos", mientras estira suavemente la parte superior del cuerpo. Con solo unos segundos de relajación consciente, usted se está dando el increíble beneficio de descansar.

DÍA UNO
Crecimiento Postraumático

Los psicólogos Richard Tedeschi, PhD y Lawrence Calhoun, PhD, desarrollaron la Teoría del Crecimiento Postraumático (TCP) a mediados de la década de 1990. Tedeschi afirma: "Las personas desarrollan una nueva comprensión de sí mismas, del mundo en el que viven, de cómo relacionarse con otras personas, del tipo de futuro que podrían tener y una mejor comprensión de cómo vivir la vida". La TCP considera cómo puede ocurrir la transformación después del trauma y sostiene que "las personas que atraviesan una lucha psicológica después de la adversidad, a menudo pueden ver un crecimiento positivo con el tiempo", sostiene Laura Collier. La investigación basada en la evidencia sobre la neuroplasticidad del cerebro respalda la premisa de que el trauma no tiene que definir su vida.

Tómese un momento para considerar su progreso a lo largo de *Sanidad del Núcleo.* El Inventario de Crecimiento Postraumático (ICPT), desarrollado por Tedeschi y Calhoun, explora cinco áreas específicas de crecimiento que pueden experimentarse después de un trauma. Haga una pausa para observar y describir su sanidad y su crecimiento en cada una de las cinco áreas:

- Apreciación de la vida.

- Relaciones con los demás.

- Nuevas posibilidades en la vida.

- Fortaleza.

- Cambio espiritual.

PARA AYUDAR CON LA INVESTIGACIÓN QUE EXPLORA LA EFECTIVIDAD DE SANIDAD DEL NÚCLEO, LA EVALUACIÓN ICPT SE PRESENTA EN LAS PRÓXIMAS DOS PÁGINAS, CON AGRADECIMIENTO A SUS CREADORES LG CALHOUN Y RG TEDESCHI Y A LOS PARTICIPANTES DE SANIDAD DEL NÚCLEO QUE QUIERAN DEDICAR SU TIEMPO PARA AYUDAR CON UN PROYECTO DE INVESTIGACIÓN ANÓNIMA.

INVENTARIO DE CRECIMIENTO POST TRAUMÁTICO

Nombre: ____ Fecha: ____________________

Indique para cada una de las siguientes declaraciones el grado de cambio que se produjo en su vida como resultado de la crisis o desastre, utilizando la siguiente escala.

0 = No experimenté este cambio como resultado de mi crisis.
1 = Experimenté este cambio en un grado muy pequeño como resultado de mi crisis.
2 = Experimenté este cambio en pequeño grado como resultado de mi crisis.
3 = Experimenté este cambio en un grado moderado como resultado de mi crisis.
4 = Experimenté este cambio en gran medida como resultado de mi crisis.
5 = Experimenté este cambio en una medida muy grande como resultado de mi crisis.

POSIBLES AREAS DE CRECIMIENTO Y CAMBIO

		0	1	2	3	4	5
1	Cambié mis prioridades sobre lo que es importante en la vida.						
2	Tengo una mayor apreciación por el valor de mi propia vida.						
3	He desarrollado nuevos intereses.						
4	He desarrollado una mayor autosuficiencia						
5	Tengo una mejor comprensión de los asuntos espirituales.						
6	Veo más claramente que puedo contar con personas en tiempos de problemas.						
7	He establecido un nuevo camino para mi vida.						
8	Tengo una mayor cercanía con los demás.						
9	Estoy más dispuesto a expresar mis emociones.						
10	Sé con mas claridad que puedo manejar las dificultades.						
11	Puedo hacer mejores cosas con mi vida.						
12	Puedo aceptar mejor la forma en que las cosas funcionan.						
13	Puedo apreciar mejor cada día.						
14	Hay nuevas oportunidades disponibles que no hubieran sucedido de otra manera.						
15	Tengo más compasión por los demás.						
16	Pongo más esfuerzo en mis relaciones.						
17	Es más probable que trate de cambiar las cosas que necesitan ser cambiadas						
18	Tengo una fe en Dios más fuerte.						
19	He descubierto que soy más fuerte de lo que pensaba.						
20	Aprendí mucho sobre cuán maravillosas son las personas.						
21	Acepto de mejor manera que necesito a otras personas.						

ANÁLISIS DEL INVENTARIO DE CRECIMIENTO POST TRAUMÁTICO

Después de completar el inventario en la página anterior, transfiera solo los números encontrados en los cuadros blancos correspondientes a continuación. Luego, sume cada columna y divida por el número en negrita en la parte inferior de la columna correspondiente. Para ayudar con la investigación para estudiar la eficacia de Sanidad del Núcleo, escanee esta página (o, en su correo electrónico, enumere los resultados numéricos de cada una de las cinco columnas) y envíe un correo electrónico a: corehealingtrauma@gmail.com. ¡Gracias! Su aporte será confidencial, solo se utilizará en el proceso de investigación basado en la evidencia.

ANÁLISIS FACTORIAL > > > >

		Relacionarse con los demás	Nuevas Posibilidades	Fortaleza	Cambio Espiritual	Apreciación de la vida
1	Cambié mis prioridades sobre lo que es importante en la vida.					
2	Tengo una mayor apreciación por el valor de mi propia vida.					
3	He desarrollado nuevos intereses.					
4	He desarrollado una mayor autosuficiencia					
5	Tengo una mejor comprensión de los asuntos espirituales.					
6	Veo más claramente que puedo contar con personas en tiempos de problemas.					
7	He establecido un nuevo camino para mi vida.					
8	Tengo una mayor cercanía con los demás.					
9	Estoy más dispuesto a expresar mis emociones.					
10	Sé con más claridad que puedo manejar las dificultades.					
11	Puedo hacer mejores cosas con mi vida.					
12	Puedo aceptar mejor la forma en que las cosas funcionan.					
13	Puedo apreciar mejor cada día.					
14	Hay nuevas oportunidades disponibles que no hubieran sucedido de otra manera.					
15	Tengo más compasión por los demás.					
16	Pongo más esfuerzo en mis relaciones.					
17	Es más probable que trate de cambiar las cosas que necesitan ser cambiadas.					
18	Tengo una fe en Dios más fuerte.					
19	He descubierto que soy más fuerte de lo que pensaba.					
20	Aprendí mucho sobre cuán maravillosas son las personas.					
21	Acepto de mejor manera que necesito a otras personas.					
	Total de cada Columna					
	dividir por	**7**	**5**	**4**	**2**	**3**
	esta Puntuación					

Nota: cuanto más altos son los números, mayor es el crecimiento postraumático.

En su libro *Man's Search for Meaning* [La Búsqueda del Significado del Hombre], el Dr. Viktor Frankl explica cómo las personas pueden trascender el sufrimiento al encontrar el significado en la vida. Como psiquiatra encarcelado en campos de concentración durante el Holocausto, el Dr. Frankl tuvo una perspectiva única de lo que le sucedió a él y a las personas encarcelados con él. Él observó a los prisioneros que no encontraron "oportunidades para hacer algo positivo de su vida en el campo [y consideraron] su "existencia provisional" como irreal. Eso, constituyó en sí mismo un factor importante para que los prisioneros perdieran su pasión por la vida; todo de alguna manera se volvió inútil". Otros prisioneros, en lugar de dejarse deshumanizar por las atrocidades que experimentaron, permitieron que las brutales dificultades del encarcelamiento se convirtieran en "una prueba de su fuerza interior", afirmó el Dr. Frankl. "La vida en última instancia significa asumir la responsabilidad de encontrar la respuesta correcta a los problemas y de poder cumplir con las tareas que la vida constantemente presenta a cada individuo".

Afortunadamente, la mayoría de las personas no experimentan los horrores del Holocausto. Sin embargo, aquellos que han experimentado abuso sexual, violencia doméstica, ataques terroristas, etc., a menudo experimentan miedo paralizante, devastación y aislamiento, algo así como un Holocausto personal.

Después del trauma, el crecimiento y la sanidad se pueden estancar si los sobrevivientes minimizan su sufrimiento: "Lo que estoy pasando no es tan malo como lo que otras personas han enfrentado", o si lo maximizan: "nadie entiende cuán difícil es mi situación". Su sufrimiento es real y es el único sufrimiento que usted realmente conoce por experiencia personal. Dependiendo de su perspectiva, el sufrimiento puede aislarlo, alimentando una sensación de impotencia y puede resultar en que usted se sienta "atrapado" o vulnerable. Por otro lado, en medio de su angustia, usted puede desarrollar nuevas habilidades que le ayudarán a enfrentar sus desafíos y sus preocupaciones.

Alguien dijo: "El cambio es inevitable, el crecimiento es una elección". No importa las preocupaciones que enfrente, usted puede cambiar en medio de las pruebas, a pesar de que las personas, las circunstancias o la situación no cambien en absoluto. En lugar de esperar a que el problema desaparezca o que otros cambien, usted puede desarrollar nuevas formas de enfrentar sus preocupaciones, en la fuerza de Dios y en la esperanza que Él provee, desarrollando la fuerza necesaria para enfrentar sus preocupaciones. Haga una pausa por un momento para preguntarse cuáles de las ideas de Viktor Frankl usted puede aplicar a su propia situación. Descríbalas aquí:

____

____

____

____

____

Una forma en que muchos hombres y mujeres experimentan estrés traumático es cuando enfrentan la incertidumbre y el miedo relacionados con el desempleo. Adam Larkin lo sabe muy bien: a los 46 años se quedó intencionalmente sin trabajo. No esperaba sufrir cuando abandonó voluntariamente una carrera sólida, dejando en buenos términos su trabajo después de 13 años de éxito. Esperaba hacer la transición a un nuevo trabajo con bastante rapidez, con la esperanza de que un nuevo puesto reduciría el estrés de trabajar largas horas en un ambiente de trabajo tóxico.

Pero a medida que su desempleo por elección se extendía de semanas a meses, Adam comenzó a experimentar un trauma inesperado. Las perspectivas de una nueva carrera profesional disminuyeron cuando se dio cuenta de que el puesto que esperaba encontrar era difícil de alcanzar. Los "puestos de nivel superior, por lo general no se anuncian, sino que en su mayoría se encuentran al estar conectado a una red y mi red no era muy sólida". En su antiguo trabajo, había trabajado tantas horas que simplemente no había tenido tiempo para establecer conexiones con colegas en otras empresas.

El Dr. Viktor Frankl explica que el "factor más deprimente en los campos de concentración era el hecho de que un prisionero no podía saber cuánto tiempo duraría su condena. No se le daba una fecha para su liberación". Para los prisioneros recién llegados que ingresaban a un campo de concentración, después de ser transportados como ganado de una serie de condiciones horribles a otras nuevas, se producía otro tipo de cambio", con el fin de la incertidumbre llegaba la incertidumbre del final". El Dr. Frankl explicó:" La palabra latina finis tiene dos significados: el final y una meta a alcanzar. Un hombre que no puede ver el final de su "existencia", no puede apuntar a un objetivo final en la vida y en consecuencia deja de vivir para el futuro; en contraste con un hombre en la vida normal. El trabajador desempleado, por ejemplo, está en una posición similar. Su existencia se ve afectada y, en cierto sentido, no puede vivir para el futuro ni apuntar a una meta".

De alguna manera, Adam experimentó lo que el Dr. Frankl describe. Era difícil establecer metas para el futuro cuando no tenía idea de cuándo surgiría un trabajo. Aunque había dejado su carrera anterior en "muy buenos términos", no había previsto no poder encontrar un nuevo trabajo. Durante su inesperada y prolongada pausa en el trabajo, Adam experimentó una amplia gama de emociones. Intentando enfrentar los desafíos multifacéticos del desempleo y siendo consciente de lo que él tenía para ofrecer en el mercado, se sintió frustrado cuando no pudo encontrar oportunidades que se ajustaran a sus habilidades. Después de aplicar a numerosos puestos y de que le dijeran repetidamente que no era "el adecuado", comenzó a preguntarse: "¿Realmente valgo lo que creo que valgo?". Cuando los rechazos laborales ni siquiera provenían de una persona sino de un correo electrónico, "fue un desafío para mi ego ya que había construido un currículum sólido y había tenido una carrera exitosa en muchas áreas diferentes". Comenzó entonces a preguntarse:" ¿Es que no estoy haciendo las cosas bien? ".

Comenzó a sentir la desesperación relacionada con no tener un sentido de propósito en su vida. "Como cristiano, esto se convirtió en un desafío para mi fe: aprender a confiar en que Dios me tenía en un camino donde debía ser paciente, confiando en el proceso de que Dios ya tenía una posición establecida para mí. La batalla espiritual se convirtió en "Quiero ser paciente, pero tengo que mantener a mi familia".

El impacto en su familia, dice Adam, "fue realmente extraño; Nunca me había tomado mucho tiempo libre del trabajo. Al igual que muchos hombres, incluso cuando estaba de vacaciones, me costaba colgar el teléfono, siempre con responsabilidades laborales presentes. Tomarme un descanso solo habría diferido ese trabajo para una fecha posterior, duplicando mis responsabilidades cuando volviera".

El no tener trabajo trajo sus propios desafíos. Introvertido, Adam tuvo que enfrentar el exigente desafío de construir una red de conexión. Él dice que tuvo que tomar "decisiones deliberadas para no permitir que el estar sin trabajo lo controlara". "El proceso hubiese sido mucho peor si no me hubiera acercado a este tiempo entendiendo que la temporada estaba dirigida por Dios". La oración y el apoyo de hombres cristianos ayudaron a Adam a evitar la tendencia natural de los introvertidos a aislarse de otras personas.

Con una rutina inexistente, la confusión se convirtió en una desventaja inesperada de estar sin trabajo. Adam se preguntó: "¿Qué hago con mi día? No estoy siendo productivo. Esto impactó a mi esposa cuando me sentía perdido, tratando de adaptarme a un estilo de vida de no levantarme y prepararme para ir al trabajo. Fue difícil para mi esposa porque fue difícil para mí". Cuando Adam comenzó a darse cuenta de que hubiera sido sabio haber encontrado una nueva posición antes de dejar la anterior, comenzó a sentirse frustrado y avergonzado. A medida que pasaron los meses sin ofertas de trabajo, sintió desesperación y una sensación de falta de propósito en su vida.

Pero, a su vez habían ventajas en esta temporada de desempleo. "Mis niveles de estrés disminuyeron; en mi posición anterior, el estrés era increíblemente alto, con efectos físicos como falta de aire al respirar, síntomas de depresión y sensación de desconexión con mi esposa y mi hija, porque estaba muy ocupado con el trabajo. Cuando dejé mi antiguo entorno laboral, eso mejoró, porque muchos factores estresantes de ese trabajo ya no estaban presentes".

Hablando de las cinco áreas del núcleo de Competencia, Seguridad, Identidad, Propósito y Pertenencia, Adam dijo que el trauma de estar sin trabajo impactó sobre todo su sentido de Seguridad e Identidad. "Con respecto a la Seguridad experimenté que, en el exterior llevas puesto un traje y una corbata para que te veas abotonado; pero, cuanto más tiempo pasas sin estar empleado y continuas en la búsqueda, sigues abotonado, sin embargo, esa seguridad se ha ido y piensas que realmente no estas respaldado por nada".

En reuniones o en almuerzos invariablemente surgía la pregunta: "¿Qué haces?" Adam buscaba respuestas creativas, como decir lo que solía hacer antes, para evitar admitir que estaba sin trabajo. "Es casi como si te hubieran robado tu identidad", explicó Adam. "Me sentía menos hombre cuando me relacionaba con otros profesionales o con personas de negocios".

"El aspecto más traumático de estar sin trabajo fue el aspecto de la autoestima", dice Adam. "No era necesariamente que valía menos que antes, sino que no valía nada para el mercado. Después de estar en la industria durante 20 años, el no encontrar oportunidades de trabajo realmente desafió mi autoestima desde el punto de vista de "¿por qué las personas no están interesadas en mí?" ¿Qué no estoy haciendo bien? Ni siquiera se me da la oportunidad de ponerme en frente de las personas y de mostrarles mi valor. En el mundo de reclutamiento actual, las personas como yo que estuvieron con la misma compañía durante mucho tiempo y que no construyeron una red sólida fuera del trabajo, porque eso es todo lo que hice, pueden encontrarse en la situación casi imposible de descubrir nuevas oportunidades de trabajo. Buscas un trabajo en línea y presionas el botón que te interesa y recibes muchos "No" como respuesta, lo que puede ser bastante traumático. Esto se convirtió en otra grieta en la armadura de lo que creía haber construido: el capital de valor para una organización ".

El consejo de Adam para alguien que enfrenta la pérdida de empleo es "comparte la carga con alguien; además de con tu cónyuge, compartela con alguien con quien puedas compartir problemas específicos, alguien que te alentará a tener fe y a confiar en Dios. Cuando uno no tiene trabajo y la cuenta bancaria se está agotando, la presión puede ser bastante abrumadora. Si sabes que Dios está en control, puedes descansar en la seguridad de que lo que Él ha planeado para ti es bueno".

Mientras Adam Larkin era golpeado en su ego masculino y en su sentido de seguridad, de identidad y propósito, el decidió construir relaciones saludables con hombres que fomentaron su crecimiento. La participación de estas personas le ayudó a continuar tomando decisiones para avanzar en su fe, con su familia y, en última instancia, en la búsqueda de un nuevo empleo.

¿Ve alguna similitud en cómo usted enfrenta el trauma y la determinación de crecer?

____

____

____

____

¿Cómo podría ser de ayuda para usted el elegir una meta medible para este día y para esta semana?

____

____

____

____

Describa dos formas en las que continuará su proceso de crecimiento.

____

____

____

____

____

____

DÍA DOS
Experimentando el Crecimiento Postraumático

Jennifer Amore (nombre cambiado) sobrevivió a un trauma infantil complejo, que abarca desde la negligencia, el abuso, hasta las relaciones caóticas. Hoy, ella es una psicoterapeuta que cuida y ayuda a sus clientes a obtener conocimientos y habilidades para hacer frente a sus circunstancias, mientras desarrollan avances que duran toda la vida. El crecimiento postraumático después de su trauma infantil, ha ayudado a Jennifer a ir más allá de las heridas de apego, para poder ayudar a otras personas a sanar sus propias heridas y preocupaciones.

Durante su infancia Jennifer vivió en Puerto Rico, donde la vida se caracterizó por movimientos confusos e inesperados. La agitación de un sistema familiar inestable inició en ella una sensación de miedo. Aprendió a ignorar ese miedo debido a la felicidad que sentía con su padre, quien la llevaba a la playa y hacía su vida más divertida. El era amigable con los demás y exitoso en el trabajo; su hogar a menudo era un lugar de reunión para fiestas y para las personas. Pero él tomó decisiones de vida que ella no podía

entender, como las adicciones al sexo y al alcohol, que eventualmente hicieron que su familia colapsara.

Cuando era niña, Jennifer no era consciente de las luchas de sus padres, ella solo conocía las suyas. Algunas veces su madre desaparecía, para ser encontrada más tarde en la casa de sus abuelos. Las mudanzas frecuentes e inesperadas, de una casa pequeña a un departamento pequeño y eventualmente a un departamento de un ambiente, intensificaron la ansiedad y la inseguridad de Jennifer. Ella recuerda un momento en que ella y su madre vivieron sin tuberías en la casa durante ocho meses, donde tenían que transportar agua a la casa desde un grifo de la carretera.

A veces, su padre y su madre se reconciliaban, una vez, incluso se mudaron juntos a una casa con un gran patio trasero. "Mi papá había vuelto", dijo sonriendo. Pero él realmente nunca se quedó. Cuando yo tenía ocho años, mi papá se había ido otra vez, porque su madre estaba frustrada por su continuo desfile de novias. Sin embargo, su padre seguía entrando y saliendo de su casa, lo que hacía imposible que Jennifer entendiera que sus padres se habían divorciado.

Ella recuerda un día en que sus tías puertorriqueñas vinieron a cuidarla porque su padre había invitado a su madre para que fueran a una cita. "Mi mamá se veía hermosa esa noche, vestida con un hermoso vestido, esperando a mi papá, quien nunca llegó".

Jennifer no entendía la compleja relación de sus padres, pero estaba feliz cuando pudo pasar un día entero sola con su padre. Al final de ese día, él la dejó en la casa que compartía con su madre. Cuando entró sola en la casa, se horrorizó al descubrir que no había nada allí. ¡Incluso su juego de dormitorio se había ido! Debido al trauma de esa experiencia, Jennifer solo tiene recuerdos fragmentados de lo que sucedió después. Ella recuerda un vuelo temprano a la mañana siguiente con su madre, quien solo le dijo: "Nos mudamos a Nueva York".

En Nueva York, la vida de Jennifer dio un giro positivo cuando se adaptó rápidamente a la nueva cultura y disfrutó viviendo cerca de cuatro tías de Nueva York, quienes le compartieron la historia del amor de Dios, explicándole que Dios Padre había enviado a Jesús a la tierra para ser su Salvador. Al aprender de ellas, Jennifer se convirtió en cristiana.

En Nueva York, los meses de junio a septiembre fueron un tiempo de feliz transición para Jennifer. Pero su pesadilla se reanudó en septiembre, cuando su madre le anunció que hacía mucho frío en Nueva York y que por esa razón se mudarían abruptamente a Puerto Rico, para vivir con otra tía. Allí, Jennifer dice: "Me destrozaron". La siguiente parada fue la casa de sus abuelos, donde hubo un breve momento de paz.

Ese movimiento tampoco duró. Luego, su madre encontró una casa en una zona muy mala. "Todavía tengo una cicatriz causada por el ataque de un hombre que vivía en ese vecindario", dice Jennifer. La siguiente mudanza fue a un lugar que estaba en una ruta de ambulancia para toda la isla de Puerto Rico. Ella le dijo a su madre: "No puedo hacer esto" y fue enviada a vivir con su padre, donde solo tenía un sofá para dormir y donde comenzaron nuevas pesadillas. Ella describe cómo se intensificaron sus heridas de apego en ese tiempo. "Conocía gente nueva todos los años, no tenía nada constante. Mi papá no era constante, mi escuela no era constante, mi casa no era constante ".

Ahora, felizmente casada y con dos preciosos hijos, la vida de Jennifer no se parece en nada a su infancia. Aun así, el solo ver cajas de embalaje es increíblemente angustiante, desencadenando todos los sentimientos de inestabilidad que experimentó durante cada movimiento inesperado durante su infancia. El cambio aún le genera ansiedad, pero Jennifer elige no huir de las ramificaciones de sus heridas de apego. En cambio, las enfrenta cada vez que algo "presiona ese botón" y se ocupa de las heridas mediante su cuidado personal. En lugar de negar, reprimir, evitar o ignorar estas heridas profundas, ella continúa sanando y creciendo mental, emocional, física, espiritual y socialmente.

Jennifer ha aprendido a confiar en Dios, quien es constante, en lugar de permitir que su vida se descarrile por la ausencia de "constantes" en sus años de desarrollo. Cuando se enfrenta a la desorganización y es asechada por el dolor del caos de su infancia, ella se replantea la situación y la ve como una oportunidad para organizarse. Cada vez que siente el dolor de su pasado, "me ayuda compartir con alguien lo que estoy sintiendo, orar por esa situación y llevárselo a Dios". En lugar de ser definida por un trauma del pasado, Jennifer continúa dando pasos decisivos para ir más allá.

JENNIFER HA APRENDIDO A CONFIAR EN DIOS, QUIEN ES CONSTANTE, EN LUGAR DE PERMITIR QUE SU VIDA SE DESCARRILE POR LA AUSENCIA DE "CONSTANTES" EN SUS AÑOS DE DESARROLLO.

Consciente de la desregulación emocional alimentada por las heridas de apego de su infancia, Jennifer continúa desarrollando nuevas habilidades para manejar sus emociones de manera saludable. Una elección que hace regularmente es escribir en un diario, escribir sobre su dolor y luego entregárselo a Dios. También pasa tiempo cada día en oración y en el estudio de la Biblia, para aumentar su sentido de apego saludable a Dios. Además, pasa tiempo construyendo relaciones saludables con su familiares y amigos.

Describa dos formas en que observa a Jennifer alejarse de las heridas de apego de la infancia hacia una vida de apego seguro:

____

____

____

____

Teniendo en cuenta lo que ha aprendido hasta ahora en *Sanidad del Núcleo,* ¿qué elección tomará hoy para pasar del **apego ambivalente** (caracterizado por un apego inseguro y una gran ansiedad), del **apego evitativo** (caracterizado por una actitud de rechazo, que generalmente no pide nada debido al miedo de estar demasiado cerca o demasiado lejos de los demás), **del apego desorganizado** (con un sentido de sí mismo fragmentado y caracterizado por patrones contradictorios de interacción con otros, que a veces, no siempre, son el resultado del abuso) a un **apego seguro,** sabiendo que su vida tiene valor y que usted continuamente puede tomar decisiones y aprender habilidades que le ayudarán a construir relaciones saludables con los demás?

SU VIDA TIENE VALOR.

DÍA TRES

Un Corazón en Paz puede Ayudarle a Enfrentar la Vida cuando se siente Fuera de Control

¿Ha visto fotos o videos de niños pequeños en un orfanato, silenciosamente parados solos en sus cunas, meciéndose de un lado a otro para calmar los dolores originados por el hambre? Cuando estos niños son adoptados o colocados en cuidado transitorio, se hace evidente que tienen dificultades para relajarse y confiar en los padres que buscan hacer todo "bien"

para ellos. El trauma previo puede multiplicarse hasta el punto de que el niño experimenta varias dificultades, desde una incapacidad para apegarse a las personas, hasta el desarrollo de sentimientos indefinidos de rechazo que impregnan inconscientemente cada área de la vida del niño. Algunos niños adoptados incluso desarrollan la desafiante condición emocional conocida como "Trastorno del Apego Reactivo" (TAR), que requiere la ayuda de un profesional de la salud mental capacitado en cómo ayudar a los niños a aprender a conectarse a sus padres.

Los sentimientos de rechazo pueden ocurrir incluso cuando un niño es adoptado en una familia llena de amor. Los recuerdos pre-verbales pueden almacenarse en el cuerpo sin el desarrollo de recuerdos conscientes de preocupaciones específicas. Los recuerdos verbales, son el tipo de recuerdos que desarrollamos después de haber aprendido a hablar, son los recuerdos que podemos recordar [a menos que esos recuerdos estén fragmentados debido a eventos traumáticos]. Un niño o un adulto a menudo no reconoce ni comprende los sentimientos intangibles de rechazo cuando estos ocurren. Para algunas personas las dificultades de apego son consecuentes al hecho de que las voces que se escuchan durante la gestación ya no están allí y son reemplazadas por voces diferentes, que el bebé o el niño deben aprender a reconocer. El apego ha cambiado, de aquel que sostuvo la vida en el útero por alguien nuevo, que es desconocido. En otras ocasiones, un bebé o niño ha experimentado un abuso profundo antes de ser adoptado, abuso para el cual no hay recuerdos tangibles, pero que continúa dándole forma a la vida, hasta que este es reemplazado por una nueva conciencia y sanidad del núcleo de esa persona.

LOS SENTIMIENTOS DE RECHAZO PUEDEN OCURRIR INCLUSO CUANDO UN NIÑO ES ADOPTADO EN UNA FAMILIA LLENA DE AMOR.

Considere la experiencia de Anne (nombre cambiado), una madre adoptiva de tres hijos, cuya experiencia de adopción no se parece en nada a lo que ella había imaginado. Ella escribe sobre las heridas de apego desde la perspectiva de un padre adoptivo:

"Pensé que podía salvarlos", dijo Anne. "Salvarlos de lo que podría haber sido si no los adoptábamos. Si los amamos y los criamos en una familia amorosa que busca a Cristo, se convertirían en niños felices, seguros y que buscan a Cristo. Pero incluso años antes de eso, pensé que podía controlar el nacimiento y el crecimiento de nuestra futura familia. Sin embargo, más de 11 años de infertilidad, cuatro abortos espontáneos y los altibajos de la adopción nos dejaron sin hijos y yo cuestioné por que Dios no había eliminado el deseo de tener hijos de mi corazón.

Entonces, cuando finalmente fuimos bendecidos al poder adoptar a nuestros hijos, quedé fascinada con nuestra creciente familia y me sentí muy feliz de tener el privilegio de criarlos y de llamarlos nuestros. Éramos padres muy dedicados. Leímos libros para padres y asistimos a estudios bíblicos para padres. Fuimos diligentes en proteger a nuestros hijos de todo daño. La educación en el hogar fue una elección que no tomamos a la ligera y nos comprometimos a enseñarles la verdad y las maravillas de aprender acerca de Dios y de su creación.

Conmoción y asombro fueron solo dos de las muchas emociones que sentí cuando comenzamos a ver que el comportamiento de uno de nuestros hijos, en los primeros años de su adolescencia, se descontrolaba cada vez más. Comencé a buscar cada consejo y toda la ayuda que podía encontrar para tratar de explicar o de revelar una forma de ayudar a nuestro hijo, para evitar su autodestrucción. ¿De dónde provienen la ira extrema, la bulimia, los cortes, la necesidad de huir, las adicciones y los comportamientos adictivos? ¿Cómo habían permeado la vida de nuestros hijos y en nuestra familia?

Comencé a descender al pozo de la desesperación. ¿Por qué no podía encontrar la fuente de los comportamientos que estábamos viendo en nuestro hijo? ¿En qué habíamos fallado como padres? La noche era especialmente tormentosa, mientras revolvía mi cerebro tratando de encontrar qué hacer para salvar a nuestro hijo. Temía a la noche. La oscuridad era opresiva. ¿Estaría vivo nuestro hijo por la mañana? ¿Cómo podríamos seguir viviendo con los temores extremos y las preocupaciones por su seguridad que estábamos experimentando? Mi ansiedad afectó mi cuerpo con insomnio, pérdida de peso e incapacidad para funcionar a diario. La ansiedad y el miedo me robaron la esperanza. La depresión pesaba mucho. ¿Había alguna esperanza para nuestro hijo? Nosotros, como padres, habíamos perdido el control sobre el bienestar y sobre la seguridad de nuestro hijo.

Mi capacidad emocional se agotó, hasta el punto en que un día ya no pude funcionar sin medicamentos para la ansiedad que me estabilizaran, hasta que los medicamentos contra la depresión pudieran hacer efecto. Me asusté al reconocer que no solo me sentía emocional y mentalmente agotada, sino que me estaba deteriorando físicamente de muchas maneras. Mirando hacia atrás, veo a Dios usando esta crisis en nuestra familia para ayudarme a arrojar creencias y dependencias que no estaban arraigadas en Él. Pensé que podía controlar cómo responderían nuestros hijos. Confiaba en lo que pensaba que debería ser la vida de nuestros hijos, en lugar de confiar y depender en Dios para que Él llevara a cabo su salvación.

Una noche, después de pasar la tarde con nuestro hijo que estaba en tratamiento, me acosté en la cama con los brazos extendidos. Mi corazón estaba aplastado y desanimado. No podía encontrar nada que yo pudiera hacer para ayudar a mi hijo, que continuaba eligiendo la oscuridad. Con los brazos estirados como si estuvieran clavados en una cruz, presenté mis expectativas sobre cómo sería este viaje. Reconocer esta temporada de dolor y angustia fue un paso significativo para mí, para poder aceptar este viaje que Dios tenía preparado para nuestra familia.

Hubo varias cosas que Dios usó para fortalecerme. Comencé a ir regularmente a una clase de ejercicios y me obligué a moverme, lo que mejoró mi fuerza física. Hacer ejercicio con otras mujeres, me ayudó a dejar de pensar en mis ansiedades y miedos para concentrarme en los demás y en sus vidas. Comencé a escribir versos y citas bíblicas que hablaban directamente de mis ansiedades y miedos en tarjetas. Cada vez que mi mente se desviaba hacia el camino de la ansiedad o de la depresión, leía estas tarjetas en voz alta una y otra vez.

Encontré algunas personas con las que me sentí segura para poder compartir lo que estaba sucediendo en nuestras vidas. La elección de encontrar cosas por las que agradecer cada día, como el poder sentarme a la luz del sol y escuchar a los pájaros, hizo que mi mente buscara lo bueno en lugar de detenerse en el dolor y en lo desconocido.

Cuando miro hacia atrás, veo un viaje de Dios revelando y derribando mentiras que me mantenían confiada en mi propio entendimiento. Había depositado mi esperanza y mi confianza en lo que creía que era la "forma correcta" de vivir. Mi fuerza se basó en lo que podía hacer, limitada por mí misma. Había elegido enredarme emocionalmente en las emociones y en las elecciones de mi hijo que estaban fuera de control, subiendo y bajando repetidamente en su montaña rusa emocional. Siempre tratando de entender lo que estaba sucediendo para poder "resolver el problema", no me trajo la paz. Lo que trajo paz a mi corazón es expresado acertadamente por Elisabeth Elliot: "Señor, tu me has asignado mi porción y mi copa; has hecho mi suerte segura" (Salmo 16: 5). Pase lo que pase, mi porción esta asignada. ¿Nuestro intelecto resiste eso? ¿Podemos decir que hay cosas que nos suceden que no pertenecen a nuestra porción amorosamente asignada (Esto le pertenece, o no)? ¿Hay algunas cosas, entonces, fuera del control del Todopoderoso?

Dios está en control, incluso cuando todo lo que veo con mi limitada visión está fuera de control, en aparente oscuridad y sin esperanza. Nuestro viaje con nuestro hijo continúa siendo difícil. Mi tendencia es creer la mentira de que hemos fallado como padres, lo que me lleva a condenarme. Sin embargo, la verdad es que " Por lo tanto, ya no hay ninguna condenación para los que están unidos a Cristo Jesús" (Romanos 8:

1, NVI). Abrazar esta temporada de mi vida como mi "porción amorosamente asignada" y creer que Dios tiene el control de la vida de nuestros hijos, ha traído paz e incluso alegría en el proceso".

¿De qué manera se identifica usted con la historia de Anne?

____

____

____

____

¿Hay personas en su vida que están más allá de su capacidad de controlar? Si es así, ¿los entregará junto con sus preocupaciones acerca de ellos a Dios?

____

____

____

____

____

Cuando consideramos a nuestra alma o a nuestro corazón como nuestro núcleo, nos damos cuenta de que es esencial no solo protegerlo, sino también permitir que sane del daño. Dios nos ofrece proporcionar el poder y la fortaleza para nuestra vida diaria. En Juan 15, Él se llama a sí mismo la vid y nos llama a nosotros las ramas. En otras palabras, nuestro trabajo es permanecer en Él, confiar en Él, descansar en Él y Él derramará su vida a través de nosotros, para que podamos prosperar en medio de nuestras preocupaciones diarias. Nuestras vidas serán productivas o no, en directa proporción a cómo protejamos nuestros corazones. Hablando en términos prácticos, eso significa que prestamos atención a nuestros pensamientos, actitudes, acciones y a nuestras interacciones. Elegimos nuestras palabras para que cada una de ellas refleje a nuestro Salvador. Y cuando fallamos, corremos —no caminamos— hacia Él para recibir perdón, purificación y esperanza (ver 1 Juan 1: 9).

Dios dice ¡Regresen al refugio, ustedes, prisioneros, que todavía tienen esperanza! Hoy mismo prometo que les daré dos bendiciones por cada dificultad (Zacarías 9:12, NTV). Encontramos esperanza para nuestros corazones en el Dios que envió a su Hijo por nosotros.

Lea Proverbios 14:30: El corazón tranquilo da vida al cuerpo (NVI). Proverbios 4:23 dice: Por sobre todas las cosas cuida tu corazón, porque de él mana la vida.

¿Cómo el confiar su corazón completamente a Dios podría ayudarle a disfrutar este momento?

____

____

____

____

¿Qué pasos específicos tomará para permanecer en el amor de Dios, en lugar de ser expulsado de la paz por las incertidumbres del mundo?

____

____

____

DÍA CUATRO
De la Duda a un Núcleo Auténtico

El Buen Pastor no solo dio su vida por nosotros, sus ovejas, sino que también dejó noventa y nueve ovejas para ir a buscar a una que estaba perdida, él se regocijó tanto cuando la encontró que llamó a sus amigos y a sus vecinos para celebrar con él (ver Lucas 15: 4).

Dios lo celebra a usted, ¡y celebra su sanidad! A veces es necesario comprender cuánto usted le importa a Dios, antes de permitirle satisfacer nuestras necesidades y preocupaciones. Un viejo himno, *He Giveth More Grace* [Él Da Más Gracia], de Annie Johnson Flint, nos ayuda a comprender el amor ilimitado de Dios y su provisión de fortaleza para nuestro sufrimiento:

1. "Él da más gracia cuando las cargas crecen;
El envía más fuerza cuando los trabajos aumentan;
A las aflicciones añadidas, Él añade su misericordia;
A las multiplicadas pruebas, Él su paz multiplica.

2. Cuando hemos agotado nuestra reserva de resistencia, cuando nuestra fuerza se ha terminado antes de que el día esté a medio terminar, cuando llegamos al final de nuestros recursos acumulados la generosa dadiva de nuestro Padre apenas ha comenzado.

Estribillo: Su amor no tiene límites, su gracia no tiene medida, Su poder no tiene límite conocido por los hombres; De sus infinitas riquezas en Jesús Él da y da y da de nuevo ".

A veces, al cantar o leer una canción sobre la provisión de Dios para nuestras necesidades, es posible que no podamos internalizar su mensaje. Nos perdemos de experimentar los ricos regalos de nuestro Padre, cada vez que dudamos del dador de esos regalos o si estamos tan centrados en nuestros problemas que no podemos ver más allá de ellos. La duda es uno de los desafíos más debilitantes para aceptar la guía y la gracia de Dios.

"El primer paso hacia la acción es el comienzo de la muerte de la duda", escribió George MacDonald en 1877. La duda hace descarrilar el progreso. Anteriormente en Sanidad del Núcleo hemos considerado que es posible dudar de sus dudas, en lugar de dudar de Dios. La oración puede ayudarnos a dudar de nuestras dudas. En Efesios 1:18 (Versión Amplificada), el apóstol Pablo oró:

NOS PERDEMOS DE EXPERIMENTAR LAS RICAS BENDICIONES DEL BUEN PASTOR CADA VEZ QUE DUDAMOS DEL DADOR DE LOS BUENOS DONES O CUANDO NOS CENTRAMOS EN LOS PROBLEMAS, EN LUGAR DE MIRAR MÁS ALLÁ DE ELLOS.

Y [oro] para que los ojos de tu corazón [el centro mismo de tu ser] puedan ser iluminados [inundados de luz por el Espíritu Santo], para que conozcas y aprecies la esperanza [la garantía divina, la confiada expectativa] a la que el Señor te ha llamado, las riquezas de su gloriosa herencia para los santos (el pueblo de Dios).

NOS PERDEMOS DE EXPERIMENTAR LOS RICOS REGALOS DE NUESTRO PADRE, CADA VEZ QUE DUDAMOS DEL DADOR DE ESOS REGALOS O SI ESTAMOS TAN CENTRADOS EN NUESTROS PROBLEMAS QUE NO PODEMOS VER MÁS ALLÁ DE ELLOS.

Describa un paso de acción que tomará para reducir las dudas o los temores que está experimentando hoy, confiando en Dios, el Buen Pastor, para proporcionarle fuerza, paz y gracia para cada necesidad específica:

____

____

Sandy, la esposa de un pastor, se ofreció a compartir su viaje desde la duda hacia un núcleo auténtico. Ella escribe:

"El Dios de las Escrituras era más que suficiente para satisfacer mi alma; Entonces, ¿por qué no me sentía satisfecha? La Biblia dice que Dios nos ama. Aunque traté poderosamente de apropiarme de esa verdad, en lo más profundo de mí, dudaba.

Después de la salvación definitivamente había experimentado el amor de Dios. ¡Me había rescatado de la oscuridad y quería contarle al mundo sobre él! Las muchas bendiciones que me estaba dando en ese momento también fueron un gran motivo de alegría. Pero, a medida que pasaron los años y luché por apropiarme y descansar en el amor de Dios, me encontré en una temporada mucho más seca, luchando con las dudas. Muchas circunstancias desencadenaron en estrés, dolor, confusión y resentimiento. Estaba clamando al Señor, no por alguna bendición externa, sino desesperadamente para que Cristo fuera mi todo, para estar satisfecha en Él y no tan afectada por los demás, por las circunstancias o incluso por mis propios pensamientos.

¿Qué estaba bloqueando la comunión amorosa y la verdadera unión con el Señor que tanto deseaba?

¿Que estaba mal? ¡Parecía que mi caminar de fe iba hacia atrás en lugar de ir hacia adelante! La depresión comenzó a aparecer. Durante esa temporada yo buscaba regularmente calmarme ante el Señor meditando en Su Palabra, la Biblia. Un día, mientras clamaba, el dirigió mi mente a algunas dinámicas y situaciones familiares que eran una fuente de heridas emocionales. Me di cuenta de que estas cosas habían afectado toda mi vida sin que yo fuera consciente de ello. La necesidad de sanidad interior se hizo evidente. Después de aprender acerca de la "visualización" relacionada con la sanidad cristiana, agregué esta práctica a mis momentos de intimidad diaria. Comencé a visualizar a Jesús a través de la meditación de las Escrituras y en los recuerdos. A través de estas prácticas, un sentido más profundo del amor y de la aceptación de Dios comenzó a crecer en mi corazón. La visualización me ayudó a internalizar las verdades de las Escrituras. Las heridas emocionales comenzaron a sanar cuando estas verdades comenzaron a moverse de mi cabeza a mi corazón. Una mayor conciencia de mi verdadera identidad en Cristo comenzó a crecer en mí. Mis débiles esfuerzos por vivir la vida cristiana comenzaron a dejar de ser el centro y comencé a descansar cada vez más en la obra terminada de Cristo. ¡Se trata de lo que Él ha hecho y hará por nosotros! ¡Es asombroso pensar que su plan estaba establecido para nosotros incluso antes de que el mundo existiera!"

Sandy agregó: "Para mí, sanar y tener un corazón en paz sucedió al apartar la vista de mí y de mis circunstancias y enfocar mis ojos en el Creador. Luego, al meditar e imaginarlo con los ojos de mi corazón, de acuerdo con las Escrituras, pude aprender a descansar cada vez más en su amor inagotable y a confiar en su cuidado. Desde entonces, se me ha hecho evidente que un corazón en paz debe mantenerse diariamente, comenzando con nuestra mente. Alguien escribió una vez "el cambio de estilo de vida profundamente arraigado se origina en un cambio en el enfoque mental". La forma en que vivimos fluye de cómo pensamos. Para mantener este corazón en paz, espero

TU VIDA ES COMO UN BAILE, SIEMPRE EN MOVIMIENTO, CAMBIANDO, HABLANDO. ASI COMO UN BAILARÍN ENTRENA Y APRENDE A CONOCER SU CUERPO, TU PUEDES ENTRENARTE PARA IDENTIFICAR LAS ELECCIONES MOMENTO A MOMENTO, PERMITIÉNDOLE A TU CORAZÓN Y A TU VIDA AVANZAR, EN LUGAR DE QUEDAR ATRAPADO EN EL DOLOR.

poder llevar cautivo todo pensamiento y diariamente debo:

1. Reconocer a Dios como Dios (¡y que yo no lo soy!)
2. Recordar y confiar en su amor inagotable.
3. Poner mi mente en las "cosas de arriba y no en las cosas terrenales".
4. Recordar y regocijarme en la obra de Dios de transformarme a la imagen de Cristo y de desarraigar todo lo que queda de mi vida carnal ".

Describa ideas de la experiencia de Sandy que podrían ayudarle a descubrir su propio núcleo auténtico:

____

____

____

____

____

DÍA CINCO
Imagine la Transformación

A medida que continúa su viaje de sanidad del estrés traumático, usted está desarrollando nuevas formas de crecer cada vez que se producen ramificaciones neurológicas y fisiológicas de viejos recuerdos traumáticos. En lugar de sentirse abrumado cuando su cerebro tiene una reacción química compleja, como la liberación de la hormona Corticotrofina (ACTH), usted puede recordar que debe permanecer en el presente. En lugar de tener su cerebro y su metabolismo gobernados por la respuesta al estrés, usted puede aprender a reconocer cuándo algo en sus cinco sentidos dispara las 5 Reacciones y así avanzar rápidamente hacia una respuesta relajada. ¡Literalmente usted puede mover su mente y su cuerpo en nuevas direcciones!

SU VIDA ES COMO UN BAILE: SIEMPRE EN MOVIMIENTO, CAMBIANDO, HABLANDO. DEL MISMO MODO EN QUE UN BAILARÍN ENTRENA Y APRENDE A COMPRENDER SU CUERPO, USTED PUEDE ENTRENARSE PARA SER CONSCIENTE DE SUS ELECCIONES MOMENTO A MOMENTO, PERMITIENDO QUE SU CORAZÓN Y SU VIDA AVANCEN, EN LUGAR DE QUEDARSE ATRAPADO EN EL DOLOR.

Cuando Mia Michaels, una coreógrafa ganadora del premio Emmy, fue la instructora invitada en una Convención de Baile JUMP en St. Paul, Minnesota, tomé notas mientras ella enseñaba a los bailarines, incluidos dos de nuestros nietos. Ella les dijo a sus alumnos que se imaginaran a sí mismos conectando sus mentes con sus movimientos, y explicó: "Les garantizo que cada bailarín [que tiene éxito en todas las formas de baile] está entrenado en ballet clásico y sabe cómo encontrar el centro, conectándose con el lugar de donde viene cada movimiento". Ella alentó a sus alumnos a verse a sí mismos como artistas, quienes hablan un idioma con su cuerpo. "Toma el control del movimiento", dijo, enseñándoles a expresar cada movimiento como una historia. "Puedes quedarte allí y pararte allí o moverte alrededor o subirlo".

Su vida es como un baile: siempre en movimiento, cambiando, hablando. Del mismo modo en que un bailarín entrena y aprende a comprender su cuerpo, usted puede entrenarse para ser consciente de sus elecciones momento a momento, permitiendo que su corazón y su vida avancen en lugar de quedarse atrapados en el dolor. Así como los bailarines desarrollan fuerza en su núcleo físico al aprender pasos, combinaciones y patrones, desde el Grand Jeté hasta el Plié, usted puede desarrollar continuamente su núcleo mental, emocional y espiritual.

Bessel van der Kolk, MD, explica nuestra necesidad de estar físicamente activos de alguna manera. Él explica: "Creo en cantar en un coro ... o aprender artes marciales o hacer algo donde necesites mover tu cuerpo ... Nuestro sentido de motivación proviene de estar en contacto con nuestros cuerpos y nuestros cuerpos empujándonos a hacer cosas". Y si un sentido de su cuerpo se apaga, ese es el problema, no se puede hacer que los cuerpos de las personas cobren vida al sentarse en una silla y darle consejos pasivamente. Realmente necesita activar su sistema físico".

Haga una pausa para considerar su historia, imaginándola en forma de un hermoso baile o de una canción. ¿Qué "movimientos" puede elegir hoy que permitan que su vida florezca?
Describa una o dos actividades que puede comenzar a hacer esta semana para ayudar a activar no solo su corazón sino todo su cuerpo:

____

____

____

Usted puede imaginar continuamente una vida diferente a la dominada por los eventos traumáticos, lejos de las respuestas automáticas que Ruth Lanius, MD describe como "las respuestas realmente rápidas y protectoras que pueden ayudarnos durante el trauma". Las respuestas fisiológicas que son útiles durante una experiencia traumática pueden volverse debilitantes si se le permite continuar durante toda la vida. El Dr. Lanius agrega: "Creo que lo que es realmente importante conocer sobre el tronco encefálico es que éste tiene conexiones directas que van desde la parte posterior del ojo, la retina, hasta el tronco encefálico. Entonces, si usted ve algo, incluso sin darse cuenta, esa información puede transmitirse al tronco encefálico de inmediato".

En medio de una experiencia horrible, la respuesta de "congelación" del cerebro en realidad protege el sistema nervioso, preparándolo para luchar o huir ... "La frecuencia cardíaca baja, la frecuencia respiratoria baja, incluso las personas pueden dejar de respirar", explica la Dra. Ruth Bucyznski. "Lo que también sucede durante la respuesta de congelación es que se liberan endorfinas. Esto es importante porque ayuda a la persona a entrar temporalmente en un estado libre de dolor".

Si se permite que el impacto del trauma persista, este puede continuar definiendo la vida. Dan Siegel, MD, explica: "El cortisol en realidad apagará la forma en que funciona el hipocampo, pero la adrenalina aumentará la forma en que funciona la amígdala. Entonces, la adrenalina aumentará la acumulación de ciertos tipos de recuerdos. Pero el cortisol disminuirá la integración de esos recuerdos, porque el hipocampo tiene receptores que responden al cortisol y lo apagan". Para experimentar un crecimiento postraumático constante, usted puede elegir vivir constante e intencionalmente en el presente, ya sea mental, social, emocional, espiritual y físicamente, en lugar de vivir en el pasado.

Regresar una y otra vez a la "escena" de su experiencia traumática, ya sea consciente o inconscientemente, puede determinar que usted no pueda hacer frente a la vida en general, aumentando exponencialmente su dolor en lugar de disminuirlo. Por lo tanto, Sanidad del Núcleo le ha ofrecido numerosas oportunidades para escribir respuestas, registrar nuevos procesos de pensamiento e integrar las Escrituras a su vida diaria. Por lo tanto, usted se está entrenando para pasar de un estado de reactividad a un estado en donde usted es capaz de responder sabiamente, de aplicar lo que ha aprendido y a manejar su cuerpo. El "equipaje" antiguo, como la traición, el abuso, la tragedia o la pérdida, no necesita viajar con usted por el resto de su vida, a menos que usted continúe recogiéndolo para llevarlo a todo lugar donde usted va.

El Dr. Viktor Frankl describió un caso en el que una mujer que había sido abusada sexualmente por su padre en la infancia "vivía constantemente con la

expectativa temerosa del costo que su experiencia
traumática tendría algún día". El explica cómo se
desarrolló la neurosis en esta paciente, que no fue a
consecuencia del abuso infantil sino debido a que ella
"leía literatura psicoanalítica popular". ¡Espero que
vea a Sanidad del Núcleo como una oportunidad para
avanzar en una nueva dirección, lejos del abuso o del
trauma que ha experimentado, hacia el futuro que Dios
diseñó para usted!

SANIDAD DEL NÚCLEO ES UNA OPORTUNIDAD PARA QUE USTED SE MUEVA EN UNA NUEVA DIRECCIÓN, LEJOS DEL TRAUMA QUE HA EXPERIMENTADO, HACIA EL BUEN FUTURO QUE DIOS DISEÑÓ PARA USTED.

Haga una pausa e imagine tomar decisiones proactivas,
para poder controlar las respuestas de su cerebro
a las situaciones de la vida, para lograr hacer un
cambio de corazón, en lugar de esperar un "cambio
de circunstancias" y tomar medidas consistentes para
poder avanzar.

Independientemente de las circunstancias, usted
puede disfrutar de su vida, viviendo en este momento
presente, en lugar de vivir en otro momento. Describa
varias formas prácticas en las que puede exhibir un
corazón de paz al elegir vivir en el presente como
"jefe" de su propio cuerpo, especialmente cuando es
asechado por recuerdos traumáticos:

CAPÍTULO DOCE

Una Mente en Reposo

A veces, parece imposible evitar que los pensamientos acelerados lo lleven en un espiral descendente de depresión o en una montaña rusa de ira o ansiedad, corriendo hacia todas partes, excepto hacia donde usted quiere ir. A lo largo de *Sanidad del Núcleo,* usted ha estado aprendiendo a calmar los pensamientos no deseados, mientras cultiva la capacidad de descansar. Las estrategias que ha estado desarrollando se pueden repetir cada vez que un trauma viejo desencadena pensamientos relacionados con el trauma viejo o nuevo. Al igual que el entrenamiento físico, el entrenamiento mental debe ser continuo.

A medida que continúa sanando el núcleo de su ser, observe cómo interactúan su mente y su cuerpo. En su libro, *Inside a Cutter's Mind* [Dentro de la Mente de una Persona que se Corta], Jerusha Clark y el Dr. Earl Henslin afirman: "Hipócrates enseñó a los primeros médicos que la enfermedad y el bienestar son el resultado de una interacción compleja entre el cuerpo, el medio ambiente y el alma (incluyendo, entre otros a la mente)". Aproximadamente al mismo tiempo, los curanderos chinos observaron que las personas casi siempre se enfermaban físicamente después de experiencias emocionales particularmente dolorosas. Aunque el acto de cortarse la piel no sea una preocupación que le afecte a usted, *Dentro de la Mente de una Persona que se Corta* puede ayudarle a comprender algunas de las complejas interacciones neuroquímicas que alimentan la ansiedad, la depresión, la ira y la vergüenza.

El trabajo de esta semana está diseñado para ayudarle a saber cómo calmar su mente si se vuelve hiperactiva y cómo estar en paz cuando aumentan los desafíos de la vida.

OBJETIVO DE SANIDAD DEL NÚCLEO: ESTAR EN REPOSO, DISFRUTANDO DE LA VIDA EN ESTE MOMENTO.

Conexión a Tierra: esta semana usted podría intentar "una conexión a tierra de relajación", eligiendo cuidadosamente hablarse a usted mismo de una manera positiva y en el tiempo presente. Por ejemplo, podría decirse algo como: "Esto es difícil, pero lo voy a lograr". O podría decir: "Estoy viviendo este día como el nuevo día que Dios promete en Lamentaciones 3: 21-26 ".

Aquí presento ideas que pueden ayudarle a sentirse plenamente vivo, anclado y arraigado en el presente: haga un dibujo de algo que le gusta hacer; llame a un amigo o a un familiar con el que no ha hablado últimamente; juegue un juego; ¡sonría y ría! Elegir sonreír, incluso cuando no le apetece, puede aumentar su alegría.

DÍA UNO
De la Vida Acelerada a los Pensamientos Relajados

Cuando nuestras mentes no están en reposo, nuestros pensamientos pueden salir disparados fácilmente, galopando ansiosamente de una emoción a otra, a veces atrapados sin remedio en un pantano de ansiedad o de depresión. Cuando son impulsadas por las emociones, nuestras mentes incluso pueden concluir que nuestras vidas no tienen valor o que nada bueno nos sucederá. Encontrar descanso incluye ser intencional con nuestros pensamientos, eligiendo disfrutar el día de hoy y la esperanza para el mañana.

ENCONTRAR DESCANSO INCLUYE SER INTENCIONAL CON NUESTROS PENSAMIENTOS, ELIGIENDO DISFRUTAR EL DÍA DE HOY Y LA ESPERANZA PARA EL MAÑANA.

Muchos factores influyen en cómo pensamos, incluidos, entre otros, nuestros estilos de comportamiento, el orden de nacimiento, los factores estresantes que enfrentamos actualmente, nuestro desarrollo psicosocial, la dieta y el ejercicio. (Después del trauma, es vital que usted aumente el conocimiento y la comprensión de sus propias respuestas para que pueda dirigirlas).

La noche en que nuestra hija mayor, Kristen, nos dijo a mi esposo Alan y a mí que tenía una enfermedad terminal, tuve un episodio de pensamientos acelerados que fácilmente podrían haberse convertido en una condición permanente. Aunque sabíamos que nuestra hija había estado experimentando serios problemas de salud, todavía no sabíamos que la Clínica Mayo le había dado un diagnóstico definitivo. Fue durante una visita a Kristen y a su familia que ella nos dijo que le habían diagnosticado una "Falla Endocrina Catastrófica" y que le habían informado que tenía solo tres años de vida. Esa noche, mi esposo Alan, un hombre de fe, pudo acostarse e inmediatamente quedarse dormido, confiando en Dios.

Yo, una mujer de fe, tuve una respuesta muy diferente, en realidad tuve una reacción; en lugar de responder a la verdad, reaccioné a la situación. Incapaz de relajarme, mi mente se sumergió en el miedo, me levanté, fui a su cocina y silenciosamente (por fuera) pero ruidosamente (por dentro) dejé que Dios conociera mis preocupaciones. "¡Tienen dos hijos, Dios!" (Esto no era nada nuevo para Él.) "Están en el ministerio a tiempo completo" (como si eso cambiara la duración del tiempo de mi hija en la tierra). Y así seguí. Ustedes me entienden lo que les digo. No me estaba alegrando exactamente. Mi descarga continuó durante unos 15 minutos, hasta que me detuve lo suficiente para poder escuchar. Dios habló a mi corazón a través de Su Palabra, un lugar donde paso tiempo todos los días meditando. De Isaías 29:16 y Romanos 9:21 Él me recordó: "Yo soy el alfarero. Ella es la arcilla. Tu eres la arcilla. ¿Confiarás en mí?" En ese momento, cedí mis preocupaciones a Dios y pude unirme a mi esposo, con mi mente en reposo.

Las diferentes respuestas que presentamos mi esposo y yo no se explican completamente por la capacidad (o incapacidad) de confiar en Dios, sino que también fueron influenciadas por el pensamiento lineal masculino, que incluye la capacidad de no pensar en nada, si se desea. Para una mujer, es imposible no pensar en nada: su mente conecta intuitiva y continuamente el pasado, el presente y el futuro.

Dios permitió que Kristen viviera casi dieciséis años más allá de ese pronóstico inicial, no tres. Durante ese tiempo, su esposo Steve le proporcionó todos los cuidados amorosos a medida que las funciones corporales de Kristen disminuían progresivamente. Con oxígeno y en una silla de ruedas, ella permaneció vibrante y continuó estando llena de vida mientras estuvo en esta tierra. Sorprendiendo a todos menos a Dios, tres años antes de la muerte de Kristen, Steve murió repentina e inesperadamente en los brazos de mi esposo. Kristen nos había llamado varios días antes y nos había pedido ayuda cuando su hijo e hija estaban en Europa en un viaje misionero y Steve se había puesto tan mal que no podía cuidarla. Nos apresuramos a un aeropuerto cercano para tomar el próximo vuelo, sin ser conscientes de que los vuelos de último minuto desde Florida a Minnesota se convertirían en nuestra "nueva normalidad" durante los próximos tres años.

La mañana después de llegar a Minneapolis, llevamos a Steve al hospital para que le hicieran pruebas; los médicos nos aseguraron que no era "nada grave" y nos dijeron que programarían un procedimiento quirúrgico pronto para extirpar un tumor pequeño y que el "estaría bien". Lo enviaron a su casa después de un segundo día de pruebas, pero la condición de Steve se deterioraba con cada hora que pasaba. Cuando Kristen llamó a la oficina de su médico primario para ver si necesitaba ser hospitalizado, le dijeron: "No, esos síntomas son comunes después de las pruebas que le hicieron". Como su condición empeoró rápidamente, llamé al 911. Al mismo tiempo, nuestro yerno se derrumbó en los brazos de mi esposo, con Alan implorando: "Steve, quédate con nosotros; por favor, quédate con nosotros". Abrazado por el amor de la familia, Steve dejó su cuerpo y partió al Cielo incluso antes de que llegara la ambulancia.

Después de que los paramédicos confirmaron que Steve se había ido, Kristen nos miró a Alan y a mi y recordó Eclesiastés 3 "Hay un tiempo para nacer, un tiempo para morir ..." En medio de nuestro increíble dolor, experimentamos la paz indescriptible de Dios. Debido a las extrañas e inesperadas circunstancias de la muerte de Steve, Kristen solicitó una autopsia, que reveló que tenía cáncer en estadio IV, algo que nadie, ni siquiera sus médicos, habían sospechado.

Durante varias semanas nos quedamos en Minnesota para ayudar a Kristen y a nuestros nietos y luego volamos a casa en Florida, donde mis pensamientos comenzaron a acelerarse nuevamente. ¿Y nuestros nietos? Solo tienen 20 y 14 años. ¿Cómo van a lidiar con la pérdida de su padre, cuidando a su madre, todo el tiempo sabiendo que ella podría morir pronto? Una vez más, Dios me habló a través de Su Palabra, recordándome a Santiago 4: 14, donde dice que la duración de cada vida es un vapor, una niebla que se desvanece. Me ayudó el preguntarme por qué estaba tan preocupada por una neblina que se desvanece, lo que me hizo darme cuenta de que mi propia vida estaba en una encrucijada: podía seguir preocupándome frenéticamente por algo que no podía cambiar o podía confiarle a Dios las necesidades complejas de nuestra familia. Si hubiera decidido estacionarme en cosas que no podía cambiar, me habría visto envuelta en un tsunami de tragedia.

En cambio, estuve disponible para ayudar a cientos de clientes con sus dolores, mientras aún estaba disponible para nuestra familia. Los vuelos de emergencia a Minneapolis se convirtieron en una parte intrínseca de nuestras vidas, con días y semanas inimaginables en hospitales, siendo la defensora de Kristen con los médicos de la UCI (Unidad de Cuidados Intensivos) que a menudo la trataban como a una persona que no era persona; en lugar de tratarla como lo que era, un ser humano precioso. Repetidamente, yo confiaba en Dios para obtener paz y sabiduría en medio de una tristeza indescriptible.

Los grandes desafíos físicos nunca redujeron la alegría o la capacidad de Kristen de conectarse con las personas. Cada vez que alguien le preguntaba cómo podía permanecer alegre mientras vivía en un dolor implacable, especialmente después de perder a su esposo, ella explicaba que confiaba en que Dios la mantendría a ella y a sus hijos.

Como psicoterapeuta, a veces escucho a personas enojadas preguntarle a Dios, "¿Por qué?" Sobre el dolor físico, mental o emocional propio o ajeno. Durante el decimocuarto año de la enfermedad de Kristen, me di cuenta de que nunca le había preguntado si ella había cuestionado a Dios en algún momento de su largo y doloroso proceso. La llamé para preguntarle y la respuesta de Kristen fue rápida e intensa: "Mamá, no duraría un día si me permitiera interrogar a Dios por un minuto de esto".

Si usted hubiera conocido a Kristen, se habría sorprendido de ver su implacable declive; pasó de ser físicamente activa a ser incapaz de moverse de la cama a la silla de ruedas. Al igual que yo, es posible que te hayan entristecido las miradas críticas que la gente le daba a su cuerpo deformado, mientras la enfermedad continuaba despojándola de la vitalidad física. Pero Kristen no se desanimó. Ella siguió confiando en Dios para obtener la fortaleza, la esperanza y el coraje para vivir a través del sufrimiento, ejemplificando Romanos 5: 3-5.

Lea Romanos 5: 3-5 y describa cómo usted puede aplicarlo a sus propias preocupaciones.

____

____

____

____

Considere Santiago 4:14. ¿De qué manera el hecho de que la suma de todos los días de nuestra vida terrenal es un "vapor" le ayuda a enfrentar sus propias luchas?

____

____

____

Muchas personas están familiarizadas con extractos de La Oración de Serenidad, de Reinhold Niebuhr. Para alentarlo, aquí está su versión original y completa:

"Dios, danos gracia para aceptar con serenidad
las cosas que no se pueden cambiar,
valor para cambiar las cosas
que deben ser cambiadas
y la Sabiduría para distinguir
una de la otra.

Viviendo un día a la vez,
disfrutando un momento a la vez,
aceptando las dificultades como un camino hacia la paz,
tomando, como lo hizo Jesús,
este mundo pecaminoso como es,
no como lo hubiera querido.
Confiando en que harás todo bien,
si me entrego a tu voluntad,
para que pueda ser razonablemente feliz en esta vida,
y supremamente feliz contigo para siempre en la próxima.
Amén."

¿Cómo el hecho de confiar en Dios para que el "haga las cosas bien" le ayuda a aceptar las "cosas que no se pueden cambiar"?

____

____

____

En el siglo XVII, el autor Thomas Watson dijo "lleve su mente a su condición y no su condición a su mente". Esto significa vivir con la seguridad de que puede tomar decisiones saludables, confiando en Dios para poder hacer frente a sus preocupaciones, en Su inagotable amor y en Su fortaleza. Tener una mente en reposo incluye el reconocimiento continuo de que todo lo que "domina" su mente "lo domina" a usted. El

Salmo 46:10 dice: Quédate quieto y reconoce que soy Dios. Estar quieto en este versículo significa "dejar de esforzarse". Al elegir confiar plenamente en Dios, su paz calma nuestras luchas internas.

Describa las áreas donde necesita confiar en Dios para calmar su corazón y su mente:

____

____

DÍA DOS
Encontrando Descanso cuando no estás en "Casa"

Hay momentos en los que una persona que necesita descansar desesperadamente no lo puede lograr. Hay miles de personas alrededor de todo el mundo que actualmente se encuentran encarcelados por causa de su fe, todos aquellos que no están en prisión pueden orar para que ellos encuentren su alivio y descanso en medio de su profundo sufrimiento físico, emocional, mental y espiritual. Podemos orar por su protección y alivio en Jesús, el Buen Pastor que dice *Vengan a mí todos ustedes que están cansados y agobiados, y yo les daré descanso. Carguen con mi yugo y aprendan de mí, pues yo soy apacible y humilde de corazón, y encontrarán descanso para su alma* (Mateo 11:28-29, NVI).

Las personas que son marginadas o minimizadas por otros debido a quiénes son o debido a lo que creen, necesitan oraciones y la defensa de aquellos que se encuentran libres para poder ayudarlos. *Acuérdense de los presos, como si ustedes fueran sus compañeros de cárcel, y también de los que son maltratados, como si fueran ustedes mismos los que sufren* (Hebreos 13:3, NVI).

En cierto sentido, ninguno de nosotros está verdaderamente "en casa" mientras estemos en la tierra. La Biblia describe a los cristianos como "extraños y pasajeros", explicando: *Amigos, este mundo no es su hogar, así que no se sientan cómodos en él. No alimentes tu ego a expensas de tu alma. Vive una vida*

*ejemplar entre la gente para que tus acciones refuten
sus prejuicios. Luego ellos serán ganados para Dios
y estarán allí para unirse a la celebración cuando él
llegue* (1 Pedro 2: 11-12, El Mensaje). Sin embargo, ser
consciente de que el mundo no es nuestra residencia
permanente no disminuye la agonía de alguien que
hace la transición de una cultura a otra, tratando de
sentirse "en casa" en un nuevo país.

Faith & Wei

Después de mudarse de Sudamérica a los Estados
Unidos, Faith (su nombre ha sido cambiado)
experimentó casi cinco años de trauma, que incluyó
desde situaciones económicas nefastas hasta la
persecución política. Faith finalmente encontró
descanso en medio del estrés traumático, un trauma
que comenzó mucho antes de que su inmigración
comenzara. Ella escribe: "Cuando miro a mi vida, veo
diferentes cosas: momentos de felicidad, pero también
momentos de dolor profundo. Una cosa a la que
siempre vuelvo es a los efectos del trauma relacionados
con diferentes situaciones de mi vida, que comenzaron
con relaciones familiares conflictivas.

Durante la infancia, los negocios de mi padre
generaban incertidumbre, inseguridad y desconexión,
en lugar de darnos una sensación de seguridad en el
hogar. Eso, junto con la violencia doméstica, la traición
y el abuso de sustancias destruyeron mi sentido de
identidad y la capacidad de confiar en las personas.
En lugar de ver al mundo como un lugar seguro, me
sentí completamente expuesta al entorno en el que
vivía. El caos y las relaciones conflictivas en el hogar
crearon un vacío en el que tuve que trabajar muy duro
para aprender a cómo conectarme con las personas e
incluso para aprender a confiar en mis seres queridos.

Estos son algunos de los problemas relacionales que
llevé conmigo cuando emigré a los Estados Unidos.
Ya me sentía como una extraña en mi familia de
origen y ahora tenía que vivir como una extraña en
un entorno completamente nuevo. En lugar de lograr
mi sueño de alcanzar un nivel de educación superior,
para sobrevivir financieramente, el único trabajo que

encontré fue el ser parte de un equipo de limpieza de
oficinas. Crecí en un hogar de clase media, pero en
Estados Unidos se redujo a un nivel de vida diferente.
Me sentía invisible, sin valor. Enfrenté un obstáculo
tras otro, cada uno de ellos me impedía seguir adelante
con mi educación. Sentía una abrumadora sensación de
dolor y de pérdida mientras vivía en una tierra donde
básicamente nada me resultaba familiar. En medio de
las pérdidas, comencé a aprender a confiar en Dios
como mi protector.

Tratando de encontrar mi lugar en un mundo nuevo
y diferente, me sentí aislada de mis raíces, de mis
familiares, de mis amigos e incluso de recuerdos de mi
infancia. Cada aspecto fue un golpe devastador para
mi ya disminuido sentido de identidad. La soledad y la
desolación de sentirme insignificante y sin importancia
en mi nueva patria, me hicieron sentir como si viviera
en una falsa réplica de la realidad. Seguí tratando de
convertirme en lo que debía ser, mientras dejaba ir el
pasado, todo lo que alguna vez había sido, al mismo
tiempo que enfrentaba un obstáculo emocional tras
otro, tratando de reconstruir una nueva vida en una
nueva tierra.

Lo que me ayudó fue comprender que Dios tiene
un propósito para todo el dolor y el aprender a
liberarle las inseguridades e incertidumbres a Él.
Cuando comencé a darme cuenta de que Él me hizo
por una razón específica, mi sentido de propósito y
de seguridad se restableció en Dios. El trauma me
dificultó la vida, sin duda, pero no tengo que cargar
con el peso de las cosas malas que me sucedieron o
intentar continuamente "arreglarme a mi misma". Sigo
aprendiendo que mi Salvador me quita el peso y me
sana de la agonía del pasado y me ayuda a establecer
relaciones saludables hoy, con Dios primero y luego
con los demás, en Su fortaleza y en Su esperanza.

Ahora, cuando veo camareras o equipos de limpieza,
me doy cuenta de que muchas de esas personas alguna
vez fueron doctores, maestros o profesionales en sus
países de origen. Hoy, finalmente he completado un
posgrado y soy consciente de que soy una excepción.

Quiero ser sensible con aquellas personas que todavía están atrapadas en un estado de marginación o de minimización social. Para aquellos que no tienen el privilegio de poder cambiar sus circunstancias económicas, ellos pueden cambiar su actitud; pueden encontrar paz con Dios a través de Jesucristo. Pero necesitamos escuchar las voces de esas personas. Necesitamos verlos para que no sigan sintiéndose invisibles. Es por eso que estoy compartiendo mi historia con ustedes, con la esperanza de que vean a los demás y también escuchen sus historias ".

Para Faith las dificultades de la inmigración acopladas con el trauma de la infancia, llegaron a sentirse como complejidades imposibles de superar en un momento de su vida. Pero ella creyó las palabras de Jesús: *Yo les he dicho estas cosas para que en mí hallen paz. En este mundo afrontarán aflicciones, pero ¡anímense! Yo he vencido al mundo* (Juan 16:33, NVI).

Jesús no endulza el sufrimiento. Lo que promete es su regalo de paz y su poder en medio de nuestras dificultades y preocupaciones. No se desperdicia el dolor cuando este es rendido a los pies de Dios.

Repase Juan 16:33 y describa una tribulación, dificultad, lucha o preocupación que usted podría ceder ante Dios hoy:

____

____

Cuando Wei emigró a los Estados Unidos desde China, su esposo ya estaba aquí. Por razones económicas y culturales, ella y su pequeño hijo se habían quedado en China mientras su esposo encontraba trabajo y se establecía en los Estados Unidos. Durante 14 años, la pareja transitó la vida en dos continentes, hasta que finalmente pudieron vivir juntos en los Estados Unidos. Wei dice que su mayor lucha después de emigrar fue aprender el idioma inglés, seguido por la necesidad de aprender a conducir. Aún incapaz de hablar con la gente, Wei se sintió triste y diferente. Otro desafío fue adaptarse de su trabajo como contadora profesional en China a un trabajo muy diferente, como técnico de uñas, en Estados Unidos.

Habiendo vivido vidas básicamente independientes durante la mayor parte de su vida de casados, también necesitaron establecer ajustes en la relación entre Wei y su esposo. Cuatro años después de su mudanza a los Estados Unidos, Wei y su esposo fueron bendecidos con el nacimiento de su segundo hijo. Hoy, Wei disfruta el beneficio de aprender el idioma inglés junto con él.

Con el apoyo de familiares cristianos, Wei comenzó a estudiar la Biblia y a orar en casa. Cuando invitó a Jesús a su corazón, comenzó a experimentar una mente en reposo en su amor. "Él siempre me ayuda", dice ella, sonriendo. Su esposo le dio una Biblia escrita en paralelo, con los idiomas inglés y mandarín, que le ayuda a aprender simultáneamente el idioma inglés y a darse cuenta de cuanto Dios la ama.

Al de carácter firme lo guardarás en perfecta paz, porque en ti confía. Confíen en el Señor para siempre, porque el Señor es una Roca eterna (Isaías 26:3-4, NVI). Haga una pausa para considerar las promesas de Dios en Isaías 26: 3-4 y luego escriba una oración de respuesta, confiando su mente al Señor ¡donde quiera que usted esté!

Mi oración
(Recuerde, la oración es simplemente hablar con Dios. ¡Él quiere escuchar sus pensamientos!)

____

____

____

____

____

La realidad es
que a menudo
experimentamos
muchos más
problemas, dolor
o sufrimiento de
los que podemos
soportar con nuestra
limitada fuerza
humana.

De las Mentiras al Amor

En su libro, *Everything Happens for a Reason (and Other Lies I've Loved)* [Todo sucede por una razón (y otras mentiras que he amado)], Kate Bowler escribe sobre su creciente conocimiento del amor de Dios mientras pierde el control de su vida durante su difícil batalla contra el cáncer en estadio IV. Ella escribió: "Hay un tono que los profesionales a menudo usan con las personas en crisis y he llegado a reconocerlo como el 'Negociador neutral de rehenes'. Es el tipo de voz que está tratando de comunicar "¡No saltes!" a la persona que se encuentra en el borde, pero implica que todos en la sala están mentalmente incapacitados. Los médicos me están diciendo algo importante, pero todo sobre su tono y sus palabras sugiere que me están diciendo una versión de la verdad para evitar que yo salte ... 'Podemos intentar algunas cosas', generalmente significa 'Esto no tiene remedio, creemos que podemos dilatar tu declive'. 'Podemos centrarnos en tu comodidad' siempre significa 'Nos rendimos'. Y nadie, nunca, nunca comienza con la verdad".

No es auténtico ignorar, evitar o negar el dolor. Cuando se enfrenta a una crisis de salud, una tragedia familiar o nacional, o cualquier forma de pérdida incomprensible, es imprescindible ser honesto, tanto con los demás como con nosotros mismos. Eso no significa que nos catapultamos a un pantano de autocompasión o nos aislamos en nuestra angustia. Lo que sí significa es que enfrentamos el problema, admitimos el dolor y seguimos adelante, buscando herramientas para vivir de nuevo, descubriendo un "nuevo estado de normalidad".

Cuando se pregunta "¿cómo le va?", La típica respuesta cristiana es sonreír y decir algo como "¡Genial!", sin importar cuán difícil la vida se haya tornado. Aunque no es seguro "compartir todo con todos" por numerosas razones, una actitud falsa de "fingir hasta que lo consiga" es una imitación barata de la profunda paz que Dios ofrece. Cuando admitimos las duras realidades de nuestras luchas con nosotros mismos, podemos confiar esas realidades al Dios que se preocupa. Para experimentar la sanidad del núcleo, podemos aprender a identificar dónde estamos en el continuo de emociones, identificando lo que sucede dentro de nuestros corazones mientras avanzamos en nuestros propios caminos. Entonces podemos llevar nuestras preocupaciones legítimas a Dios, aceptando *Su paz que sobrepasa todo entendimiento* (ver Filipenses 4: 7), permitiendo que esa paz proteja literalmente nuestros corazones y nuestras mentes.

Necesitamos escucharnos unos a otros, para cuidar creativamente del otro sin juzgar ni condenar. Para pasar de la angustia a la paz, debemos dejar de lado la panacea de promesas sin valor, como esta: "Dios nunca te dará más de lo que puedes soportar", una mentira utilizada con sorprendente frecuencia entre las personas de fe. La misma quizás comenzó como una mala interpretación del verso: *Ustedes no han sufrido ninguna tentación que no sea común al género humano. Pero Dios es fiel, y no permitirá que ustedes sean tentados más allá de lo que puedan aguantar. Más bien, cuando llegue la tentación, él les dará también una salida a fin de que puedan resistir* (1 Corintios 10:13, NVI). Aquí la promesa es que Dios no permitirá que seamos *tentados* más allá de lo que podemos soportar y que Él proveerá una vía de escape de la *tentación*.

LA REALIDAD ES QUE A MENUDO EXPERIMENTAMOS MUCHOS MÁS PROBLEMAS, DOLOR O SUFRIMIENTO DE LO QUE PODEMOS SOPORTAR EN NUESTRAS LIMITADAS FUERZAS HUMANAS.

Para aquellas personas que creen que de alguna manera están "fallando" porque su sufrimiento es más de lo que pueden soportar, el dolor emocional aumenta exponencialmente cuando creen la mentira de que de alguna manera deberían ser capaces de "soportarlo". En lugar de creer esa mentira destructiva, podemos enfocarnos en 2 Corintios 12: 9-10, *confiando en la gracia suficiente de Dios, experimentando la verdad de su poder ... siendo perfeccionados en nuestra debilidad* (NVI).

Describa cómo puede permitir que Dios perfeccione Su fuerza en su debilidad hoy:

____

____

____

DÍA CUATRO

Una Mente en Reposo cuando el Sufrimiento es Continuo

Jo Bryant ha aprendido a descansar su mente repetidamente. Después de perder a su esposo en el año 2011, el Señor le enseñó a aplicar Proverbios 3: 5-6 (NVI): *Confía en el Señor de todo corazón y no en tu propia inteligencia. Reconócelo en todos tus caminos y él allanará tus sendas.* Cuando se casó de nuevo, aprendió a aplicar ese versículo de formas más profundas de lo que podría haber imaginado.

El 9 de diciembre de 2016, ella compartió las palabras de una canción de Don Moen en Facebook, "Dios hará un camino donde parece no haberlo. Él trabaja de maneras que no podemos ver. Él hará un camino para mí," para describir lo emocionada que estaba de que ella y su nuevo marido, Steven, estaban a punto de comprar una casa. Su emoción terminó tres días antes de su primer aniversario de bodas, cuando Steven se sometió a una cirugía cardíaca de emergencia.

El día después de su cirugía de bypass coronario, una tomografía computarizada reveló que Steven había sufrido múltiples accidentes cerebrovasculares. Los médicos le explicaron la gravedad: "No sabemos si él despertará". En ese momento, Jo sintió que el Señor le hablaba al corazón y le aseguró: "Esto es un milagro que está a punto de suceder", un mensaje al que ella "se aferró como si fuera un salvavidas".

Su sufrimiento continuó: la primera hospitalización duró treinta días y todo lo que Steven podía hacer cuando salió del hospital era mover los dedos del pie derecho y levantar la mano derecha para rascarse la nariz. Diez días después, Steven experimentó una hemorragia interna, por la cual lo llevaron de regreso al hospital, donde los médicos dijeron que solo viviría durante doce horas.

Sumado al estrés traumático intenso que ya había experimentado, la pierna izquierda de Steven tuvo que ser amputada debido a la reducción del flujo sanguíneo, a solo cinco meses de su cirugía cardíaca. En lugar de realizar los planeados proyectos en el garaje de su nuevo hogar, los severos problemas de salud mantuvieron a Steven y a Jo fuera de casa durante casi un año, en donde estuvieron en varios hospitales y en un centro de rehabilitación; una odisea de 21 meses de desafíos de salud. Con dos cirugías adicionales programadas, tanto Jo como Steven esperan que él pueda experimentar una recuperación completa del accidente cerebrovascular y que pueda aprender a caminar con una prótesis.

Jo dice que Dios usó música, desde la canción de Lauren Daigle *Confío en ti* hasta la canción de Mercy Me *Aún Cuando* y la de Hillary Scott *Tu Voluntad*, para ayudarla a llegar a un lugar de paz con respecto a si su esposo viviría o moriría. Jo y Steven hacen eco de las palabras de Hillary Scott, "No quiero pensar que nunca entenderé que mi corazón roto es parte de Tu plan. Cuando trato de orar, todo lo que tengo es dolor y estas tres palabras ... "Hágase tu voluntad".

Jo ha aprendido las lecciones de Proverbios 3: 5-6 y recuerda firmemente que Dios le enseñó a confiar en Él con todo su corazón, esto le ha ayudado a "dejar de tratar de resolverlo todo y a verlo a El como Soberano". Ella ora la oración que nunca falla: "Hágase tu voluntad". Con Mercy Me, ella canta: "Sé que eres capaz y sé que puedes salvarme a través del fuego con tu mano poderosa, pero incluso si no lo haces, mi esperanza está solo en ti".

Jo explica: "Las cosas no son fáciles, pero las lecciones aprendidas ... el camino transitado ... los cambios espirituales y emocionales son todos buenos. Es un viaje y Dios es totalmente fiel. Tengo que aprender a tener paciencia y a permitir que Dios haga su obra. ¿Necesitamos oración? Sí. Sí."

¿Está usted, como Steven y Jo, experimentando sufrimiento continuo? ¿Qué parte de esta historia le da ánimo y aliento?

____

____

En YouTube, en una radio cristiana, etc., puede escuchar la música que ha ayudado a Jo y Steven o la música que usted ya conoce y disfruta. Tómese el tiempo para escuchar música alentadora ahora y luego describa cómo le ofrece consuelo:

____

____

____

¿Ha notado que no todas las personas responden al sufrimiento de la misma manera? Un bombero me dijo recientemente que el trauma es una parte tan integral de su trabajo que no lo desconcierta. Pero incluso para las personas que trabajan constantemente con emergencias, algunos incidentes traumáticos pueden ser paralizantes tanto física, emocional, mental, social, como espiritualmente. El trauma secundario o indirecto puede ser acumulativo y su impacto emerge con poca o ninguna advertencia.

Sanidad del Núcleo se puede aplicar a su situación única, en maneras que son claramente suyas. Tómese unos minutos para escribir tres ideas de *Sanidad del Núcleo* que le hayan ayudado:

____

____

____

____

____

¿De qué maneras usted continuará aplicando *Sanidad del Núcleo* a sus inquietudes?

____

____

____

____

DÍA CINCO
Imagine la Transformación

Después de experimentar un trauma no resuelto o implacable, algunas personas se desconectan emocional o mentalmente de la vida. En lugar de estar "presentes", disfrutando de cada momento y conectándose con las personas que los rodean, aquellas personas que permiten que el trauma actual o antiguo dirija sus vidas pueden "desconectarse" o disociarse. Glen Gabbard, MD, describe a las respuestas disociativas como una "sensación de abandonar el cuerpo y mirarlo desde afuera", o como "amnesia psicógena, que es la incapacidad de recordar aspectos importantes de una situación". Si usted no puede recordar detalles sobre su trauma, por favor no lo haga. No se preocupe. Esa es la naturaleza del trauma, como hemos discutido en capítulos anteriores. Usted no esta diseñado para experimentar traumas, por lo que es probable que su mente excluya ciertos aspectos o solo almacene recuerdos fragmentados.

Incluso cuando el trauma está en curso, como en pérdidas físicas que ocurren como consecuencia de una lesión severa o en una enfermedad terminal, es posible vivir en victoria, moviéndose constantemente hacia su sistema nervioso parasimpático, eligiendo vivir en un estado relajado. Esta no es una forma de negación, porque usted es capas de reconocer las preocupaciones y los problemas reales. Ahora en *Sanidad del Núcleo,* usted sabe que puede hacerse cargo de su mente y de su cuerpo, viviendo en paz.

Si necesita motivación para manejar el estrés traumático, recuerde que vivir en un estado de tensión y permitir que el trauma no resuelto dirija sus decisiones (en lugar de tomar decisiones intencionales para su mente y cuerpo) puede alimentar comportamientos adictivos, trastornos alimenticios, depresión, ansiedad, ira, conductas auto lesivas o problemas interpersonales. Las adicciones, son a menudo un intento inútil de silenciar el dolor del trauma, pero las mismas solo agregan nuevos problemas a la vida. Si usted padece alguna forma de adicción, ya sea a una sustancia, a un comportamiento, etc., por favor participe en un grupo como Celebrando la Recuperación, Alcohólicos Anónimos (AA), Narcóticos Anónimos (NA), etc. Una búsqueda en Google puede ayudarle a identificar fácilmente los lugares de reunión en su área.

Conectarse a un grupo puede brindarle un apoyo positivo para que pueda aprender a tomar decisiones saludables. Para aquellas personas que han sufrido abuso, verifique en su área local grupos de apoyo que puedan ayudarle a establecer conexiones sanas y que a su vez le ayuden a sanar. Muchas iglesias ofrecen grupos para la sanidad de traumas como el abuso sexual, conductas adictivas, etc.

Hemos aprendido que un "secuestro" de la amígdala puede hacerle pasar de pensar objetiva y sabiamente a una "alarma de incendio" en su cerebro en menos de un segundo, llevándolo a las 5 Reacciones de Lucha, Huida, Congelación, Fornicación o Alimentación. Si actualmente usted observa que presenta comportamientos o las 5 Reacciones, revise el primer capítulo de *Sanidad del Núcleo,* así como los ejercicios de conexión a tierra a lo largo de este libro de trabajo.

Para cualquier persona que haya experimentado un trauma infantil, la Escala de Experiencias Adversas de la Infancia (EAI) puede ayudarle a comprender el posible impacto que esos hechos tienen para usted en la actualidad. Según la Administración de Servicios de Salud Mental y Abuso de Sustancias (ASSMAS), "las Experiencias Adversas de la Infancia (EAI) son eventos estresantes o traumáticos, incluyendo el abuso y la negligencia. También pueden incluir disfunciones en el hogar, como presenciar violencia doméstica o crecer con miembros de la familia que tienen trastornos de abuso de sustancias. Las EAI están estrechamente relacionados con el desarrollo y la prevalencia de una amplia gama de problemas de salud a lo largo de la vida de una persona, incluidos los relacionados con el abuso de sustancias". La ASSMAS enumera las siguientes EAI:

- Abuso físico
- Abuso sexual
- Abuso emocional
- Negligencia física
- Negligencia emocional
- La violencia en la intimidad de la pareja
- Madre que es tratada violentamente
- Uso indebido de sustancias en el hogar.
- Enfermedad mental en el hogar
- Separación o divorcio de los padres.
- Un miembro del hogar en prisión.

Usted puede encontrar la escala de EAI en internet o puede completarla con un terapista profesional. Para cualquier persona que haya experimentado abuso, negligencia, violencia, abuso de sustancias, enfermedades mentales en el hogar, divorcio, etc., es especialmente importante que aplique su trabajo de *Sanidad del Núcleo* a lo largo de cada día.

¡Recuerde que usted no está definido por lo que le sucedió! No tiene que ser definido hoy por lo que sucedió en el pasado o ser dirigido por cosas viejas que ya no son útiles, pero sí debe prestar atención y evitar funcionar en "piloto automático emocional", ya que los recordatorios presentes de cosas viejas pueden fácilmente generar pensamientos y actitudes debilitantes que se encuentran profundamente arraigados.

EL LADRÓN NO VIENE MÁS QUE A ROBAR, MATAR Y DESTRUIR; PERO YO HE VENIDO PARA QUE TENGAN VIDA, Y LA TENGAN EN ABUNDANCIA. (JESÚS EN JUAN 10:10)

Algunos expertos creen que darles a las personas un código de diagnóstico les hace más daño que bien. No estoy de acuerdo con eso, ya que uno no puede resolver un problema si no sabe cuál es. Por lo tanto, incluyo información adicional para aquellas personas que se reconocen en las descripciones de EAI o para aquellos que han experimentado traumas a largo plazo y / o numerosos incidentes traumáticos.

Muchos médicos creen que los códigos de diagnóstico del Trastorno de Estrés Postraumático Complejo (TEPT-C) y el Trastorno del Trauma del Desarrollo (TTD) deberían haberse agregado al DSM-5, especialmente después de los resultados de una extensa investigación de trauma realizada por expertos en salud mental como el Dr. Bessel van der Kolk, la Dra. Diane Langberg y muchos otros.

Otro potencial diagnóstico psiquiátrico que no se incluyó en el DSM-5 es el Diagnóstico de Estrés Extremo No Especificado (DEENE), que podría explicar las dificultades que las personas pueden experimentar para regular sus emociones, para luchar contra la vergüenza incapacitante, la ideación suicida, la desesperanza, la ira, etc. Mary Sykes Wylie escribe: "La desregulación emocional generalizada podría ser un sinónimo de una sola palabra para los efectos del trauma crónico". Wylie agrega, "el maltrato y el abandono infantil están asociados con anormalidades estructurales y funcionales en diferentes áreas del cerebro, incluyendo la corteza prefrontal (área de la lógica y del razonamiento), el cuerpo calloso (que integra el hemisferio derecho e izquierdo), la amígdala (área del miedo y del reconocimiento facial), el lóbulo temporal (área de la audición, la memoria verbal, la función del lenguaje) y el hipocampo (memoria) ".

El TEPT-C puede ser experimentado por adultos que han sufrido traumas repetidos y / o por niños con condiciones comórbidas (concurrentes), como las que figuran en el EAI. Sin embargo, no se preocupe por si "tiene" TEPT-C, TTD o DEENE (lo que en realidad es una preocupación discutible, ya que, estos ni siquiera son diagnósticos "oficiales"). Incluyo estas preocupaciones por tres razones:

1. Si usted tiene dificultades para aplicar los principios de *Sanidad del Núcleo,* podría deberse a que usted ha experimentado un trauma complejo extenso. Si ese es el caso, a menudo es una buena idea ver a un profesional de la salud mental capacitado en el tratamiento del trauma con Terapia Cognitiva Conductual, Terapia de Desensibilización y Reprocesamiento del Movimiento Ocular (TDRMO), etc.

2. Si usted ha sido capaz de anclarse / conectarse al presente con los ejercicios de cada capítulo, ¡es esencial que continúe haciendo ese trabajo de conexión a tierra tan pronto como aparezca cualquiera de los indicadores de las 5 Reacciones del trauma!

3. Si usted ha experimentado un trauma a largo plazo, observe cuándo aumentan sus niveles actuales de estrés y encuentre formas de manejarlo con prudencia, aplicando su trabajo a lo largo de *Sanidad del Núcleo.* El aumento de los niveles de estrés en la vida cotidiana puede aumentar los síntomas del trauma.

Por favor, evite la desesperación que sienten algunas personas después de enterarse de que su trauma infantil puede continuar teniendo un impacto negativo en la edad adulta. Si usted experimentó un trauma infantil complejo, permita que ese conocimiento le recuerde que debe hacer continuamente algo sobre la influencia del trauma, debe vivir en el presente y aplicando consistentemente la *Sanidad del Núcleo.*

El Dr. David Stoop y el Dr. James Masteller dijeron: "Todos reconocemos que no existe un padre perfecto. Todos somos descendientes de padres imperfectos y crecimos en familias imperfectas. Pero reconocer esto como una proposición intelectual es una cosa. Admitir que nuestros padres nos han fallado es para algunos de nosotros, algo muy difícil de hacer". Si esta sección es dolorosa para usted, confíe en aquel que promete fortaleza para los débiles y esperanza para los cansados (ver Isaías 40: 28-31).

¡Recuerde la increíble neuroplasticidad de su cerebro y continúe avanzando!

A medida que usted continúa imaginando y experimentando la transformación, ¿alguna vez ha sentido que no le importa a nadie? Si es así, deténgase y responda a esos pensamientos negativos (revise el capítulo dos). ¡Todo este libro de trabajo está escrito porque usted es importante!

A veces, las personas en medio de un estrés traumático se sienten tan abrumadas y desesperadas que sienten que el suicidio es su única opción. Si alguna vez experimenta pensamientos como ese, DETÉNGASE y pregúntese esto: "¿De quién es la voz que me dice estas palabras?" La gente siempre me dice que está escuchando pensamientos autodestructivos en su propia voz. Me gustaría que desafiaras a esa "voz". En Juan 10:10, Jesús dice: *El ladrón viene a robar, matar y destruir, pero yo he venido para que tengan vida y la tengan en abundancia*. Creo que la voz que le dice a la gente que se mate no es la suya, sino la del Maligno (Satanás), que quiere robar su alegría y destruir su vida. En la fuerza de Dios, usted puede responderle a esa "voz", recordando que su vida tiene valor, recordando al mismo Dios que le ama tanto que envió a Su Hijo a la tierra, porque quiere darle libremente Su fuerza y Su esperanza ilimitadas para hoy.

EL LADRÓN VIENE A ROBAR, MATAR Y DESTRUIR, PERO YO HE VENIDO PARA QUE TENGAN VIDA Y LA TENGAN EN ABUNDANCIA (JESÚS, EN JUAN 10:10).

En este punto de *Sanidad del Núcleo,* espero que esté constantemente hablándose a usted mismo de manera positiva. Sin embargo, recuerde que el viejo trauma puede impulsarlo hacia la negatividad, provocando una sensación de inutilidad y desesperanza en tan solo una doceava parte de segundo. Practique la conexión a tierra todos los días, de modo que esté listo para "responder" a los pensamientos negativos automáticos tan pronto como estos comiencen. Puede alejarse rápidamente de los desencadenantes del trauma y volver a su corteza prefrontal.

Si usted está tan abrumado con pensamientos suicidas que no puede "responder" a sus pensamientos negativos, consulte con un profesional de salud mental o vaya a la sala de emergencias de un hospital de inmediato; en los Estados Unidos, llame al 911, a la línea de ayuda nacional para la prevención del suicidio (800-272-8255), o envíe un mensaje de texto CONNECT al 741741.

Es importante vivir cada momento en el presente, reconociendo que no todos los aspectos del trauma pasado pueden resolverse por completo. Por ejemplo, si usted fue víctima de un delito, ya sea que el perpetrador fue llevado ante la justicia o no, aún sabe que él o ella existen y que esa persona lo lastimó. Si su casa fue destruida por un incendio o si experimentó un ataque terrorista, no puede "desaprender" las ramificaciones de esos eventos. En su lugar, usted puede enfrentarlos y seguir adelante, asociando su vida con nuevas ideas, eventos y posibilidades. No es necesario que se produzca la "amnesia" para eliminar el trauma pasado. En cambio, usted puede experimentar la *Sanidad del Núcleo* para eliminar la agonía de sus heridas.

Revise el capítulo uno para conocer formas específicas de pasar de su SNS a su SNP. Disfrutando de la vida en su sistema nervioso parasimpático, usted verá el mundo como acogedor y podrá elegir oportunidades positivas. Si se mueve hacia el dominio simpático, el mundo puede comenzar rápidamente a sentirse confuso, abrumador o tan hostil que usted estallará en ira o se esconderá con miedo.

En la Teoría Polivagal, el Dr. Stephen Porges explora las conexiones del nervio vago y su influencia para calmar el cuerpo. Describe como el Sistema Nervioso Autónomo (SNA) interconecta la mente y el cuerpo e influye en las reacciones físicas como la digestión, los estímulos cardíacos y las expresiones faciales. Debido a que nos estamos comunicando continuamente con otras personas a través de nuestro "lenguaje" corporal, el crecimiento continuo incluye darse cuenta de lo que nuestros cuerpos nos están diciendo a nosotros y a los demás.

A lo largo de *Sanidad del Núcleo,* usted ha aprendido a prestar atención a lo que su cuerpo le está comunicando, consciente de que el trauma se almacena tanto en la mente como en el cuerpo. Si usted siente tensión en un área, puede respirar intencionalmente para liberar la tensión y relajar su cuerpo. Usted ha desarrollado numerosas herramientas que pueden ayudarle a controlar las reacciones de estrés cuando estas ocurren. La aplicación continua de su trabajo en *Sanidad del Núcleo* puede ayudarle a disfrutar de una vida de equilibrio mental, físico, social, emocional y espiritual.

¿Cuáles son las elecciones saludables que hará hoy en lugar de "disociarse" del trauma pasado?

____

____

____

Diariamente usted puede experimentar la paz de Dios. Lea las siguientes promesas cuidadosamente, respondiendo con una o dos oraciones que describan cómo cada una de ellas le ayudan a vivir en el presente:

Así que no temas, porque yo estoy contigo; no te angusties, porque yo soy tu Dios. Te fortaleceré y te ayudaré; te sostendré con mi diestra victoriosa (Isaías 41:10, NVI).

____

____

____

El Señor es mi luz y mi salvación; ¿a quién temeré? El Señor es el baluarte de mi vida; ¿quién podrá amedrentarme? (Salmo 27:1, NVI)

____

____

____

____

Oré al Señor, y él me respondió; me libró de todos mis temores (Salmo 34:4, NTV)

____

____

Vengan a mí todos ustedes que están cansados y agobiados, y yo les daré descanso. Carguen con mi yugo y aprendan de mí, pues yo soy apacible y humilde de corazón, y encontrarán descanso para su alma. Porque mi yugo es suave y mi carga es liviana (Mateo 11;28-30, NVI)

____

____

____

¡Felicitaciones por el trabajo que ha realizado en *Sanidad del Núcleo del Trauma*! Describa tres cambios de vida que usted haya realizado:

____

____

____

Imagínese aplicando *Sanidad de Núcleo* a lo largo de cada día, avanzando continuamente en su viaje personal de *Sanidad del Núcleo*. Describa cómo planea continuar su crecimiento postraumático:

RECONOCIMIENTOS

Este libro simplemente no podría haber sido escrito sin el apoyo continuo de mi amado esposo, Alan. Utilizando su habilidad y capacitación como educador, él evaluó cada capítulo y me animó mientras continuaba escribiendo y completando innumerables horas de capacitación e investigación para compartir con ustedes. ¡No hay suficientes palabras para agradecerte Alan, por compartir mi pasión por ayudar a las personas a recuperarse del estrés traumático!

Muchas gracias a Nora Monserrat, MD, por su excelente traducción de este manuscrito al español. Estimados lectores, ustedes se están beneficiando no solo del trabajo increíblemente diligente de la doctora Monserrat, sino también de su experiencia y formación como médica. Gracias también a Ana Minaya y a Rosaura H. Zeghir, MS, LMHC, quienes gentilmente brindaron su tiempo y su habilidad para editar este libro.

Agradezco a cada colega profesional que me pidió (¡a veces repetidamente!) que escribiera un libro práctico para ayudar a sus clientes a sanar del trauma. *Sanidad del Núcleo del Trauma* está diseñado para múltiples usos: para personas que desean trabajar de forma independiente en la sanidad del trauma, para pastores, sacerdotes, iglesias, mentores y otros profesionales que desean incluirlo como parte de un asesoramiento individual o grupal.

Aunque soy una psicoterapeuta licenciada, no soy médico ni científico; con el fin de mejorar su viaje de sanidad personal, este libro de trabajo incluye una amplia investigación científica realizada por varios expertos (acreditados a lo largo de todo el libro y en las referencias). ¡Estoy agradecida por su experiencia! Un agradecimiento especial al Dr. Josh Bruce (Facultad de Derecho de la Universidad Stetson; Universidad de Edimburgo, PhD) por compartir su experiencia en latín en la discusión del capítulo siete sobre el perdón.

Estoy agradecida por las muchas personas queridas que compartieron sus historias contigo. A medida que leas sus diversas experiencias, verás cómo el impacto del trauma viaja por todo el mundo, desde Medio Oriente hasta China, desde Oeste Medio hasta Sudamérica, Washington, Florida y más.

Agradezco al Equipo de oración de *Sanidad del Núcleo,* incluidos Clint y Amie Bokelman, Jean Bollon, Agnes Bradbury-Almeida, Julie Brown, Stacy Davis, Robbie Fisher, Erin Florian, Andre y Nadya Furmanov, Emily Furmanov, Jessica Knapp, Karen Knowles, Corin McHargue , Dianne Melson, Ivana Meservey, Valerie Moore, Nilce Moraes, Mariselle Murphy, Rachel Perkoski, Jorge Mario Reyes y Patty de Reyes, Linda Rose, Katherine Sarris, Suzan Sarris, John y Amy Simion, Dawn Smallcomb, Jeremy y Sarah Smith, Kimberly Stober, Linda Summers, Terry y Susan Talbot, Kay Tira, Susan V. Vigus, Alan Wibbels, Bev Wibbels, Linda Wibbels, Rosaura Zeghir y otros en todo el mundo que oraron por esto, nuestro segundo proyecto de Sanidad del Núcleo. Muchas gracias a todos los que respondieron en oración a las actualizaciones enviadas por correo electrónico, a aquellos que se unieron a los miembros del equipo de oración en oración y a todos los que enviaron palabras específicas de aliento para ayudar a completar *Sanidad del Núcleo* del Trauma. Estoy agradecida por sus fieles oraciones.

Este es el tercer proyecto que Kay Tira ha editado conmigo. Incluso durante su importante traslado del Noroeste del Pacífico al Medio Oeste, ella continuó leyendo y editando. Además del excelente trabajo editorial de Kay, agradezco su aliento que me permitió continuar durante los momentos en donde tenía ganas de rendirme. De igual manera, estoy agradecida por la hábil ayuda de Linda Rose, quien editó varias secciones de este libro. Mi eterna gratitud al pastor Mike Shields y sus colegas Tim y Sherri Peterson, por alentarme con sus sabios consejos.

Mónica O'Connor de la Agencia O diseñó la portada del libro y el formato exquisito en cada página. ¡Gracias, Mónica, por compartir tus magníficos dones para completar este proyecto!

Todas las historias en este libro se usan con permiso y autorización, aunque algunos nombres (como se ha indicado) y uno o dos detalles se han cambiado cuando se solicitó, para proteger la identidad de las personas.

REFERENCIAS

Ackerman, Sandra (1992). *Discovering the Brain.* Washington, DC: National Academies Press.

Allender, Dan B., Longman III, Tremper (1992). *Bold Love.* Colorado Springs, CO: NavPress.

American Psychiatric Association: *Diagnostic and Statistical Manual of Mental Disorders, Fifth Edition.* Arlington, VA: American Psychiatric Association, 2013.

Barna, George (2003). *Transforming Children into Spiritual Champions.* Ventura, CA: Regal Books.

Benner, David G. (2004). *The Gift of Being Yourself: The Sacred Call to Self-Discovery.* Downers Grove, IL: InterVarsity Press.

Berenstein, Albert J. (2001). *Emotional Vampires: Dealing with People Who Drain You Dry.* New York: McGraw-Hill.

Black, Claudia (1995). *Repeat After Me.* Bainbridge Island, WA: MAC Publishing.

Bowler, Kate (2018). *Everything Happens for a Reason and Other Lies I've Loved.* New York: Random House.

Brand, Paul, Yancey, Philip (1993). *Pain: The Gift Nobody Wants.* New York: HarperCollins Publishers, Inc.

Brand, Paul, Yancey, Philip (1980). *Fearfully and Wonderfully Made [Temerosa y Maravillosamente Diseñado].* Grand Rapids, MI: Zondervan Publishing House.

Brauns, Chris (2008). *Unpacking Forgiveness: Biblical Answers for Complex Questions and Deep Wounds.* Wheaton, IL: Crossway Books.

Buczynski, Ruth, Siegel, Dan, vanderKolk, Bessel, Ogden, Pat, Porges, Stephen, Lanius, Ruth (2018). *What's Going on in the Brain When Someone Experiences Trauma.* Treating Trauma Master Series. National Institute for the Clinical Application of Behavioral Medicine.

Burns, David (1980). *Feeling Good: The New Mood Therapy.* New York: William Morrow and Company, Inc.

Chambers, Oswald (1935). *My Utmost for His Highest.* New York: Dodd, Mead & Company, Inc.

Chambers, Oswald (1992). *My Utmost for His Highest Updated Edition.* Grand Rapids, MI: Thomas Nelson.

Chesterton, G. K. (2010). *All Great Quotes.* http://allgreatquotes.com/fairy_tale quotes.shtml

Clark, Jerusha with Henslin, Earl (2007). *Inside a Cutter's Mind Understanding and Helping Those Who Self-Injure.* Colorado Springs, CO: NavPress.

Collier, Lorna (2016). *Growth after Trauma Why are some people more resilient than others—and can it be taught?* American Psychological Association: November 2016, Vol. 47, No. 10: www.apa.org/monitor/2016/11/growth-trauma.aspx.

Ecker, Richard E. (1985). *The Stress Myth: Why the Pressures of Life Don't Have to Get You Down.* Downers Grove, IL: Intervarsity Press.

Emerald, David (2006). *The Power of TED: The Empowerment Dynamic.* Bainbridge Island, WA: Polaris Publishing.

Flint, Annie Johnson (1941). *He Giveth More Grace.* Brentwood, TN: Lillenas Publishing Co.

Frankl, Viktor E. (1984). *Man's Search for Meaning.* New York: Simon & Schuster, Inc.

Fuller Theological Seminary (2016). *Bono and Eugene Peterson on the Psalms.* Pasadena, CA: Fuller Studio.

Gabbard, Glen O. (Ed.). (1995). *Treatments of Psychiatric Disorders Second Edition Volume 2.* Washington, DC: American Psychiatric Press, Inc.

Haugk, Kenneth C. (2004). *Experiencing Grief: Journeying through Grief Book Two.* St. Louis, MO: Stephen Ministries.

Henslin, Earl (2008). *This Is Your Brain on Joy.* Nashville, TN: Thomas Nelson, Inc.

Holyrood Palace (May, 2015). *Personal Interview with Palace Guide regarding Thistles, the Scottish Emblem.* Edinburgh, Scotland.

Hudson, Trevor (2010). *Discovering Our Spiritual Identity.* Downers Grove, IL: InterVarsity Press.

Keller, W. Phillip (1970). *A Shepherd Looks at Psalm 23.* Grand Rapids, MI: Zondervan Publishing House.

Keller, Timothy, with Alsdorf, Katherine Leary (2016). *Every Good Endeavor: Connecting Your Work to God's Work.* New York: Penguin Books.

Langberg, Diane M., Monroe, Philip G. (2011). *Sexual Abuse and Complex Trauma: Clinical and Spiritual Insight and Strategies.* Counseltalk Webinar. Forest, VA: American Association of Christian Counselors.

Lewis, C. S. (1952). *Mere Christianity.* New York: Macmillan Publishing Company.

Linehan, Marsha, Buczynski, Ruth (2019). *How to Work with the Patterns That Sustain Depression: Module 2.3. How to Work with Toxic Self-Narratives That Sustain Depression. National Institute for the Clinical Application of Behavioral Medicine.*

Lloyd-Jones, Martyn. *"Martyn Lloyd-Jones Quotes, page 3."* OChristian Quotes. 1999-2010. OChristian.com. 15 September 2010. http://Christian-quotes.ochristian.c om/Martyn-Lloyd-Jones-Quotes/page-3.shtml.

Luskin, Fred (2002). *Forgive for Good.* New York: HarperCollins.

MacDonald, George (1982). *The Marquis' Secret.* Minneapolis: Bethany House Publishers. Originally *The Marquis of Lossie* (1877). J.B. Lippincott and Co.

Mason, Mike (1999). *Practicing the Presence of People how we learn to love.* Colorado Springs: Waterbrook Press.

Meier, Paul, Clements, Todd, Bertrand, Jean-Luc, & Mandt, David Sr. (2005). *Blue Genes: Breaking free from the chemical imbalances that affect your moods, your mind, your life, and your loved ones.* Wheaton, Illinois: Tyndale House Publishers.

Munroe, Myles (1992). *In Pursuit of Purpose.* Shippensburg, PA: Destiny Image Publishers.

Najavits, Lisa M. (2002). *Seeking Safety. A Treatment Manual for PTSD and Substance Abuse.* New York: The Guilford Press.

Niebuhr, Reinhold (1892-1971). *The Serenity Prayer quoted in Celebrate Recovery: Taking an Honest and Spiritual Inventory* (1998). Grand Rapids, MI: Zondervan.

Nouwen, Henri (2011, 13 April). Henri Nouwen on Forgiveness. SamMarsh.net. http://www.sammarsh. net/?p=246.

Nouwen, Henri (2011, 25 April). *Quotes* www.forgivenessfoundation.org/ inspiration/quotes/.

Nouwen, Henry J. M. (1992). *The Return of the Prodigal Son: A Story of Homecoming.* New York: Doubleday.

Pearlman, L.A., & Saakvitne, K.W. (1995). Treating therapists with vicarious traumatization and secondary traumatic stress disorders. In Figley, C.R. (Ed.), *Compassion Fatigue: Coping with Secondary Traumatic Stress Disorder in Those Who Treat the Traumatized* (pp. 150-177). New York: Brunner/Mazel.

Porges, Stephen (2011). *The Polyvagal Theory: Neurophysiological Foundations of Emotions,*

Attachment, Communication, and Self-Regulation. New York: W. W. Norton & Company, Inc.

Rhoton, Robert, & Gentry, Eric (2016). *Evidence-Based Trauma Treatments and Interventions.* Eau Claire, WI: PESI, INC.

Rhoton, Robert, & Gentry, Eric (2016). *The 10 Core Competencies of Trauma, PTSD, Grief & Loss.* Eau Claire, WI: PESI, INC.

Rothschild, Babette (2000). *The Body Remembers. The Psychophysiology of Trauma and Trauma Treatment.* New York: W. W. Norton & Company, Inc.

SAMHSA, Substance Abuse and Mental Health Services Administration (2018). *Adverse Childhood Experiences (ACEs).* https://www.samhsa.gov/capt/practicing-effective-prevention/prevention-behavioral-health/adverse-childhood-experiences

Scazzero, Peter (2006). *Emotionally Healthy Spirituality.* Nashville: Thomas Nelson.

Sealy, Hans (1956). *The Stress of Life.* New York: McGraw-Hill Book Company.

Schiraldi, Glenn R. (2016). *The Post-Traumatic Stress Disorder Sourcebook A Guide to Healing, Recovery, and Growth.* New York: McGraw-Hill.

Shapiro, Francine (2001). *Eye Movement Desensitization and Reprocessing Basic Principles, Protocols, and Procedures.* New York: The Guilford Press.

Smalley, Gary (personal communication, 2007).

Smedes, Lewis B. (1996). *The Art of Forgiving: When You Need to Forgive and Don't Know How.* New York: Ballantine Books.

Spurgeon, Charles H. (1991). *Morning and Evening.* United States: Hendrickson Publishers, Inc.

Stoop, David & Masteller, James (1991). *Forgiving Our Parents Forgiving Ourselves: Healing Adult Children of Dysfunctional Families.* Ventura, CA: Regal Books.

Stout, Martha (2005). *The Sociopath Next Door.* New York: Broadway Books.

tenBoom, Corrie, & Sherrill, John and Elizabeth (1971). *The Hiding Place.* Lincoln, Virginia: Chosen Books.

The Telegraph (1999, January 23). *Life after Death.* The Telegraph—online edition.

The Hymnal for Worship & Celebration (1986). Nashville, TN: Word Music.

Unger, Merrill F., & Harrison, R. K. (Ed.) (1985). *The New Unger's Bible Dictionary.* Chicago: The Moody Bible Institute.

van der Kolk, Bessel A. (2014). *The Body Keeps the Score: Brain, Mind, and Body in the Healing of Trauma.* New York: Penguin Books.

van der Kolk, Bessel A. & Buczynski, Ruth (2019). *How to Work with the Patterns That Sustain Depression: Module 4.2. How to Lead the Traumatized Brain Out of Depression.* National Institute for the Clinical Application of Behavioral Medicine.

Warren, Rick (2002). *The Purpose Driven Life.* Grand Rapids, Michigan: Zondervan.

Watson, Thomas (1653). *The Art of Divine Contentment.* London (1835): Religious Tract Society.

Webster's Dictionary of the English Language Encyclopedic Edition (1989). New York: Lexicon Publications, Inc.

Wenar, Charles (1990). *Developmental Psychopathology from Infancy through Adolescence Second Edition.* New York: McGraw-Hill.

White, Paul (2005). *Play Therapy and Beyond: Treatment Techniques and Strategies with Children and Pre-Adolescents.* Nashville, TN: Cross Country Education, Inc.

Wiesel, Elie (2006). *Night.* New York: Hill and Wang.

Wylie, Mary S. (2010, March/April). *The Long Shadow of Trauma Psychotherapy Networker,* 51.

Yancey, Philip (2001). *Soul Survivor.* New York: Doubleday.

Yancey, Philip. *"Forgiveness: It Just Ain't Fair."* 30 Good Minutes. Chicago Sunday Evening Club. April 2011.http://www.csec.org/csec/sermon/yancey_3622.htm

Ziglar, Zig (2008). *Inspiration 365 Days a Year. Simple Truths.*

9 780974 612478